Michael Wolffsohn

Tacheles

Michael Wolffsohn

Tacheles

Im Kampf um die Fakten
in Geschichte und Politik

HERDER

FREIBURG · BASEL · WIEN

MIX
Papier aus verantwortungsvollen Quellen
FSC® C083411

www.herder.de

Satz: Carsten Klein, Torgau
Herstellung: CPI books GmbH, Leck

Printed in Germany

ISBN: 978-3-451-38603-9
ISBN E-Book: 978-3-451-81955-1

Inhalt

Wider die Fachidiotie – Einleitung

Zusammenhänge denken, modisch: Vernetzt denken. Kommt es nicht zuerst und vor allem darauf an? Ja und nochmals ja. Zugleich müssen wir einsehen: Spezialwissen ist unverzichtbar. Wer aber kann zugleich Generalist und Spezialist sein? Wahrhaft streiten kann man darüber, wer, wo, wann Universalgenie war. Dass ich keines bin, erkannte ich, dank abwechselnd freundlicher und unfreundlicher Nachhilfe, erfreulich früh. So wurde auch ich ein Fachidiot unter vielen und eignete mir engeres Fachwissen an.

Juli 1967. Auf dem Weg zum Fachidioten traf ich, genauer: hörte ich fasziniert im überfüllten Auditorium Maximum der Freien Universität Berlin die (heutige) Ikone der (heute so genannten) 68er, Herbert Marcuse.

Ein Diskussionspartner Marcuses war Rudi Dutschke. In manchen Milieus inzwischen seinerseits eine Ikone. Viel war die Rede von Revolution. Dutschke träumte dabei und dafür vom Schulterschluss mit der Arbeiterschaft und hielt Kultur eher für eine Bremse. Den Glauben an die revolutionäre Rolle des Proletariats versuchte der junge Rudi dem alten und trotzdem Dynamik ausstrahlenden Herbert einzuhämmern. Vergeblich. Gerade durch den Kontrast zur Wirklichkeit sei Kultur ein, nein, der revolutionäre Faktor, konterte der weise Marcuse.

Der Gegensatz war offenkundig. Hörbar, sichtbar, fühlbar: Hier der eindimensionale, vermeintlich internationalistische und durch seine Stakkato-Rhetorik auf mich geradezu Goebbels-braun-deutsch wirkende Dutschke, dort der vieldimensionale, hochgebildete und hochkultivierte weißhaarige Weltbürger Marcuse. Über ihn und von ihm wollte ich mehr wissen. Dabei stieß ich schnellstens auf seinen »Eindimensionalen Menschen«. Kaum eine West-Berliner Buchhandlung hatte es damals nicht in ihr Schaufenster gelegt.

Ich mache es kurz, vereinfache »Faust« plus »Herbert« und bekenne: Die Vergeblichkeit einer Synthese aus Allgemein- und Fachwissen erkennend, hat mich der Gedanke nicht losgelassen, dass man trotzdem versuchen müsse, über den Schrebergarten des eigenen Fachwissens hinaus verwandte, vernetzte, zusammenhängende, weiterführende, sich selbst und die eigenen Studienergebnisse infrage stellende »Dimensionen« zu entdecken. So kam es, dass ich nicht nur auf meinem Hauptweg, der europäisch-deutsch-jüdisch-israelischen Geschichte (in ihren Vielfältigkeiten), voranschritt. Zusammenhänge, Neben-, auch Ab- und Umwege von dieser Geschichte – diesen Geschichten – von und zu anderen Geschichten wollte ich erkunden. Jenseits der Blätter und einzelnen Bäume wollte ich wenigstens die Umrisse des Waldes sichten, also Spezialgeschichte in universalhistorischer Absicht betreiben.

Klingt überzeugend, erinnerte man nicht unweigerlich an Tom Wolfes so oft zutreffenden, boshaften Spruch über echte und Möchtegern-Intellektuelle, die sich auf einem bestimmten Gebiet bestens auskennen, aber sich »nur zu anderen äußern«. Roman Bucheli hat mich diesbezüglich beruhigt. »Die wahre Herausforderung beginnt doch erst im unsicheren Terrain, wo der Zweifel als das eigentliche Werkzeug des kritischen Verstands am eigenen Gedanken zu nagen beginnt.«[1]

Auch andere Rechtfertigungen beziehungsweise Beruhigungen sind für diesen Ansatz denkbar. Anders als etwa der lateinische Begriff »historia« oder seine sprachlichen Nachfahren im Englischen und Französischen signalisiert das deutsche Wort »Geschichte« die Mehrschichtigkeit der Vergangenheit. Geschichte, Ge-schicht-e, besteht eben aus vielen Schichten. Die Mehrschichtigkeit zu erkennen und zu benennen, ist sowohl sprachgedanklich als auch methodisch die Ur-Aufgabe der Historiker. Es sollte ihr Fach-Ethos sein. Ist es das?

Wenn Mehrschichtigkeit für die Vergangenheit gilt, dann gilt sie auch bezüglich der Gegenwart, denn die Gegenwart von heute ist die Vergangenheit von morgen. Wenn das Grundmuster der Vergangenheit beziehungsweise der Geschichte dem Grundmuster der Gegenwart gleicht, dann ist die Darstellung und Bewertung der Geschichte nicht nur, aber nicht zuletzt auch Darstellung und Bewertung der Gegenwart. Wer das bestreitet, täuscht sich oder auch andere wissentlich oder auch nicht wissentlich.

Von Goethe über Marcuse, Wolfe und der vielschichtigen Gegenwärtigkeit und Vergangenheit zur »Berliner Schnauze«: Ich weiß natürlich nicht, was die Welt im Innersten zusammenhält. Selbst wenn ich nicht eindimensional bin, gibt es jenseits der vielen Dimensionen, die ich zu erkunden versuchte, unzählig viele andere. »Ick weeeß Schillern, ick weeeß Joethen, ick weeß Brockhaus, ick weeeß allet« – damit kann ich also nicht dienen. Trotzdem oder gerade deshalb ist dieses Buch nichts für Fachidioten oder eindimensionale Menschen.

*

Wie kommen die einzelnen »Dimensionen«, die Themen dieses Buches, zueinander? Wie und warum hängen sie zusammen? Was verbindet sie, was verbindet mich und meine Arbeit mit ihnen, was, am wichtigsten, könnte außenstehende Leser interessieren?

Eine Gemeinsamkeit: der Ansatz. Ich rede nicht gern »um den heißen Brei herum«. Erst denken, erkennen. Dann das Gedachte benennen und sich dazu auch bekennen. Somit Tacheles reden und schreiben. Auch wenn es nicht allen gefällt. Mut zum Denken und Mut zum Aussprechen. Nicht taktisch denken, sondern faktisch.

Wer sich in universalhistorischer Absicht mit europäisch-deutsch-jüdisch-israelischer Geschichte beschäftigt, stößt eher über kurz als lang auf das Stichwort »Abendland«. Wer, wie ich, fast ein Methusalem ist, erinnert sich, dass jenem Begriff in der eigenen Jungsteinzeit das Adjektiv »christlich« vorangestellt wurde. Der geschichtspolitisch-ideologischen Wiedergutmachungssteuerung entsprechend gehörte später das Doppeladjektiv »christlich-jüdisch« zum Abendland. Noch wird es nicht »christlich-jüdisch-muslimisch« genannt. Einstweilen wird darüber gestritten, ob »der Islam zu Deutschland gehört«. Eine gesamteuropäische Debatte hierüber ist nur noch eine Frage der Zeit, denn jenseits der Migrationsproblematik haben die Vorfahren diverser Ost- und Südosteuropäer historische Erfahrungen mit dem Islam. »Die« Polen haben Wien 1683 von »den« Türken befreit, »die« Ungarn, »die« Serben oder »die« Bulgaren wurden seit 1526 lange von »den« Türken beherrscht und so weiter und so weiter.

Allgemein deutsche, auch deutsch-jüdische und Weltgeschichte kann die Hohenzollern nicht außer Acht lassen. Schon gar nicht ihren vermeintlich oder tatsächlich Größten, Friedrich Zwei.

Auch unter Historikern gibt es seit jeher Geisterfahrer. Zu denen zählen inzwischen diejenigen, die wider die Empirie eine direkte Linie von »der« deutschen Geschichte (und natürlich den Hohenzollern) zu Hitler und Holocaust ziehen. »Wie hältst du's mit Holocaust und Holocaust-Mahnmal?« An wen wurde diese neudeutsche Gretchenfrage nicht gerichtet? Doch wer weiß Genaueres über Motivation und Entscheidungsvorgang, die zu dessen Errichtung führten? Hier werden einige der Allgemeinheit eher unbekannte Basisinformationen vorgelegt.

Der Holocaust, das sechsmillionenfache Judenmorden, ist sozusagen »die« deutsche Urschuld. Dieser Ausdruck ist nicht mit Kollektivschuld gleichzusetzen. Oder doch? Grund genug, über Schuld, Sühne, Versöhnung, Frieden, »Deutsche Volkstrauer heute« sowie über die sechs verschiedenen »Deutschlands« im 20. Jahrhundert und bis in unsere Gegenwart nachzudenken. Vom Allgemeinen zum Besonderen, zur Sozialdemokratie Deutschlands. »Die« SPD gilt als geschichtsethischer Leuchtturm der deutschen Parteiengeschichte. War sie das, ist sie das wirklich? Gerade angesichts ihres jetzigen Überlebenskampfes ist eine historisch-politische Bilanz nicht unangebracht. Abzuwarten bleibt, ob es eine des Anfangs der Schlussbilanz ist.

Nicht nur »Männer machen Geschichte«. Selbstverständlich auch Frauen. Geschichte ist Menschenwerk. Überall und immer gibt es solche und solche, meist positiv oder negativ erwähnte. David und Anne Frank zählen zu den Lichtgestalten. Schauen wir näher hin. Auch auf den allgemein als Dunkelgestalt wahrgenommenen Judas, der, wie es heißt, Jesus verriet. Allein von seinem individuellen Namen ausgehend, wurde (und wird gelegentlich immer noch oder wieder) von dem Judas auf »die« Juden als »Gottesmörder« oder als Kollektiv-Kategorie von Finstermenschen geschlossen. Wer und was steckt hinter dieser Person und diesem Namen?

Apropos Namen, genauer: Vornamen. Sie sind ein höchst brauchbarer Indikator für öffentliche Meinung in vordemoskopischer Zeit, für die historischen Epochen, in denen Umfragen gänzlich unbekannt waren, also für den Großteil der Menschheitsgeschichte. Erst in den 1930er Jahren begann der Siegeszug der Demoskopie. Wer Vornamen vergibt, sendet der Außenwelt ein Signal aus der eigenen Innen- beziehungsweise Geistes- und Gefühlswelt. Mit dem geeigneten wissenschaftlichen Instrumentarium kann man jenseits des

Individuellen auf der Mikroebene von Vornamen aufs Allgemeine, auf Gesellschaftsgruppen und Nationen, sprich: auf die Makroebene schließen und eben öffentliche Meinung nachzeichnen.

Jüdische Themen haben in der Berliner Republik weder quantitativ noch qualitativ das gleiche Gewicht wie in der Bonner Republik. Nicht, dass hierzu alles gesagt sei, »nur nicht von jedem«, aber man übersehe nicht, dass der den meisten im Vergleich zum Judentum noch unbekanntere Islam, allein mengendemografisch, gewichtiger als »die« Juden ist. Den dennoch jüdisch Unersättlichen seien hier einige eher heiße jüdische Eisen geboten. Sie sind teils religionsbezogen, teils historisch, teils allgemein- und nicht zuletzt militärpolitisch.

Stichwort »Militär«: Aus den Konflikten in und um Nahost, freilich auch aus der Deutschen und Weltgeschichte ist dieses Thema nicht wegzudenken, auch wenn unsere »post«- und antiheroische Gesellschaft es gerne wegdächte. Der Konjunktiv »dächte« ist falsch gewählt. Der Indikativ muss gebraucht werden, denn »die« (meisten) Deutschen denken Militärisches oft und gerne weg. Das ist sehr sympathisch, doch leider nicht realistisch.

In intakten demokratischen Staaten entscheidet »die« Politik über Krieg und Frieden, also den Einsatz des Militärs. Grund genug, um grundsätzlich über Gewaltenteilung nachzudenken. Meine These hierzu lautet: Anders als allgemein und gebetsmühlenartig behauptet, herrscht in den meisten Demokratien kein Gleichgewicht zwischen den drei Gewalten, also der Legislative (Parlament), der Exekutive (Regierung) und der Judikative (Justiz). Empirisch besteht kein Gleichgewicht zwischen diesen drei Gewalten, sondern ein Übergewicht der Justiz. Die meisten Juristen gehen verbal gegen diese These auf die Barrikaden. Ich verrate den Lesern zwar keine Namen, aber ein Geheimnis, wenn ich erwähne, dass mir Topjuristen, auch ehemalige Richter am Bundesverfassungsgericht ebenso wie ausländisches Recht sprechende Spitzenrichter, Recht geben. Ist die von mir vorgeschlagene Alternative gangbar? Ich weiß es nicht. Sehr wohl weiß ich, dass über jenes Ungleichgewicht nachgedacht werden muss, wenn man Volkssouveränität auch im Bereich der Justiz ernst nimmt, ohne das »gesunde« (also meist krankhafte) Volksempfinden anzurufen.

Von der Gewaltenteilung ist der gedankliche Weg zur Freiheit an sich naheliegend. Auch dazu wurde bereits »alles gesagt, doch nicht von jedem«. Doch über die Freiheit kann man gar nicht genug nachdenken, reden und schreiben. Sie ist wie die Gesundheit. Nur Kranke wissen den Wert der Gesundheit wirklich zu schätzen.

Gesundheit, Krankheit, »Militär«, leben, sterben – der Tod ist ein Thema, »das« Thema unseres Lebens. Um uns aufs ewige Schweigen vorzubereiten, sollten wir über den Tod reden. Doch was ist Reden ohne Denken und Wissen, selbst bezogen auf das Thema, über das wir so wenig wie über Gott wirklich wissen und wissen werden?

Abendländische Geschichte und deutsches Gedächtnis

MEHR FIKTION ALS FAKT: DAS »CHRISTLICHE ABENDLAND«

Geistiger Müll muss beseitigt werden, wenn vom »Christlichen Abendland« die Rede ist. Oder auch von der »Christlich-Jüdischen« Prägung des Abendlands. Das alles ist mehr Fiktion als Fakt. Das »Christlich-Jüdische« – oder meinetwegen »Jüdisch-Christliche« Abendland – ist reine Wiedergutmachungssprache, weil, wo und wenn ein (nicht nur deutsches) Kollektiv sein schlechtes Gewissen dauerhaft beruhigen möchte.

Der nicht selten geistlose Zeitgeist missversteht den Begriff des Christlichen oder Christlich-Jüdischen Abendlandes. Da gibt es eher stammtischlerisch grölende Zeitgenossen. Sie wollen die »Islamisierung des Abendlandes« verhindern. Dabei reden sie sich und anderen ein, das Abendland vor dem (neuerlichen) Untergang zu »retten«. Das ist der eine Meinungsstrom.

Im anderen Meinungsstrom findet man sogar Wissenschaftler. Sie behaupten: »Abendland« sei Kampfbegriff der Islamophoben, also der Islamfeinde. Solche Wissenschaftler, meist Zeithistoriker, kennen im Wesentlichen nur ihr enges Fachgebiet. Sie sind das, was man »Fachidioten« nennt. Wer nur sein Minifach und nicht auch wenigstens die Grundzüge der Universalgeschichte kennt, schweige besser, denn nur ein Zeit und Raum übergreifender Blick von der Vorgeschichte über die Antike bis zur Gegenwart gibt darüber Auskunft, wer, was oder seit wann sich hinter dem Begriff »Abendland« verbirgt. Das sei hier in der gebotenen Kürze versucht.

*

Zur *Etymologie:* Wir verdanken oder zutreffender: verwenden den Begriff »Abendland« seit dem 16. Jahrhundert als Eindeutschung des traditionellen und dem Volkswissen meist unbekannten Wortes Okzident. Ohne einen Orient kein Okzident, also ohne Morgenland kein Abendland. »Und es ward Abend, und es ward Morgen«.

»Gottes ist der Orient, Gottes ist der Okzident« … klar, Goethe. Selbst »unser« deutsches Genie irrte. Von Anfang an diente sowohl der Begriff Okzident als auch »Abendland« oft als eher polemische Abgrenzung des Westens vom Osten.

Zur *Geografie:* Unter »Abendland« verstand dessen Untergangsprophet Nummer eins, Oswald Spengler, vornehmlich die Großregion Europa-Nordamerika. Sein Zeitgenosse Thomas Mann schüttete 1917/18 während seiner erzreaktionären Phase (die er später gerne verdrängte), in den »Betrachtungen eines Unpolitischen«, voller Verachtung teutonischen Met aufs »römische Westeuropa«. In der heutigen Jedermanns-Bibel Wikipedia zählt zum Abendland Westeuropa – vor allem Deutschland, England, Frankreich, die Iberische Halbinsel sowie Italien mit dessen Zentrum Rom. Doch gerade Rom ist ohne Athen, das antike Hellas, undenkbar. Wer zum Ursprung des Abendlands dringen will, kann über das Alte Griechenland nicht schweigen.

Zu fragen wäre, weshalb ausgerechnet die Benelux-Staaten, Schottland und Irland mit seinen Missionaren im frühmittelalterlichen Germanien, Österreich oder die Schweiz nicht zu diesen Abendländern gehören sollten. Und kann man Polen, Ungarn, Tschechien, die Slowakei, Slowenien und Kroatien, die skandinavischen Staaten oder das Baltikum ausschließen?

Wann und wo war besagter Anfang? Zunächst war er *sonnengeografisch*. Bekanntlich geht die Sonne im Osten früher auf und dann unter als im Westen. So einfach und *wertfrei* ist das.

Wertfrei – und geografisch inkorrekt, denn Europa ist zwar für Vorderasien der Westen, aber westlicher als dieser Westen ist Amerika. Wäre, so gesehen, etwa Amerika das eigentliche Abendland? Natürlich nicht, eher ein kulturhistorischer Nachläufer, ein Kind des westeuropäischen Abendlands. Hat sich dieses Kind emanzipiert? Gar die Eltern hier und da übertrumpft? Eher nein, wenn man an den aus Rheinland-Pfalz stammenden Präsidenten Donald T. denkt. Wir erkennen: Sowohl geografisch als auch ideologisch oder kulturhistorisch ist der Abendland-Begriff mehr assoziativ als präzise.

Zur *Demografie*: Absolut wertfrei war der demografisch-geografische Anfang des Abendlandes. Vor circa 45.000 Jahren (neue Funde besagen: viel früher) wanderte der Homo sapiens, aus dem südöstlichen Afrika stammend, über Westasien nach Europa.[2] Westasien war damals so wenig der Orient beziehungsweise Morgenland wie Europa der Okzident beziehungsweise Abendland. Ideologiefreie Migration war Anstoß dieser fundamentalen weltgeografischen und -demografischen Veränderung. Ob diese Migration zugleich eine Invasion war oder mehrere, und in welchen Schüben, ist wissenschaftlich zumindest umstritten. Das muss uns beim Thema Abendland aber auch nicht beschäftigen.

Wertebepackt wurde der West-Ost-Gegensatz in der Antike als Abgrenzung zu dem, was in der Moderne im Sinne von Wittfogel als

»Orientalische Despotie« bezeichnet wird. Während der Perserkriege, im 5. vorchristlichen Jahrhundert also, wurde das erkennbar. Hier, im hellenischen Westen, das (modern formuliert) »aufgeklärte« Athen auf dem Weg zur politischen Teilnahme und Teilhabe aller Bürger, dort der Orient mit seinen vermeintlich gottgleichen Despoten. Zur Veranschaulichung empfehle ich »Die Perser« von Aischylos. Zwar gibt es kaum ein mir bekanntes Werk, das, auf der individuellen (Mikro-)Ebene, dem Feind gegenüber so viel Einfühlungsvermögen und Menschlichkeit entgegenbringt, doch auf der kollektiven (Makro-)Ebene ist die Abgrenzung eindeutig. Persien, der Orient, wolle um Hellas, »fern im Westen«, also dem Okzident, ein »knechtisches Joch« schließen. Als König sei Dareios ebenso »Gott« wie sein Sohn Xerxes. Scheitert der Gottkönig, »so schuldet er dem Volk nicht Rechenschaft«. Im Jahre 472 vor Christus, im Goldenen Zeitalter der Athenischen Demokratie, war eine so unfreiheitliche Verfassung nicht nur für Aischylos, sondern auch für alle seine Zeitgenossen schlichtweg verabscheuungswürdig.

Zur *Ideologie*: Diese geografische West-Ost-Abgrenzung war zugleich und vor allem ideologisch. Letztere wurde, ebenfalls in der griechischen Antike, auf innerhellenische Kriege und Konflikte übertragen. Hier Athen, dort Sparta. Beispielhaft dafür ist Perikles' Leichenrede vom Winter 431/430 vor Christus. Nachzulesen in Thukydides' »Peloponnesischem Krieg« (Buch II/34). Hier, in der Athenischen Demokratie, Freiheit, Recht, Menschenwürde, Individualität plus Polis-Gemeinschaftsgeist, Wohlstand und zugleich Hilfe für Schwache, Fremdenfreundlichkeit, Kunst, Kultur und Ästhetik. Dort, im Militärstaat Sparta, das genaue Gegenteil von alldem.

Eine Abfolge von Abendland-Morgenland-, Ost-West- sowie West-Ost-*Invasionen*, nicht Migrationen, stellen wir für die Antike seit dem 5. vorchristlichen Jahrhundert fest. Zuerst stieß das Morgenland ins Abendland. Ost – West, das war zunächst die Invasionsrichtung.

Das änderte sich im 4. vorchristlichen Jahrhundert. Seitdem – und bis heute – beobachten wir *unterschiedlich lange machtpolitische Wellen*. Einmal schwappt die Welle von Ost nach West, ein anderes Mal von West nach Ost, und so weiter und so weiter. Anders als die meisten Historiker sehe ich im Verhältnis Abendland-Morgenland mehr zyklische als strukturelle Wirkungsfaktoren – was das Vorhandensein von Strukturen keineswegs ausschließt, aber die Faktoren anders gewichtet.

Zurück vom Allgemeinen zum Besonderen, ins 4. nachchristliche Jahrhundert. Nun stießen Griechen, genauer: Makedonier unter Alexander dem Großen, vom Okzident in den Orient, bis zum Indus. Aus ideologischer, machtpolitischer und religiöser Abgrenzung. Aus Vernichtung und Feindschaft wurde Vermischung. Die hellenische Kultur wurde hellenistisch, sprich: orientalischer. Aus der jeweils kleinen Welt der Stadtstaaten (Polis) wurde ein Reich, Imperium, ja ein Weltreich. Das vormals freiheitliche Polis-Abendland verwandelte sich mehr oder weniger in eine Orientalische Despotie.

Aufstieg und Fall von Reichen: Das hellenistische Weltreich zerfiel, der Römische Stadtstaat stieg zur Regional- und dann Weltmacht auf. Rom eroberte seit ungefähr 200 vor Christus schrittweise sowohl das hellenisierte Hellas als auch später (nicht nur) die hellenistischen Nachfolgereiche. Aus der Römischen Libertas im Stadtstaat – sie war auch rechtlich weniger »demokratisch« als die Polis – wurde seit Caesar und Augustus das Imperium Romanum. Wieder vermischten sich Orient und Okzident sowohl politisch als auch kulturell und, ja, ebenfalls religiös.

Nach Etymologie, Geografie, Ideologie und Demografie zur *Theologie*. Religion, hier ist es wieder, das eingangs erwähnte Stich- und für manche Reizwort. Am antiken Abendland ist bis zur Zeitenwende nichts und bis ins 4. nachchristliche Jahrhundert nur sehr wenig, wenn überhaupt, christlich. Christlich im Sinne religiöser und kultureller Dominanz.

Bis zur Zeitenwende war das Abendland (auch nördlich der Alpen) nur polytheistisch und mehr oder weniger regional-religiös geprägt. Am Anfang war das Abendland also alles andere als christlich. Am Anfang war es polytheistisch. Vielgötterei statt Monotheismus.

Wer die Geschichte des Christentums auch nur oberflächlich kennt, weiß zudem: Das Frühchristentum ist ohne griechisch-römisches »Heidentum« und erst recht ohne Judentum sowie die Konkurrenz zum Judentum personell, historisch, theologisch, geografisch, soziologisch sowie demografisch undenkbar. Schlimmer (?) noch: Es stammt aus dem Morgenland. So viel zur reinen Christlichkeit des »Christlichen Abendlandes«.

Nicht nur im Heiligen Land war das Frühchristentum bereits vor der Zerstörung des Zweiten Tempels im Jahre 70 nach Christus in jeder Hinsicht sozusagen jüdisch »durchmischt«. Auch in der süd- und südwesteuropäischen Diaspora gab es diese wechselseitige Beeinflussung. Bekanntlich gehörten viele Diaspora-Juden bereits zur Zeit des Apostels Paulus, also wiederum vor der Judäa- und Tempelzerstörung, zu den ersten Christen. Man lese zum Beispiel die Paulusbriefe. Wer sie kennt, weiß, wovon die Rede ist.

Zunächst war also das Christliche Abendland nicht nur heidnisch, sondern auch jüdisch. So gesehen wäre es auch vor der Wiedergutmachungsära sinnvoll gewesen, vom »Heidnisch-Jüdisch-Christlichen Abendland« zu sprechen.

Das – variiert – heidnische Element ist derzeit wieder aktueller denn je. Man schaue nicht nur auf das fast vollständig religionsferne Ostdeutschland, sondern auch auf die rasante Säkularisierung des restlichen Abendlands. Noch krasser: Die Christlichkeit des

Abendlands wurde überhaupt erst durchs Morgenland ermöglicht; nämlich durch den »Import« des morgenländischen Christentums. Selbst dessen theologisch-geografische Folklore, die Heiligen Stätten, blieb bis heute orientalisch, morgenländisch: Nazareth, Kapernaum, See Genezareth. Jesu Krippe wird nicht in Garmisch verortet, sondern in Bethlehem, und das Urkreuz des Christentums wird auf Golgatha, in Jerusalem, lokalisiert.

Zeitlich sind wir noch immer in der Römischen Kaiserzeit. Wir schauen aufs späte 4. Jahrhundert. Das Christentum ist etablierte Staatsreligion, es folgt die Teilung des Reiches in je einen westlichen und östlichen Teil. Rom und Konstantinopel. Das östliche Byzanz war christlich, der westliche Teil ebenfalls. Doch Byzanz war griechisch mit beachtlichen arianischen Einsprengseln, der abendländische Westen italisch-lateinisch und seit dem späten 5. Jahrhundert nicht mehr römisch-kultiviert, sondern germanisch-barbarisiert.

Wer wüsste nicht, dass und wie blutig die vornehmlich von englischen und irischen Missionaren wie Bonifatius und Kilian betriebene Christianisierung der Germanen war? Frankenkönig Karl (meist der Große genannt) taufte um 800 die Sachsen auf seine »christliche« Weise: in einem Meer von Blut. Abendländische Hochkultur?

Die Verchristlichung, Zivilisierung und Kultivierung der neuen Abendland-Herrscher, der Germanen, dauerte Jahrhunderte, und lange hielt sich, etwa bei den Westgoten, welche die Iberische Halbinsel im 5. Jahrhundert erobert hatten, auch das (ebenfalls morgenländische) arianische Christentum. Diese christliche Variante bestritt die Gottgleichheit Jesu kategorisch und verachtete, wie der Islam, die beim Konzil von Nicäa (325 nach Christus) verfügte Trinität von »Vater, Sohn und Heiligem Geist« (Heilige Dreieinigkeit) als ketzerische »Vielgötterei«.

In jedem Schulbuch ist zu lesen: Die (ich füge hinzu: natürlich abendländischen) Westgoten seien 711 von den muslimischen Omajaden besiegt worden. Seitdem habe der Islam die Iberische

Halbinsel mehr oder weniger beherrscht und sei 1492 durch die Reconquista »endgültig« vertrieben worden.

Daran ist so manches falsch. Erstens: Endgültig vertrieben wurden die Morisken, also die scheinkonvertierten Muslime, erst zwischen 1609 und 1611. Zweitens: Die Ergebnisse der internationalen und interdisziplinären »Inarah«-Forschergruppe besagen: Von einer islamischen Invasion könne keine Rede sein. Vielmehr habe die westgotisch-arianische Aristokratie gegen ihre eigene, seit 589 unter König Rekkared I. katholische Monarchie geputscht. Hierfür habe sie arianische Christen, vornehmlich Berber, aus Nordafrika zu Hilfe gerufen und diese auch bekommen. Erst knapp 200 Jahre später könne man vom Islam als der entscheidend machtausübenden Religion auf der Iberischen Halbinsel sprechen. (Leicht nachzulesen in Barbara Köster, Der missverstandene Koran, Berlin 2010.) Wie jede Neuentdeckung werden auch die Inarah-Forschungen von den »Alten Platzhirschen«, dem »Establishment«, bekämpft und bestritten. In unserem Falle nicht zuletzt aus tagespolitischen Gründen. Wer Recht hat, sei hier nicht entschieden. So oder so, bis ca. 1600 gehörte der Islam zu Süd*west*-Europa, wenngleich noch nicht zu Deutschland (um einen deutschen Hobby-Historiker, der zeitweilig Bundespräsident war, zu zitieren).

Zu Süd*ost*europa gehörte der Islam bereits seit dem 14. Jahrhundert. Im Jahre 1354 eroberten die Osmanen unter Sultan Orhan mit Gallipoli die erste Stadt auf europäischem Boden. 1453 wurde bekanntlich Konstantinopel, die altrömische, dann oströmisch-byzantinische Hauptstadt, eingenommen. Erst war sie heidnisch, dann römisch-katholisch, griechisch-orthodox und bis heute als Konstantinopel beziehungsweise seit Kemal Atatürk als Istanbul muslimisch. Der europäische Teil der Türkei und Istanbuls gehört zwar nicht zum Abendland, wohl aber zu Europa. Ebenso – schon seit dem 14. Jahrhundert – die muslimischen Albaner, Bosnier und Bulgaren. Zum Abendland gehört diese Region nicht, doch mit diesem vielfach verflochten ist sie allemal. Das gilt erst recht fürs wahrlich abendländische Wien. Vor dessen Toren standen »die« Türken 1529 und 1683. »Was wäre wenn …« sie Wien erobert hätten? Wie christlich wäre das Abendland geblieben? Ob es gefällt oder nicht: Historisch, bis zur Mitte des 20. Jahrhunderts, gehört der Islam nicht zu Klein-Deutschland, sehr wohl aber zu, Entschuldigung, »Großdeutschland« und damit eindeutig zu Europa.

Was für den Islam im »Christlichen Abendland« gilt, gilt noch mehr und viel früher fürs Judentum. Religiös, theologisch, ist das unbestreitbar. Auch demografisch. Lange bevor die Germanen Christen wurden, gab es in Europa Juden. Auch nördlich der Alpen. Mit der römischen noch-nicht-christlichen zog auch die jüdische Hochkultur und Religion etwa seit der Zeitenwende zum Beispiel an Rhone, Donau, Rhein und Mosel. Damals hockten die vorabendländischen Germanen und Kelten sicher nicht auf oder unter Kokospalmen. Sie träumten und besangen, wie später Wilhelm Müller und Franz Schubert, den Lindenbaum »vor dem Tore«. Nicht einmal die Eiche war damals typisch deutsch. Jahrhunderte vor den Kirchen gab es in Germanien (amtlich seit 321 n. Chr.), Gallien und Britannien Synagogen. Christliches Abendland?

Die christliche Gegenoffensive ließ auf sich warten, doch sie kam. Denken wir an die Rolandssage um Karl den Großen. »Muslime raus!« So steht es da nicht, aber so war es gemeint.

Das mittelalterliche Gegenstück zum neuzeitlichen »Juden raus!« folgte im nun wirklich kirchlich-christlichen, weniger christlich-barmherzig-milden und kaum jesuanischen Zeitalter der Kreuzzüge ab 1096. Am Rhein wurden Juden vom Pöbel regelrecht abgeschlachtet. Der niedere Klerus war nicht ganz unbeteiligt, der hohe Klerus versuchte durchaus, die Juden zu schützen. Aus wirtschaftlichen ebenso wie theologischen Gründen. Nämlich: Die Juden sollten als Zeugen der Ecclesia Triumphans leben, und Tote können bekanntlich kein Zeugnis ablegen. Der Grundgedanke als Maxime verkürzt und vereinfacht: Juden diskriminieren ja, liquidieren nein. Christlich, theologisch verfeinert und päpstlich abgesegnet wurde dieser Ansatz 1215 durch das Vierte Laterankonzil. Nicht alle Vertreter des hohen und niederen Klerus befolgten jene Maxime. Sonst wäre es nicht seit der Großen Pest im 14. Jahrhundert zu Quasi-Pogromen oder im 15. und 16. Jahrhundert zu Judenvertreibungen im Herzen des Christlichen Abendlands gekommen. »Juden raus« und »Muslime raus!« ist keine zeithistorische Erfindung.

Erinnert sei an die judenmörderische Inquisition vom 13. bis 18. Jahrhundert. Sie trug seit dem 15. Jahrhundert durch ein verbohrt missverstandenes Christentum, sozusagen vormodern, auch rassistische Züge. »Limpiezadi sangre«, Reinheit des Blutes, sollte unter den abendländischen Spaniern hergestellt werden. Oft wird dieser vormodern-rassistische Aspekt des Antijudaismus auch von der Wissenschaft übersehen. (Nur so kann der Bosheitsrekord der Moderne bewahrt werden.) Selbst nach dem Ende der Inquisition, bis ins 19. Jahrhundert, in der Misch-Ära aus Aufklärung, Revolution und Restauration, wurde in Spanien gegenüber nur vermeintlichen Christen wie den Nachfahren getaufter Juden und Muslime diese menschenfreundliche Praxis der »Blutreinheit« fortgesetzt. Christlich im genuin christlichen, jesuanischen Sinn der Evangelien kann all das im Christlichen Abendland nicht genannt werden, denn seit dem späten 10. Jahrhundert, sprich: seit Reconquista und Kreuzzügen galt im Christlichen Abendland in zyklischen Abständen, teils funktional ökonomisch motiviert, ganz unjesuanisch: Juden raus oder Muslime raus oder beide raus.

Das Sündenregister des kirchlich-christlichen Abendlandes ist lang. Dabei ist eine fundamentale Einschränkung vorzutragen: Christentum und Kirche waren und sind nicht gleichzusetzen.

Stichwort Aufklärer: Dass Aufklärer wie Voltaire frei von Antjüdischem und Antimuslimischem gewesen wären, kann man kaum behaupten. Freilich gab es auch Aufklärer anderen Kalibers: Lessing zum Beispiel. Von einigen Aufklärern gewollt, von anderen nicht, aber letztlich von »der« Aufklärung bewirkt, begann im Christlichen Abendland allmählich die Entchristlichung, im Fachjargon »Säkularisierung«, sprich: die Entfernung und Entfremdung von Religion an sich und bei fast jedermann für sich. Wer oder was ist heute im Abendland, abgesehen von Minderheiten, noch christlich, und wo? Überspitzt könnte man Deutschland, besonders im Osten, eine Heidenrepublik nennen. Das übrige Abendland ist längst weder kirchlich noch christlich im jesuanischen Sinn.

*

Wie in der Antike und im Mittelalter folgten den Wellen vom Morgenland ins Abendland umgekehrt die Wellen vom Abendland ins Morgenland: 1683, Türkenabwehr vor Wien. Beginn des abendländischen »Roll Back« ins Osmanische Reich. Zu nennen wäre dann Napoleons Orientabenteuer in Ägypten, Palästina und Syrien in den Jahren 1798/99, Britanniens Vordringen von Malta über Zypern nach Ägypten, Palästina und Mesopotamien in den Jahren 1800 bis 1920. Eine Wende – kurzfristig ohne Welle in die eine oder andere Richtung – folgte nach dem Zweiten Weltkrieg.

Für die Ära danach sind zwei Stichworte zu nennen: Kalter Krieg und Entkolonialisierung. Im Kalten Krieg gab es einen scheinbar ganz neuen Ost-West-Konflikt: Zwischen West und Ost, dem Abendland, das kurzerhand zum »Nordatlantik« wurde, und dem geografischen Morgenland Sowjetunion.

Etwas willkürlich, wenngleich nicht nur gewollt, ließ sich sowohl historisch als auch theologisch dieser Ost-West-Konflikt unschwer in die Kontinuität früherer Orient-Okzident-Rivalitäten einordnen. Moskau, das »Dritte Rom«, galt als Byzanz Zwei, und die Diktatur der (O-Ton Konrad Adenauer) »Soooowjets« wurde in die Tradition des byzantinischen Absolutismus gestellt.

Das zweite Stichwort: Entkolonialisierung. Nun drangen neue, keine unmittelbar abendländischen Mächte direkt oder indirekt ins Morgenland: die Sowjetunion und die USA. Dann, ab 1956, die nächste, bis heute anhaltende, sowohl zyklische als auch durch Einzelereignisse ausgelöste Welle vom Morgenland ins längst nicht mehr Christliche Abendland, das sein Christentum, wenn überhaupt, inhaltslos und deshalb wenig überzeugend oder überzeugt benutzt, um diese Wellen zu brechen.

Die Rede ist von den muslimischen Migrationen aus Nordafrika und dem Vorderen Orient nach Westeuropa, wobei sich durchaus die Frage stellt, ob es sich hier um Zyklen beziehungsweise Wellen oder eine neue Struktur handelt. Ich neige zur strukturellen Einordnung, denn erstmals im uralten Clash und Crash von Abendland und Morgenland erleben wir *keine Invasionen, sondern Migrationen, regelrechte Völkerwanderungen*. Ins postkirchliche, weitgehend nicht christliche und teils originär antichristliche Abendland strömten und strömen Millionen Muslime. Ein Ende ist nicht abzusehen. Das mag gefallen oder nicht. So ist es.

Das bedeutet: Wir erleben im Abendland eine demografische, soziologische, theologische, kulturelle und zivilisatorische Revolution oder, wenn es eher beliebt, Transformation. Nein, das Abendland wird nicht morgenländisch, aber im Abendland ist immer mehr Morgenland zu finden. Mehr Morgenland heißt mehr Muslime, mehr Religion, mehr Islam und, unabhängig von Muslimen, noch weniger Kirche, weniger Christentum. Bedeutet weniger Kirche zugleich weniger Moral? Das ist ein anderes Thema.

Eingeleitet wurde diese neue Struktur 1956, unmittelbar mit der Unabhängigkeit Marokkos und Tunesiens, und seit 1962 mit dem Rückzug Frankreichs aus Algerien. Alles das lange vor dem »Arabischen Frühling« 2011, der ein Winter wurde, und lange vor der Fluchtwelle von 2015. Konflikte, Krisen, Kriege und Bürgerkriege um und in Palästina, Libanon, Syrien, Irak, Libyen, Tunesien,

Algerien, Korruption und Dauerelend in der überwiegend muslimischen Subsahara lösten und lösen eine Migrationswelle nach der anderen aus. (Am meisten geredet und gestritten wird dabei über Flucht und Vertreibung der Palästinenser. Dieser sowohl quantitativen als auch qualitativen Unverhältnismäßigkeit nachzugehen, lohnte eine gesonderte Betrachtung.)

Wo weder Kriege noch Bürgerkriege jene Wellen bedingten, wirkten wirtschaftliche Magnet- oder Überlebensfaktoren ins nachchristliche Abendland. Mauerbau und Stacheldraht, also das plötzliche Ausbleiben von Arbeitskräften aus der DDR, waren seit August 1961 das Startsignal für die zunächst gemäßigt muslimisch-türkische Migration ins damals noch halbwegs christlich-abendländische Westdeutschland. »Die« Türken stehen nicht, wie 1529 und 1683, *vor* Wien, sondern *in* Berlin und anderswo im Abendland. Das ist keineswegs der neuerliche »Untergang des Abendlands«, doch eine nicht nur demografische, kulturelle und religiöse Transformation beziehungsweise Revolution.

Wer ernsthaft die Entchristlichung des Abendlands und damit indirekt dessen Untergang beklagt, muss – bevor über »Islamisierung« gejammert wird – erstens die Kirchen im jesuanischen Sinne verchristlichen und zweitens sein Christentum nicht unbedingt praktizieren, wohl aber zumindest kennen. Wer nicht einmal weiß, weswegen Christen – jenseits des Geschenketerrors – Weihnachten oder Ostern und Pfingsten feiern, ist unfähig, mit Angehörigen anderer Religionen den überlebenswichtigen Dialog zu führen. Vielleicht wird das Abendland irgendwann im jesuanischen Sinne christlich und der Islam in Europa ein europäischer Islam? Wer weiß.

GEIST UND GEISTER: (FAST) 1000 JAHRE HOHENZOLLERN

Kaiser Wilhelms altes Herz
Ruht nun aus von Lust und Schmerz.
Unser Fritz ging auch zur Ruh,
Vicky kommt nach Monbijou.
Wilhelm II. nun Kaiser ist,
Der uns unsre Juden frisst …

In Theodor Fontanes Knittelvers aus dem »Dreikaiserjahr« 1888 ist von Wilhelm I., Friedrich III. und Wilhelm II. die Rede. Unversehens sind wir beim beliebten Hohenzollern-»Bashing«, der Hohenzollern-Dämonologie. Selbst der kluge Theodor Fontane verwechselte gelegentlich die Hohenzollern-Geister mit dem Geist der Hohenzollern. Historisch betrachtet relativ kurz vor dem tausendjährigen Gedenken an die Hohenzollern – das »Tausendjähriger Reich« der Hitlers währte, gottlob, deutlich kürzer – krachte es einmal mehr zwischen den Nachfahren dieser deutschen Monarchie und den Vertretern der bundesrepublikanischen Demokratie. Im Jahre 2019 wurde öffentlich bekannt: Der Chef der Kaiser-Nachfahren hatte Entschädigungsforderungen gestellt und für seine Familie unter anderem das Wohnrecht im Potsdamer Schloss Cecilienhof verlangt. Das schloss die amtliche Berliner Republik kategorisch aus und schoss dabei (politisch) schneller zurück, als es die Preußen je taten. Die republikanische Aufregung überrascht. Der Herzog von Bayern zum Beispiel residiert immer noch und längst wieder im Münchener Schloss Nymphenburg, und, soweit korrekt berichtet, steht sogar in Bayern die Wiedereinführung der Monarchie nicht unmittelbar bevor. Die vermeintlichen Versuche von Franz Josef Strauß, seine Familie als post-wittelsbacher Dynastie in Bayern zu inthronisieren, wurden nicht von Erfolg gekrönt.

Bei ihrem Rückschuss auf die »unverschämten« Hohenzollern-Forderungen übersahen die Repräsentanten unserer Demokratie zudem, dass sie selbst, freilich in ganz anderem Zusammenhang, den gedanklichen und politischen Erstschuss abgegeben hatten: durch die Diskussion um die Rückgabe von Raubgut, das im »Tausendjährigen Reich« vornehmlich Juden entrissen worden war. Ironie der Geschichte: Ein bedeutender Hohenzoller, der »Große Kurfürst«, hatte die Juden 1671 in sein Land geholt.

Die bundesdeutschdemokratische (Fast-)Einheitsfront vergaß: Wer A sagt, muss auch B sagen. Raub ist Raub und nicht »nur« auf Juden oder die Gruppen A bis Y begrenzt. Es gefalle oder nicht: Es ist deshalb zumindest ebenso logisch wie ethisch von »den« Hohenzollern folgerichtig, das wann, warum und von wem auch immer Geraubte zurückzufordern – obwohl »der Kronprinz«, also der Sohn Wilhelms II., sich gerne den Nationalsozialisten als Legitimator anbiederte. Im Rechtsstaat sind »alle Tiere gleich«. Oder ist es am Ende in Deutschland doch so wie in George Orwells »Farm der Tiere«, dass »manche gleicher sind«? Und wenn nicht gleicher, so doch ungleicher. In diesem Falle die Hohenzollern.

Was jene Einheitsfront offenbar übersieht: Sie wendet, wenngleich unter anderen Vorzeichen, das gleiche Instrumentarium »wie die Nazis« an: *Sippenhaft(ung)*. Die wiederum entspricht weder der »jüdisch-christlich« abendländischen noch der rechtsstaatlichen Tradition – selbst wenn das eine oder andere Gericht, Bundesrecht anwendend, »Recht« spricht. Dieses Gesetz, ebenso wie dieses Urteil, mag legal sein, ethisch sowie rechtssystemisch legitim sind sie nicht. Um diese Feststellung zu treffen, muss man kein Jurist sein. Bar jeder zivilisatorischer Rationalität »argumentierte« der frühere Bundestagspräsident Wolfgang Thierse. Er bezog sich nicht nur auf »die« Hohenzollern, sondern »den« Adel: Er rufe im Hinblick auf den Adel ja nicht gleich nach der Guillotine, aber Entschädigungen kämen für ihn nicht in Frage (Interview, *3sat*, 21.12.2019).

Streiten kann man auch über Wilhelm II. Seine Schwächen sind offenkundig, doch Hohenzollern-Dämonologie ist weder bei ihm noch anderen seines Geschlechtes angebracht. Im Rückblick noch weniger, denn, anders als Fontane, wissen wir, wer Juden sechsmillionenfach »gefressen« hat. Weder Wilhelm II. noch irgendein Hohenzoller hätte je solche Verbrechen begangen oder daran auch nur gedacht. Ja, Wilhelm II. war sozusagen »bekennender Antisemit«, und am »Berliner Antisemitismusstreit« von 1878/79 war der Kaiserhof Wilhelms I. nicht unbeteiligt. Als aber am 9. November 1938 der nationalsozialistische Pöbel Synagogen in Brand setzte und Juden auf offener Straße drangsalierte und liquidierte, sagte Wilhelm II. in seinem niederländischen Exil: Zum ersten Mal in seinem Leben schäme er sich, Deutscher zu sein. Nein, der »Weg nach Auschwitz« führte gerade nicht vom bald tausendjährigen Geschlecht der Hohenzollern zu Hitlers »Tausendjährigem Reich«.

Ohne Scheuklappen sei neben der *Dämonologie* die Geschichte der Hohenzollern in folgenden Kategorien betrachtet:

1. Geografie, Strategie und Militär
2. Demografie
3. Philosophie und Soziologie
4. Biografie und Psychologie
5. Theologie und schließlich
6. Historische Demoskopie

Auf *Futurologie* sei verzichtet, doch zur *Chronologie* dies hervorgehoben: Fast 1000 historisch nachweisbare Hohenzollern-Jahre. Was für eine Leistung, allein dieses lange Überleben! Vergleichbares bietet keine bürgerliche Familie und schafften nur wenige andere Adelsfamilien.

Die Geschichte der Hohenzollern beginnt vor dem Ersten Kreuzzug der Jahre 1096 bis 1099. Das bedenkend und in Anlehnung an

Großmeister Goethe, könnte man den Hohenzollern zurufen: Von damals bis heute gingen viele neue Epochen der Weltgeschichte aus, »und ihr könnt sagen, ihr seid dabei gewesen.«

1. Aus der Defensive: Zu Geografie, Strategie und Militär der Hohenzollern

Aufgrund der Mittellage ihres Staates mussten die Hohenzollern militärisch hochgerüstet und gegebenenfalls aus der geografisch-strukturellen Defensive offensivfähig sein – um sicher überleben zu können, um Subjekt und nicht Objekt der Politik, um nicht wehrloses Opfer zu werden – wie weiland im Dreißigjährigen Krieg.

In seinem politischen Testament von 1667 mahnte der Große Kurfürst, zu verhindern, dass im Kriege »Ewere Lande Das theatrum sein wurden, Darauff man die tragedi Spillen werde.« Die Mark Brandenburg hatte in jenem Krieg etwa die Hälfte ihrer Bevölkerung verloren.

Nach diesem Urtrauma war der größte Hohenzollern-Staat bis zuletzt von einem bleibenden Gefühl der Verwundbarkeit geprägt. Auch seine späteren Offensiven, sogar Aggressionen, entsprangen – abgesehen vom 1740 erfolgten Überfall Friedrichs II. auf Schlesien – einem defensiven Geist.

Auch die schwäbischen Hohenzollern lagen strategisch-politisch sozusagen in der Mitte: in der Mitte zwischen Württemberg und Baden. Beide hatten mehr als nur ein Auge aufs schwäbisch-hohenzollerische Ländle geworfen. Es überlebte trotzdem, ging 1849 im großen brandenburgisch-preußischen Bruder und nunmehr, bundesdeutsch, in Baden-Württemberg auf. Im gemütlichen Ländle, nicht in Brandenburg-Preußen, Borussien, liegt die Stammburg der Hohenzollern. Die schwäbische, nicht die fränkische, kurmärkisch-preußische ist die Urlinie der Hohenzollern. Nebenbei: Aus dem schwäbisch-alemannischen Raum stammen zwei andere bedeutende Dynastien: die Staufer und die Habsburger. Fast könnte man versucht sein, die großräumliche Einheit dieser historisch machtvollen Dreiheit zu mythologisieren. Doch halten wir uns an die Fakten.

Schwäbischen Ursprungs ist auch das seit Mitte des 13. Jahrhunderts gebräuchliche Schwarz-Weiß des Hohenzollern-Wappens. Das war eine geradezu prophetische Farbentscheidung: Wie das Wappen, so die häufigste Beurteilung der Hohenzollern – schwarz oder weiß.

Die hohenzollerischen Nürnberger Hofgrafen übernahmen das schwäbische Familien-Schwarz-Weiß ebenso wie die fränkischen und brandenburgischen Verwandten. Später galt es als urpreußisch. Heute verbinden Herr und Frau Jedermann dieses Schwarz-Weiß nicht mehr mit den Hohenzollern aus Schwaben, Nürnberg, Franken, Brandenburg oder Preußen, sondern mit dem Trikot der deutschen Fußball-Nationalmannschaft. Was den Deutschen einst die Hohenzollern waren, sind ihnen heute die Fußballkaiser. Hat sich Deutschland aufwärts, rückwärts oder vorwärts bewegt?

Die fränkische Hohenzollern-Linie lag ebenfalls quasi in der Mitte: zwischen Bayern und Thüringen plus Sachsen und Brandenburg. Nach der preußischen Katastrophe von 1806 schluckten die bayerischen Wittelsbacher mit Hilfe Napoleons die Franken, die, anders als die Kurmärker-Hohenzollern, nicht die Kraft hatten, ihren Mittelraum zu vergrößern, wovon inzwischen die nach-wittelsbacher CSU profitiert. Nach-hohenzollerische Befreiungsversuche in Form eines bayerischen Ministerpräsidenten aus Franken gelangen bislang zweimal: Die Franken Günther Beckstein und Markus Söder in die Hohenzollerngeschichte einzuordnen, geht allerdings zu weit. Oder doch nicht? Wir »lernen aus dieser Geschichte« nämlich die relative *Beliebigkeit kollektiver Identifikationen.* Vor Napoleon richtete sich der politische Frankenblick nordwärts, nach Berlin, zu den Hohenzollern, danach südwärts, nach München, zu den Wittelsbachern.

Vergangen ist die Monarchie der Hohenzollern und Wittelsbacher, nicht vergangen ist sowohl die geografische als auch politische »Sandwich«-Lage Frankens zwischen den beiden längst republikanischen Metropolen, Berlin und München.

Beim Stichwort »Geografie der Hohenzollern« denken fast alle an Deutschland, kaum jemand an Europa. Doch gerade die europäische Dimension gehört zur ganzheitlichen Betrachtung der Hohenzollerngeschichte. Im monarchisch-aristokratischen Europa gehörte der »Export« und »Import« von Frauen, manchmal auch der zweit- oder drittgeborenen Männer eines Adelsgeschlechtes zum guten Ton dynastischer Politik.

Die brandenburgisch-preußischen Hohenzollern waren fleißige Ex- und Importeure europäischen Adels und Hochadels, auch in hochkarätig-gewichtige Staaten wie Großbritannien und Russland. So war zum Beispiel der Hunderttage-Kaiser Friedrich III. Schwiegersohn der britischen Königin Victoria und Kaiser Wilhelm II. daher ihr Enkel. Charlotte von Preußen, Schwester von König Friedrich Wilhelm IV., wurde mit Zar Nikolaus I. verheiratet und hieß seitdem Zarin Alexandra Fjodorowna. Sophie, Schwester Kaiser Wilhelms II., wurde Königin von Griechenland. Dort war im 19. Jahrhundert der Wittelsbacher Otto zu Fall gekommen.

Auch die Sigmaringer Hohenzollern schnitten beim blaublütigen Im- und Export nicht schlecht ab, wenngleich es 1870 nicht nur gefährlich, sondern brenzlig, ja kriegerisch brennend zwischen Frankreich und Noch-nicht-ganz-Klein-Bismarck-Deutschland wurde. Weshalb? Weil sich Frankreich, wie einst in der Frühen Neuzeit vom Habsburger Reich, nun vom Deutschen Reich umzingelt fühlte. Vom Osten und Südwesten. Ultimativ forderte Kaiser Napoleon III. Preußens Verzicht auf den spanischen Thron. Es kam zum Krieg, den Preußen mit »gesamtdeutscher« Hilfe gewann. Am Ende war zwar kein Hohenzoller König von Spanien, aber »Deutschland« erstmals Deutschland beziehungsweise das »Deutsche Reich«.

Selbst in dynastischen oder später nationalen Kriegen blieben die Hohenzollern und andere europäische Adelsgeschlechter sozusagen unter sich, »in der Familie«, den adeligen Großfamilien Europas. Das machte den Krieg, sogar den Ersten Weltkrieg, als Krieg zwar nicht menschlicher, aber nicht so »total« wie den Zweiten Weltkrieg, der auch deshalb ein Zivilisationsbruch war, weil es keine vergleichbaren aristokratisch-dynastischen Verflechtungen mehr gab und somit auch keine verwandtschaftlich-politisch bedingten Mordhemmungen und Ausrottungsdämpfer.

Wir bleiben beim Thema »Militär und Strategie«. Das Hohelied aufs Militär hätten die Hohenzollern gesungen, behaupten Hohenzollern-Dämonologen. Tatsache oder Legende? Hier einige repräsentative Beispiele:

Johann Cicero, vierter Kurfürst von Brandenburg, gestorben 1499: »Vom Krig-führen halte ich nichts.« Kriege »bringen nichts Gutes.«

Kurfürst Joachim II. hielt sich »vor keinen Kriegsmann«[3] und ermahnte 1562 seine Söhne im Testament, »dass ire inen den lieben frieden wolden lassen befohlen sein.«

Selbst der »Soldatenkönig« Friedrich Wilhelm I. empfahl seinen Nachfolgern: »… bitte ich umb Gottes willen kein ungerecht krikg anzufangen und nicht ein agressör sein, den(n) Gott (hat) die ungerechten Krige verbohten.«

Sein Sohn Friedrich II. (der Große) war nicht nur Philosoph, Schöngeist, Literat und Musiker, sondern eben auch Herrscher, Kriegs- und Feldherr. Dem Militärerzieher des Kronprinzen hämmerte er dies ein: »Es ist von größter Wichtigkeit, ihm Geschmack für das Militärwesen beizubringen. Deshalb müssen Sie ihm bei jeder Gelegenheit sagen …, dass jeder Mann von Geburt, der nicht Soldat ist, nur ein Elender ist.«[4] Den Schlesienkrieg hatte Friedrich II. 1740, er gestand es später, des Ruhmes wegen begonnen. Spätestens im Siebenjährigen Krieg, ab 1756, ging es nicht mehr um Ruhm, sondern ums Sein oder Nichtsein seines Preußens.

So »begeistert« liefen damals »die« Hohenzollern-Untertanen zu den Waffen, dass gegen Ende der Ära Friedrichs des Großen 42 Prozent der Soldaten ausländische Söldner (also wirklich »Sold«-aten) waren, genau: 81.000 von insgesamt 195.000 Mann.[5] Kämpfende kosteten damals den Staat viel Geld, es sei denn, der Krieg ernährte den Krieg. Zynisch, aber wahr: Zum quasi Nulltarif bekam »der« Staat, nicht nur der deutsche, seine Soldaten erst durch die Einführung der Allgemeinen Wehrpflicht. Das revolutionäre Frankreich hat es mit der *levée en masse* eingeführt und vorgemacht.

Friedrich Wilhelm II., sein Nachfolger, suchte keine Konflikte. Ihm folgte Friedrich Wilhelm III. Er sagte 1806, nach seinem lange hinausgezögerten (und törichten) Entschluss, gegen Napoleon Krieg zu führen: »Mehr als ein König ist untergegangen, weil er den Krieg liebte; ich, ich werde untergehen, weil ich den Frieden liebte.« Wozu hatte er dann gegen die Weltmacht Frankreich Krieg erklärt?

Vor dem Freiheitskrieg von 1813 bis 1815 »fürchtete« er »viel Widerwärtiges«, eben einen Volkskrieg. Der Krieg war für ihn ein viel zu ernstes Geschäft, um ihn unberechenbarem Enthusiasmus anzuvertrauen. Die Allgemeine Wehrpflicht musste er widerstrebend verkünden, und ganz entsetzlich war ihm das »Edikt zum Landsturm«. Nach 1815 wollte er nur noch »Ruhe für das erschöpfte Preußen« und für sich selbst.

Auch die »Vorstellung, dass die intellektuellen Schichten sich enthusiasmiert in Massen [am antinapoleonischen Befreiungskrieg; M. W.] beteiligt hätten, hält realistischer Nachprüfung nicht stand« (Wolfgang Neugebauer).[6] Wer konnte, drückte sich. Faktisch dienten eher die Söhne ärmerer Bauern.[7] Eine allgemeine Notsituation war nach der Niederlage Preußens gegen Napoleon gegeben. Und nur weil »Not am Mann« war, haben Preußens Monarchie und Aristokratie die für sie bittere Pille der (auch nur nominellen) Allgemeinen Wehrpflicht geschluckt.

Zwischengedanken – vom Besonderen zum Allgemeinen

Es galt nicht zum ersten oder letzten Mal in der *Militärgeschichte der Menschheit,* wohlgemerkt nicht nur der der Hohenzollern: Krieger jeglicher Art und Ranges gewinnt man nur, wenn sie für die Bereitschaft, ihr Leben zu riskieren, entweder Macht, Geld oder Ansehen – am besten alle drei Bedingungen – erfüllt bekommen.

Sind »die Herrschenden« hierzu nicht bereit, verbleiben ihnen zwei Möglichkeiten. Beide sind empirisch, historisch, doch nur eine moralisch akzeptabel. Die erste: Die Krieger werden gepresst, also wie auch immer gezwungen. Dieses Los traf und trifft vor allem die armen Bevölkerungsschichten. Für sie galt und gilt: Weil und wenn du arm bist, musst du früher sterben. Wie weiland die armen Bauern. Siehe oben.

Möglichkeit zwei zur Gewinnung von Sold-aten ist die Allgemeine Wehrpflicht. Auf den ersten Blick scheint sie eine genial machiavellistische Idee. Erstmals in der Militärgeschichte der Menschheit bekamen »die Herrschenden« durch die Allgemeine Wehrpflicht ihre Kämpfer kostenlos. Kämpfer und eben keine Sold-aten mehr, wenngleich sie weiter so genannt wurden. Auch das ließ sich inhaltlich und sprachlich rechtfertigen, denn sie erhielten einen Sold. Mickriger als in den tatsächlich sold-atischen Zeiten und keinesfalls (wie einst) die eigenen oder gar familiären zivilen Lebenskosten halbwegs deckend, aber zumindest formal Sold.

Der erste Blick täuscht. Die Allgemeine Wehrpflicht kostete die Herrschenden zwar keinen nennenswerten Sold, wohl aber Macht, was wiederum die Untertanen zu Bürgern machte. Der oder die Machthaber mussten nämlich der Allgemeinheit Macht oder Machtteile abgeben. Den Untertanen wurde »von oben« selten präventiv, also eher reaktiv und mehr nolens als volens, dem

Druck »von unten« nachgebend, politische Teilhabe und Teilnahme gewährt: in der antiken athenischen Polis in der und durch die Vollversammlung der Bürger – nicht Untertanen! – und in der Moderne durch die Demokratie, also die zumindest gedanklich-theoretisch-legitimatorische Mitbestimmung aller beziehungsweise der Allgemeinheit. So gesehen sind Demokratie und Allgemeine Wehrpflicht zwei Seiten derselben Medaille. Ihr Name: Politische Partizipation.

In Demokratien wiederum ist die Allgemeinheit der Allgemeinen Wehrpflicht nur so lange politisch durchsetzbar, wie die Allgemeinheit darin übereinstimmt, dass ihr staatlich physisches Überleben gefährdet ist. Deshalb ist Israel bis heute eine Demokratie mit Allgemeiner Wehrpflicht, deren Allgemeinheit aus anderen Gründen – Religion und zerbröselndem sicherheitspolitischen Konsens – mehr als nur etwas durchlöchert ist. Ende von Zwischengedanken 1.

Zwischengedanke 2 nutzt wieder den Blick zurück vom Besonderen für den Blick nach vorn und zum Allgemeinen und allgemein Deutschen: Liberale Bemühungen und Reformen im Innern oder die Wege zur Demokratie in Deutschland bedurften (zu?!) oft des Anstoßes von außen. Hier einige Beispiele seit dem 19. Jahrhundert:

- nach Napoleons Siegen von 1806 und in den Freiheitskriegen gegen den Kaiser der Franzosen;
- 1830 als Folge der Julirevolution in Frankreich;
- ähnlich die Revolution 1848: im Februar zuerst in Frankreich, dann ab März in Deutschland;
- Februar 1917 Revolution in Russland und Abdankung des Zaren im März, gefolgt von Massenstreiks deutscher Arbeiter im April;
- 1918/19, nach dem Ersten Weltkrieg und, als Folge der Niederlage, die Novemberrevolution;

- 1945/49 nach der Niederlage der NS-Verbrecher Freiheit für und im Westen Deutschlands;
- die deutschen 68er waren ein Ableger (teils eine regelrechte Kopie) der US-Protestjugend, Bürgerrechts- und Anti-Vietnamkriegsbewegung; Gleiches gilt für die Entdeckung der Ökologie, die im Sommer 1969 unmittelbar nach der Mondlandung »der« Amerikaner in den USA als »Environmentalism« begann, bevor es dafür ein deutsches Alltagswort gab;
- die deutsche »Entspannungspolitik« als »Neue Ostpolitik« ab Herbst 1969 unter Brandt und Scheel hatte unter Frankreichs de Gaulle als »Détente« Anfang der 1960er Jahre begonnen und wurde ab Januar 1969 von US-Präsident Richard Nixon und Sicherheitsberater (dann Außenminister) Henry Kissinger mit dieser Bezeichnung erweitert.

Bei allen unbestreitbaren, großartigen Verdiensten der DDR-Bürgerrechtsbewegung kann nicht übersehen oder bestritten werden, dass auch deren Erfolg eine unabdingbar außenbedingte Voraussetzung hatte: das durch Gorbatschow menschlich gesteuerte Absterben der Sowjetunion.

Bleibt zu hoffen, dass die Bundesrepublik Deutschland beziehungsweise die bundesdeutsch-demokratische Republik dauerhaft demokratisch, auf ihrem inneren Fundament stehend, fortbesteht. Von der wenig eindrucksvollen und zur nationalen Bescheidenheit gemahnenden demokratiepolitischen Bilanz der allgemeinen Deutschen Geschichte zurück zu den alten Hohenzollern, die bekanntlich keine Demokraten – aber eben auch keine Dämonen waren.

Wozu Zwischengedanke 2? Von 1945 bis etwa zum Ende des massenmörderischen 20. Jahrhunderts erlebte die Menschheit eine wohltuende Periode weltpädagogischer Enthaltsamkeit »der« Deutschen.

Tempi passati. Deshalb sollte einmal darüber nachgedacht werden, wie historisch, empirisch (un)berechtigt diese deutsche Selbstwahrnehmung und -darstellung ist. Dieses altneudeutsche Auftrumpfen hat, neben anderen, eine späthohenzollerische sowie eine nichthohenzollerische Quelle. Diese stammt von Emanuel Geibels »Am deutschen Wesen soll die Welt genesen«, jene vom Rasseln des letzten Kaisers, Wilhelm Zwei. Der rasselte, obwohl machtpolitisch bis heue total überschätzt, mit dem deutschen Säbel, »wir« rasseln heute mit deutscher Hypermoral. »Die« Deutschen als Rasselbande? Gewiss, übertrieben. Maßlos? Eher nein, fürchte ich. Eine etwas größere Portion deutscher Selbstbescheidenheit täte Deutschland und der Welt ganz gut. Wie wäre es mit einem Mittelweg zwischen Selbstverherrlichung und Selbstzerfleischung?

Ende der Zwischengedanken 1 und 2. Zurück zu den Hohenzollern des 19. Jahrhunderts.

Friedrich Wilhelm IV. war ein »unmilitärischer Mann«, den seine Geschwister und enge Freunde manchmal »Butt« nannten.[8] Er empfand sogar »Abscheu … gegen alles Militärische.«[9]

Aber: 1848/49 wurde zwar die Revolution mit militärischen Mitteln nicht nur in Preußen niedergeschlagen, doch die Mehrheit der Soldaten und die Kommandeure hielten den Hohenzollern die Treue.[10] Sicher auch eine Art Volksstimmung, Volksstimme, Volksabstimmung. Sie mag manchem nicht gefallen, aber so ist sie ausgefallen.

Brandgefahr für ganz Europa drohte im Krimkrieg der Jahre 1853 bis 1856. Preußen drückte sich. Ein Vorbild für die Berliner Republik? Stichworte: Libyen 2011, Syrien ab 2012 oder 2019 die angedrohte Sperrung der Straße von Hormuz durch den Iran.

Des Königs ab 1858 regierender Bruder, der spätere König und Kaiser Wilhelm I., der »Kartätschenprinz« der Revolution von 1848, war 1860 sogar der vornehm britischen Londoner »Times«

zu zahm. Sie fauchte: Preußen »stützt sich immer bei jemandem ab, sucht immer jemanden, der ihm hilft, ist nie bereit, selbst zu helfen. (Es ist) anwesend auf Kongressen, aber abwesend in Schlachten … bereit, jede beliebige Menge an Idealen oder Gefühlen beizusteuern, aber scheu gegenüber allem, was nach Realität schmeckt.«[11] Nicht vom heutigen Bundesdeutschland ist die Rede, sondern vom Hohenzollernstaat 1860, der damals – Grund der Zurückhaltung – nur ein Drittel der Wehrpflichtigen einziehen konnte, weil nach 1820 die Armee stark reduziert worden war. Hier setzte die umstrittene Militärreform Wilhelms I. an.[12] Also doch zackig? Vorsicht: Unter Wilhelm I. und bis 1890 unter Wilhelm II. bestimmte Kanzler Bismarck die Richtlinien des Hohenzollernstaates. Zimperlich war der Eiserne Kanzler gewiss nicht, aber er war kein Hohenzoller, und unter seiner Führung galt eindeutig das Primat der Politik; oft zum Verdruss des Militärs und Hohenzollern-Kaisers.

Anders als 1806 oder 1813 bis 1815 gegen Napoleon schienen Krieg und Tod für Hohenzollern-Untertanen in den Kriegen gegen Dänemark (1864), Österreich (1866) und Frankreich (1870/71) einander weitgehend auszuschließen. In der Illusion eines quasi sterbefreien Krieges – strebten die Massen der Bürger zur Uniform. Das wechselseitige Töten hatte nicht auf eigenem, deutschen, Boden stattgefunden. Außerdem gab es weder Radio noch Film, Fernsehen oder Social Media. Gestorben wurde scheinbar »weit weg«, und nur relativ wenige Deutsche verloren ihre Nächsten und Liebsten: rund 41.000. Die Zahl der gefallenen Franzosen war wesentlich höher. Sie betrug etwa 140.000. Aber das waren ja »die Anderen«. Tenor: »Kratzt uns nicht, wenn die abkratzen.« Gewiss, unethisch, weil unmenschlich, aber leider realistisch.

Die Bürger des ab 1871 neuen Deutschen Reiches wurden keine »Bürger in Uniform«, sondern »uniformierte Bürger«.[13] Sie bekamen, was sie damals wollten: »Eisen und Blut«. Als Mittel der Politik war das ursprünglich keine Bismarck'sche oder Wilhelm-Eins-Parole. Das hatten gerade die liberalen Bürger, während andere an der militärischen Front kämpften, mehrheitlich an der »Heimatfront« im Befreiungskrieg gesungen und danach die Burschenschaftler: »Denn nur Eisen kann uns retten / und erlösen kann nur Blut.«[14] Trickreich hatte Bismarck für seinen Hohenzollern-König die Liberalen mit ihren eigenen Mitteln geschlagen.

Den Adel hatte bereits Friedrich Wilhelm I. unter Androhung drakonischer Strafen ans Militär gebunden. Ergebnis: Bereits unter seinem Sohn bestand das preußische Offizierskorps nur aus einheimischen Adeligen. Am Ende der Hohenzollern-Ära hatte sich diese Soziologie verändert. 1913 waren 70 Prozent der Offiziere Bürgerliche, und diese Verbürgerlichung war seit 1890 Programm von – ja – Wilhelm II.[15]

Unter ihm überschritt das Militär immer häufiger und dreister seine Kompetenzen, erstmals heftig 1904 beim Herero-Aufstand in Deutsch-Südwestafrika.[16] Wilhelm II. wirkte zackig, doch Militär und Bürokratie schoben ihn systematisch beiseite; schon beim Kriegseintritt 1914 und dann endgültig unter Hindenburg und Ludendorff ab 1916.[17]

Das waren die geografie- beziehungsweise außen- und sicherheitspolitischen Kardinalfehler in der Endphase der Hohenzollern-Ära: Ohne Not und von seiner Bürokratie auf den Holzweg geführt, beendete Wilhelm II. 1890 die enge Anbindung an Russland, die nicht erst Bismarck, sondern bereits Friedrich II. 1762, nach dem Tod von Zarin Elisabeth, eingeleitet hatte. Dadurch war die Ostflanke Deutschlands wieder gefährdet, und nach den drei Teilungen Polens gab es nicht einmal mehr einen Puffer zwischen den Staaten der Hohenzollern und Romanows.

Die Entzündbarkeit der Westfront hatte eher Bismarck als Wilhelm II. durch die Annexion Elsass-Lothringens verursacht, die Provokationen gegenüber England das Militär. Stichworte: die

Flottenpolitik von Tirpitz seit 1898 und der Schlieffenplan. Dieser überrollte den deutsch-englischen Pufferstaat Belgien, jene wurde als maritime Bedrohung der Britischen Inseln wahrgenommen. Für das selbstmörderische Kunststück, außer Großbritannien auch die USA in den Ersten Weltkrieg hineinzuziehen, zeichnete wiederum weniger Wilhelm II. als Bürokratie und Militär verantwortlich. Auf den U-Bootkrieg mussten die USA ebenso reagieren wie auf das Versprechen des deutschen Außenamtes, den Mexikanern im Kampf gegen die USA zu helfen. Noch dümmer konnte keine deutsche Geo-Sicherheitspolitik sein. Sie ist jedoch weitgehend nicht den Hohenzollern-Kaisern anzulasten. Nicht nur in der Hohenzollern-Zeit wurden die USA unterschätzt. Hitler beging (gottlob) den gleichen Fehler und – vive la différence – auch Bundeskanzler Gerhard Schröder, vor, mit und nach ihm weite Teile der bundesdeutschen Gesellschaft, die lieber die USA hochnäsig moralisierend belehren als von ihnen lernen. Als »Mit-Verursacher« sind »die« Hohenzollern daran nicht ganz unschuldig. Das relative schwächere Militärpotential Deutschlands, erst recht dessen sicherheitspolitische Abhängigkeit von den USA, gebietet, die eigenen (Überlebens-)Interessen nicht durch gezielte Provokationen Washingtons zu gefährden.

Unser Fazit: Der Militarismus der Hohenzollern ist mehr Dämonologie und Geisterstunde als Geist der Hohenzollern, wenngleich gerade seit 1890 mehr außen- und geopolitischer Geist hilfreich gewesen wären.

2. Vielerlei Bevölkerung: Demografie

Die Demografie (Bevölkerungskunde), auch Ethnografie (Volkskunde) der Hohenzollernstaaten hängt eng mit ihrer Geografie zusammen.

Dass Friedrich III. seit 1192 als Burggraf von Nürnberg genannt wurde, ist ein Detail. Unter seinen Söhnen wurde das Haus Hohenzollern in einen schwäbischen und fränkischen Zweig geteilt. Der schwäbische wurde durch seine weitere Zersplitterung zunehmend geschwächt.

Demo- und ethnografisch bedeutend war das Jahr 1415. Der Burggraf von Nürnberg, Friedrich VI., wird von König Sigismund mit dem Kurfürstentum Brandenburg belehnt. Vor allem der örtliche Adel *polnisch slawischer Herkunft*, die Quitzows oder Waldows, waren alles andere als beglückt und bildeten eine Adelsfronde. Sie rebellierten gewaltsam. Nicht nur der slawische Adel, »die« seit dem 6. Jahrhundert in diesem Raum (bis ungefähr zur Elbe) siedelnden Slawen, fürchteten die Versklavung. Nicht von ungefähr. Sie wussten aufgrund der germanisch-slawischen Geschichte seit dem frühen Mittelalter und vor allem durch das Wort »Slawen«, als wen oder was Germanen sie betrachteten: als Sklaven. Hinter diesem Konflikt stand eben mehr als nur die Auseinandersetzung zwischen Alteingesessenen und Neuankömmlingen, Altmächtigen und Neumächtigen, Brandenburgern, Preußen und Franken. Es war, jawohl, auch ein ethnischer Konflikt.

Das germanisch-slawische Pommern war ebenfalls im Visier der neuen hohenzollernschen Landesherren. Der Widerstand des pommerschen Adels war nicht nur innen-, sondern auch außenpolitisch bestimmt. Das seit dem frühen 16. Jahrhundert expandierende Schweden hatte kein Interesse an Ruhe im norddeutschen Hohenzollernstaat. Das ist der harte Kern des langen Konfliktes zwischen Brandenburg-Preußen und *Schweden*, der erst 1815, auf dem Wiener Kongress, (auf)gelöst wurde. Schweden musste Vorpommern endgültig an Preußen abtreten.

Zurück ins 15. Jahrhundert: So richtig wohl fühlten sich die fränkischen Hohenzollern in ihrem neuen Herrschaftsgebiet zunächst nicht. Es war für Kurfürst Albrecht (gestorben 1486) eine

Herkulesaufgabe, den slawischen Widerstand zu brechen. Zum Dank dafür verlieh ihm der Papst den Beinamen »Achilles«. Den Herrscheralltag in Brandenburg überließ er danach seinem Sohn Johann (später »Johann Cicero«).

Die »germanisch« beziehungsweise deutsch-slawische Demografie-Dimension verschärfte sich im Brandenburger Hohenzollernstaat seit 1511: In jenem Jahr wurde der fränkische Hohenzoller Albrecht zum Hochmeister des Deutschen Ordens in Preußen gewählt. 1525 wechselte er zum Luthertum. Er säkularisierte Preußen und stand fortan als weltlicher Herzog unter polnischer Lehenshoheit. Durch Erbfolge fiel Preußen 1616 an die Brandenburger Hohenzollern. Nun waren sie die machtpolitische Nummer eins der Hohenzollern. Demo- und ethnografisch »rein« deutsch war ihr Staat freilich nie.

Der Osterweiterung der Brandenburger Hohenzollern folgte die Westerweiterung 1614 durch Erbfall und den Vertrag von Xanten: Sie bekamen Kleve, Mark und Ravensberg, was nicht demografisch, doch außenpolitisch heikel war, denn hier, am Niederrhein, stieß man auf Interessen Frankreichs, Spaniens, der Niederlande und Englands.

Der Dreißigjährige Krieg: ein schier unermesslicher demografischer Aderlass der Hohenzollernstaaten. Danach und deshalb wurde »peupliert«, Menschen »importiert«, Ausländer. Nein, die Hohenzollern deutschtümelten nicht, auch nicht in Bayreuth und Ansbach.[18] Der Große Kurfürst betraute Ausländer, sogar Hugenotten und Juden, mit Spitzenpositionen. Es kamen auch Niederländer, Norditaliener, Engländer.[19] Die Ritterschaft beklagte sich, dass »Ämbter bey Hoffe« »mit frömbden und ausländischen Leutten bestalt« seien.[20] Friedrich II. richtete im Ausland regelrechte »Immigrationsbüros« ein.[21] An den damals geradezu kosmopolitischen Hohenzollern gemessen war die Greencard-Aktion von Ex-Bundeskanzler Gerhard Schröder kümmerlich.

Könnte man die Flüchtlingspolitik seiner Nachfolgerin Angela Merkel in den Jahren 2015/16 in die Kontinuität jener Hohenzollern-Peuplierungspolitik stellen? Nein, denn der Große Kurfürst holte diese relativ wenigen assimilationswilligen Juden und Hugenotten aus gezielt und gesteuert funktional-wirtschaftlichen, nicht moralischen Gründen. In Merkels Deutschland kamen Flüchtlinge und Wirtschaftsasylanten hunderttausendfach. Sie wurden nicht geholt, sondern der Ethik wegen hineingelassen. So die amtlich-politische Lesart der »Willkommenskultur« von 2015. Enthielt sie nicht auch Elemente einer ersehnten Kollektiv-Absolution fürs sechsmillionenfache Judenmorden und die 57 Millionen Toten des Zweiten Weltkriegs? Jenseits dieser fundamental geschichtsethischen Frage an »die« Deutschen und ihre Kanzlerin sollte das pragmatisch-demografische Motiv jener Migrationspolitik nicht übersehen werden. Mangels eigener, langfristig unverzichtbarer Bevölkerungsmassen wurden andere »importiert«. So gesehen unterscheidet sich Merkels Migrations- und Demografiepolitik im Kern nicht grundsätzlich von der Peuplierungspolitik des Großen Kurfürsten. Angela »die Große«?

1648, Westfälischer Frieden: Brandenburg erhält außer Halberstadt, Minden und Magdeburg Hinterpommern – und zugleich noch mehr Polen. Bald noch mehr; ein Albtraum für Germanophile, nicht für Hohenzollern: Die Partnerschaft mit Russland im Nordischen Krieg gegen Schweden wurde 1720 mit Stettin und Vorpommern bis zur Peene belohnt. 1740 nahm sich Friedrich II. Schlesien. Dann die Polnischen Teilungen von 1772, 1793 und 1795. 1795 – nun war rund ein Drittel der Einwohner des preußischen Hohenzollernstaates polnisch.[22] Mehr Polen – das bedeutete auch: viele Katholiken und Juden.

Noch mehr Katholiken und sogar seit der Antike jüdisch besiedelte Städte fielen Preußen 1815, auf dem Wiener Kongress, zu:

das Rheinland und Westfalen. Die Erweiterung der staatlichen Geografie veränderte neben der Demografie und Theologie auch die Soziologie des Hohenzollernstaates: Er wurde nicht nur katholischer, sondern auch bürgerlicher und städtischer und sogar noch ein bisschen »jüdischer«.

Dieses Demografie-Gemisch wurde in den Hohenzollern-Staat integriert, und diese Integration war zugleich die Transformation zu einem gemeinsamen Gemeinwesen. Die diversen Polarisierungen wurden in der und durch die Staatlichkeit der Hohenzollern überwunden. Der Hohenzollern-Staat Brandenburg-Preußen verband als Staat und im Staat seine Teile zum Ganzen.

Der Staat, seine Administration und Bürgerschaft, war die Klammer, nicht die Nation und nicht die Konfession. Problemlos konnte dieses Staatskonzept auf nichtdeutsche und nichtprotestantische Staatsbürger ausgeweitet werden. Als Preußen und in Preußen genossen zum Beispiel Polen »staatliche Förderung des polnischsprachigen Unterrichts«.[23] Erst die innere »Germanisierung« Deutschlands und die verständlichen Versuche der Polen im 19. Jahrhundert, wieder einen eigenen Staat zu besitzen, ließen die Spannungen eskalieren. Kein Wunder, dass die sozusagen »eingedeutschten« Hohenzollern, ebenso wie ihre westorientierten Verwandten, anders als viele ihrer frühen Vorfahren, nicht mehr die polnische Sprache lernten. So wurde allmählich der Hohenzollern-Staat nationaler und weniger hohenzollerisch.

Die Hegel'sche Staatsphilosophie als Staats-Er- und -Überhöhung hat jene aus der Notwendigkeit entwickelte Wirklichkeit preußischer (nicht deutscher) Staatlichkeit ins Akademische übertragen – nicht umgekehrt. Hegel dachte nach, nicht vor, die Hohenzollern machten es vor. Wieder widerspricht die Wirklichkeit der Hohenzollern-Dämonologie.

3. Staatsphilosophie: Die Bürokratie übernimmt und die Kultur blüht

Die Zentralität brandenburgisch hohenzollerischer Staatlichkeit entsprang auch der Notwendigkeit nach dem dreißigjährigen Verwüstungskrieg. Nicht zufällig zog der Große Kurfürst 1688 den Hobbes-Schüler Samuel Pufendorf von Stockholm nach Berlin (wo er in der Nikolaikirche begraben ist). Der Hauptzweck von Staaten, so Pufendorf, bestehe darin, »die Menschen durch gegenseitige Vereinigung und Hülffe dermaßen in Sicherheit zu stellen, dass sie vor anderer Gewalt und Unrecht sicher seyen, im guten Frieden leben, auch wider allerhand Feinde genugsam Schutz haben können.«[24]

Das bedeutete und führte auch zu einer Schwächung (nicht Ausschaltung) des Adels.[25] Die Zentralverwaltung wurde bewusst und gezielt mit Bürgerlichen besetzt.[26] Sofern nicht vorhanden, wurden bürgerliche Leistungseliten »importiert«.

Jeder Hohenzoller wusste: Der Staat musste zentral sein. Ihm hatte auch der absolute Herrscher zu dienen. Friedrich II. 1752 in seinem politischen Testament: »Der Souverän ist der erste Diener des Staates. Er wird gut bezahlt, damit er die Würde seiner Stellung aufrechterhalte, aber man fordert von ihm, dass er wirksam für das Wohl des Staates arbeite.«[27] Dazu gehörte auch, ganz im Sinne der Aufklärung und des wirtschaftlichen Interesses, der Auf- und Ausbau einer in die Breite und Tiefe gehenden Volksbildung.

Dieses Staatsverständnis war letztlich die Grundlage der auch global phänomenalen Erfolge des Hohenzollernstaates in den Bereichen Bildung, Wissenschaft und, daraus abgeleitet, Wirtschaft, Technik und Kultur. Wie bitte, Kultur? Kaiser Wilhelm Zwei als Inkarnation der Kultur? Köstlichen Hohn und Spott hat Alfred Kerr über die Spießerkultur am Kaiserhof gegossen. Unter den Hohenzollern gab es nicht nur Wilhelm-Zwei-plus-Wilhelm-Eins-Spießerkultur, sondern daneben auch Weltkultur: nicht nur den flötenden sowie komponierenden Friedrich Zwei in Sanssouci, sondern auch seinen Neffen Prinz Louis Ferdinand, der im Oktober 1806, vier Tage vor Jena und Auerstedt, als Kommandant einer preußischen Vorhut fiel und der nicht nur ein mutiger Feldherr, sondern auch ein bemerkenswerter Pianist und Komponist war.

Hohenzollern-Hochkultur war nicht nur das Arkadien der Havel-Schlösser oder das Knobelsdorff'sche, Schinkel'sche, Stüler'sche Berlin oder die dortige Museumsinsel. Weltkultur gab es nicht nur unter den brandenburgischen Hohenzollern, wenngleich die Lieblingsschwester Friedrichs II. durch Heirat den Bayreuthern Entwicklungshilfe gab, indem sie ihr neues Umfeld in ein Musenparadies verwandelte. Den Schönen (Frauen) und dem Schönen widmete Markgraf Alexander von Ansbach-Bayreuth sein Leben. Der schwäbische Hohenzollernprinz Johann-Georg war von 1991 bis 1998 Generaldirektor der Bayerischen Staatsgemäldesammlungen und nicht eines bayerisch-dörflichen Heimatmuseums. Selbst unter Wilhelm Zwei erlangte die deutsche Kulturavantgarde literarisch, musikalisch und bildnerisch Weltruhm, von dem ganz Deutschland noch heute zehrt.

Die Hohenzollern-Bilanz (nicht die persönlichen Einzelbetrachtungen) in Kunst, Kultur und Wissenschaft kann nicht gewürdigt werden, ohne das Staatsverständnis dieses Fürstengeschlechtes zu bewerten. Dem eigenen Staate dienen, weil es der eigene ist. Dem eigenen Staate dienen, um seinen Bürgern zu dienen, der Gesellschaft dienen, die auch Gemeinschaft sein soll und muss, wenn Gemeinsinn erstrebt wird. Das ist der eigentliche Geist der Hohenzollern. Ob von ihnen erfunden, erstmals angewandt oder nicht, er schwebt weltweit. Er lässt sich nicht weltweit nieder, weil auch »wir« ihn nicht zu- und niederlassen. Nur hier und da: John F. Kennedy, 1961: »Denke nicht daran, was dein Land für dich tun kann, sondern was du für dein Land tun kannst.« Angela Merkel, 2005: »Ich will Deutschland dienen.« Die Bundeswehr seit einigen

Jahren: »Wir. Dienen. Deutschland«, lässt uns die Bundeswehr seit Juni 2011 wissen. Unter der Regie des eher ausstrahlungsblassen Bundesverteidigungsministers Thomas de Maizière wurde dieser Werbespruch in die deutsche Welt gesetzt. Er zählt, laut »Kampagnen-Analyse«, zu den »wirksamsten Kampagnen der letzten Jahre«.

Ohne Dien-Geist verkümmert jedes Gemeinwesen zur seelenlos funktionierenden Summe seiner Jeder-gegen-jeden-Egoisten und wird »gemein« ohne Gemeinwesen – ob Monarchie, Aristokratie oder Demokratie. So viel zur einen Seite der hohenzollerischen Staatsmedaille.

Bliebe die zweite. Mehr Staat, im Sinne von Staatsapparat, führte letztlich zu weniger König und Kaiser. Schon unter Friedrich II. begann die Überstülpung der monarchischen Staatsführung durch die Bürokratie. Friedrich Wilhelm III. verblasst hinter den Namen der Reformer, deren »Chef« er war.[28] Und seit Friedrich Wilhelm IV. bedurften »Allerhöchste Erlasse« der ministeriellen Gegenzeichnung«.[29] In Militärangelegenheiten versuchte Wilhelm I. 1861 dieses Procedere aufzuheben, was jedoch zur Verselbständigung des preußischen Generalstabs führte, nicht jedoch zur Stärkung des Monarchen. Der klagte: »Es ist schwer, unter Bismarck Kaiser zu sein.«[30] Von eben diesem Bismarck befreite sich Wilhelm II. 1890, um danach fast zur Marionette seiner Regierungsbürokratie und des Militärs zu werden.[31] Die »Einwirkung [dieses Kaisers; M. W.] auf die deutsche Politik wurde nicht zuletzt von Historikern lange Zeit überschätzt«.[32] In den beiden Marokkokrisen des frühen 20. Jahrhunderts war er der Getriebene seiner Bürokratie, auch in den Balkankriegen 1912/13 und – Beginn der Katastrophe – auch im Sommer 1914[33]. Regelrecht abgeschoben wurde Wilhelm II., damit er der politischen und militärischen Kriegspartei nicht als Bremser ins Handwerk pfuschte. Ab 1916 war der Kaiser faktisch von der Bildfläche verschwunden. Das Sagen hatten vor allem und allen die Militärs, Hindenburg und Ludendorff an ihrer Spitze. Für Herrn und Frau Jedermann sowie für viele Historiker gilt Wilhelm II., wie viele Hohenzollern, dennoch als Verkörperung des deutschen Militarismus. Einmal mehr: Dämonologie statt Tatsachen.

4. Ganz normale Familienverhältnisse: Von Männern und Frauen, Vätern und Söhnen[34]

Im biografisch-dynastischen Zusammenhang bedenkenswert scheint mir dieser Gedanke: Jeder Mensch ist zugleich ein Ich (sogar mehrere Ichs) und ein Wir. Jeder ist als Einzelperson er oder sie selbst und zugleich Teil eines größeren Ganzen, zuerst der Familie, dann der Nation. In beide, Familie und Nation, wird man hineingeboren, lateinisch »natus«. Deshalb ist jeder sowohl Ich als auch Wir. Keiner kann dieser Ich-Wir-Spannung entkommen. Manche finden sich nur im Ich oder Wir oder auch in keinem der beiden. Bürgerliche, adelige, hochadelige, jede Feld-Wald-und-Wiesen-Familie, jedes Individuum kennt diese Ich-Wir-Spannung. In meiner bürgerlichen Phantasie stelle ich mir diese Ich-Wir-Spannung bei Hochadeligen, wie den Hohenzollern, um ein vielfaches verstärkt vor. Das eigene Ich im fast tausendjährigen Wir zu finden, zu entwickeln und zu leben, ist wohl nicht nur ein Geschenk, sondern auch eine ungeheure Last. Irre ich mich?

Die Häufigkeit hohenzollerischer Vater-Sohn-Konflikte, nicht nur zwischen Friedrich Wilhelm I. und Friedrich II., scheint meine These zu bestätigen. Schon zwischen Albrecht Achilles und seinem Sohn Johann rappelte es im 15. Jahrhundert. In der fränkischen Linie haben Kasimir und Georg der (wohlgemerkt) Fromme 1515 ihren Vater Friedrich den Älteren »nach ausgiebigen Faschingsfesten in angetrunkenem Zustande buchstäblich überrumpelt und zur Abdankung gezwungen.«[35] Begründung: »Demnach aber disen tapfern Herrn nach der Zeit einige Blödigkeit überfallen«.[36]

Geschwisterkonflikte unter Hohenzollern sind ebenfalls legendär: Friedrich II. und Prinz Heinrich[37] oder Friedrich Wilhelm Vier und Wilhelm Eins im März 1848: König Friedrich Wilhelm IV. hatte auf dem Höhepunkt der Revolution angeordnet, dass sich das Militär aus Berlin zurückziehe. Prinz Wilhelm reagierte empört: »Bisher hab ich wohl gewusst, dass Du ein Schwätzer bist, aber nicht, dass Du eine Memme bist. Dir kann man mit Ehren nicht mehr dienen« und warf dem Bruder sein Schwert vor die Füße. Darauf der König-Bruder: »Das ist zu arg. Du kannst nicht hier bleiben. Du musst fort.« Was auch geschah. Prinz Wilhelm ging für einige Monate nach London.[38]

Der Hechinger Hohenzollern-Zweig ist in der männlichen Linie 1869 erloschen. Biografisch und geistig bemerkenswert ist das Souveränitätsende des schwäbischen und fränkischen Familienzweiges. Im Dezember 1791 dankte Markgraf Alexander gegen eine Jahresrente von 300.000 Gulden ab und zog mit seiner Geliebten, die er heiratete, nach England. Bis 1806 gehörte Ansbach-Bayreuth zu Preußen, dann wurde es mit napoleonischer Hilfe bayerisch. Bis heute fremdeln die Franken in Bayern, wofür inzwischen nicht mehr die Wittelsbacher verantwortlich sind, eher der altbayerische Dickkopf und die CSU. Immerhin, jetzt »herrscht« mit Markus Söder, wie gesagt, der zweite Franke in der Bayerischen Staatskanzlei.

Der zunächst geheime Vertrag des Markgrafen mit den preußischen Hohenzollern weckt Hedonismusverdacht. Er ist wohl nicht ganz falsch. Wichtiger ist allerdings die Tatsache, dass dieser hochgebildete und mit der Kultur Italiens, Frankreichs und Großbritanniens hochvertraute Hohenzoller das geschichtliche Gras wachsen hörte und ein feines Sensorium für kommende Dinge hatte: Im Zeitalter der Französischen Revolution rechnete er mit der Auflösung traditioneller Herrschaftsstrukturen, besonders der Kleinstaaten. Er kam sozusagen der Geschichte zuvor.

Als Folge der Revolution von 1848/49 wurden die beiden schwäbischen Fürstentümer Hechingen und Sigmaringen mit Preußen vereinigt. In Sigmaringen war die Revolution republikanisch-liberal, in Hechingen bäuerlich-antisemitisch[39]. Jedenfalls verging den beiden Fürsten die Lust am Regieren. Wie bei Markgraf Alexander ermöglichte geistige Souveränität den weisen Verzicht auf die politische Souveränität. »Macht doch euren Dreck alleene!«, sagte der Sachsenkönig 1918, die drei Hohenzollern handelten 70 Jahre vorher in diesem Geiste.

Eine Abtretung Hechingens und Sigmaringens an Württemberg war angesichts der traditionellen »Spannungen und Aversionen«[40] ausgeschlossen, und so kam es im Dezember 1849 zum Staatsvertrag mit Preußen. Für den Souveränitätsverzicht erhielten die Hechinger Jahresrenten von 10.000 Talern, die Sigmaringer 25.000.[41]

Im neuen Hohenzollern-Gesamtstaat erhielt Fürst Karl Anton aus dem kleinen Sigmaringen als Vertrauter Wilhelms I. 1858 ein großes Amt: Er wurde Preußischer Ministerpräsident. Es wuchs zusammen, was zusammengehörte, was man daran erkennt, dass sich Preußen seiner schwäbischen Wurzeln bewusst wurde und sie pflegte – nicht zuletzt den Stammsitz der Hohenzollern. Dessen heutige Form gab ihm vor allem Friedrich August Stüler. Der Grundstein wurde 1850 gelegt, die Einweihung erfolgte 1867. König Wilhelm I. kam persönlich. Der Kreis schließt sich.

»Cherchez la femme«, wird Markgraf Alexander nicht selten unterstellt. Das ist grob vereinfacht. Doch dem Frauen-Thema widmen wir uns jetzt. Bislang war nur von den männlichen Hohenzollern die Rede. Skandalös. Schauen wir also auf einige »Hohenzollerinnen«. Die historisch gesellschaftlichen Zwänge brachten es mit sich, dass die meisten Hohenzollerinnen die jeweilige Frau ihres Mannes waren. Doch so manche Hohenzollern-Frau, nicht nur die legendäre Königin Luise, verdient echte Beachtung, manchmal Bewunderung, manche Mitleid. Wie bei Familie Jedermann.

Elisabeth, die Frau von Kurfürst Joachim I., »emanzipierte« sich auf ihre Weise. Sie wechselte 1527 vom Katholizismus zum Luthertum und floh unter dramatischen Umständen 1528 an den kursächsischen Hof.«[42] Rein religiös koscher war das alles nicht, ein bisschen Rache am ehebrüchigen Gemahl spielte wohl auch eine Rolle, denn der Kurfürst hatte von der berlinisch-bürgerlichen Katharina Hornung zwei Kinder »geschenkt« bekommen.[43]

Von Johann Sigismund (1608–1619) heißt es: Er habe »noch über das zeitübliche Maß hinaus«, ja, gesoffen.[44] Als Gegengabe auf die »Trunksuchtsanfälle« ihres Mannes warf seine Frau Anna gelegentlich »Teller und Gläser an den Kopf« ihres Mannes.[45] Landgraf Moritz von Kassel: »Wenn doch Gott diese Fürstin hinwegnähme, dass wir dem Herrn eine andere Gemahlin geben könnten.«[46] Gott erhörte ihn nicht sofort. Stattdessen wählte Anna 1613 einen anderen Weg zu Gott: den Calvinismus. »Emanzipiert« schaltete sie sich außenpolitisch in das ein, was sie in die Ehe mitgebracht hatte: Brandenburgs Erbansprüche auf niederrheinische Herzogtümer sowie das Herzogtum Preußen.[47] Was wäre der Hohenzollern-Staat ohne diese heiratsbedingten Ansprüche geworden?

Sophie Charlotte, Frau König Friedrichs I. und Mutter von Friedrich Wilhelm I., betrieb 1695 aktiv den Sturz des ersten Beraters ihres Mannes. Sie konnte übrigens Französisch, Italienisch, Latein sowie Englisch, und sie korrespondierte mit keinem Geringeren als dem Philosophen und Mathematiker Gottfried Wilhelm Leibniz.[48]

Unter Friedrich Wilhelm I. standen Frauen am Rand des öffentlichen Lebens.[49] Doch seine Frau, Königin Sophie Dorothea, betätigte sich ebenso aktiv wie wenig glücklich in der Heiratspolitik ihrer Kinder.[50] Auch das war 1730 ein Grund für den Fluchtversuch von Sohn Friedrich (dem späteren »Großen«) mit seinem Freund Katte. Der Kronprinz wurde 1732 sozusagen zwangsverheiratet und hatte angekündigt, sobald er König sei, seine Frau Elisabeth Christine von Braunschweig-Bevern zu »verstoßen«. Er hielt Wort,[51] und sein Wort über die Frau, von der er fortan getrennt lebte, war: Sie sei »fast stets dumm«.[52]

Die Lieblingsschwester Friedrich II., Wilhelmine, Markgräfin von Bayreuth (ihre Ähnlichkeit mit dem großen, drei Jahre jüngeren Bruder Friedrich ist auf dem Gemälde von Antoine Pesne frappierend), zählt sicher zu den bemerkenswerten Hohenzollerinnen. Musisch umfassend ausgebildet hat sie lesenswerte Memoiren verfasst. Auch sie wurde politisch verheiratet. Versteht sich. Sie verstand es, das Mini-Fürstentum in ein beachtliches und beachtetes Kulturzentrum zu verwandeln. Mühelos geistreich kommunizierte sie mit Aufklärern wie Voltaire.[53]

Noch als Kornprinz heiratete Friedrich Wilhelm II. Prinzessin Elisabeth von Braunschweig. Glücklich wurde sie nicht, denn ihr Gatte war ungefähr so treu wie Dominique Strauss-Kahn oder François Mitterand. 1767, zwei Jahre nach der Geburt der Tochter: Scheidung. Der Kronprinz heiratete erneut: Friederike Luise, Prinzessin von Hessen-Darmstadt. Sie gebar sechs Kinder, darunter den späteren König Friedrich Wilhelm III. Doch »die Ehe blieb, obgleich offensichtlich mehrfach vollzogen, lieblos.«[54] Eine sehr intensive Liebe pflegte Friedrich Wilhelm II. dagegen zur bürgerlichen Wilhelmine Enke, Tochter eines Musikanten der Königlichen Kapelle und spätere Gräfin von Lichtenau. Fünf nicht standesgemäße Kinder zeugte der Kronprinz mit ihr. 1777 avancierte sie, sozusagen amtlich, zur »offiziellen Mätresse«. Doch dann dies: Nur drei Jahre später, unter dem »Einfluss des Rosenkreuzordens« hatte der Kronprinz ein »religiöses Erweckungserlebnis«, welches, so liest man, »zum Abbruch der sexuellen Beziehungen« mit dieser eindrucksvollen Frau führte. Man betrachte nur ihr von Anton Graff

1787 gemaltes Porträt. Eine Persönlichkeit wird sichtbar. Ebenso im Porträt Angelika Kauffmanns (Rom, 1796), jener famosen Frau, die auch Goethe schätzte,[55] doch nicht des Königs Sohn und Nachfolger, Friedrich Wilhelm III. Seine (angeblich) erste Amtshandlung als König war die Verbannung der Bürger-Gräfin auf die Festung Glogau.

Sein Vater hatte sich noch zweimal morganatisch verehelicht, »was gewisse politische und theologische Probleme aufwarf.«[56] Eine dieser Frauen, Sophie Gräfin Dönhoff, entwickelte politischen Ehrgeiz. Das führte 1793 zur Lösung ihrer Verbindung mit dem König.[57]

Was für eine schöne Frau: Prinzessin Wilhelmine Luise auf dem 1830 entstandenen Porträt Wilhelm von Schadows. Sie heiratete 1817 Prinz Friedrich von Preußen, einen Neffen von König Friedrich Wilhelm III.[58] Viel erreichte das Paar für die Integration des Rheinlands in Preußen. Seit dem Revolutionsjahr 1848 verlegte ihr Mann seinen Wohnsitz wieder an die Spree, sie blieb am Rhein, »ihr Mann kam jedes Jahr aus Berlin zu Besuch, um den gemeinsamen Geburtstag in [Schloss] Eller [bei Düsseldorf] zu feiern.«[59] Genau so stellt man sich eine glückliche Ehe vor. Unterscheidet sie sich von Ehen modern-bürgerlicher Politiker oder Manager?

Als geradezu legendär glücklich gilt die Ehe von Königin Luise mit Friedrich Wilhelm III. Im (auf Deutschland bezogen) vorbürgerlichen Zeitalter pflegte das Königspaar ein nahezu bürgerliches Familienleben. Nicht zuletzt deswegen konnte Luises Licht erstrahlen, und auch deswegen verblasst das Bild ihres Mannes. Für viele blieb er der »Mann seiner Frau«. In den Schatten gestellt wurde er freilich nicht nur durch seine Frau, sondern auch durch andere, wirklich herausragende Männer: die Preußischen Reformer wie Stein, Hardenberg, Humboldt, Scharnhorst, Clausewitz oder Gneisenau.

Die Bürgerlichkeit dieses Königs blieb nicht nur aufs Familiäre beschränkt, er berief auch Bürgerliche ins Kabinett.[60] Ja, er gilt als

König der Restauration, der nach den Reformen das Rad der Geschichte zurückdrehen wollte. Doch bei näherem Hinsehen erkennt man gerade bei ihm auch fortschrittlich Bürgerliches, sozusagen Modernes.

Sein Sohn, der spätere König und dann Kaiser Wilhelm I., heiratete 1829 die 17-jährige Prinzessin Augusta, Tochter des Großherzogs von Sachsen-Weimar. Sie war in ihrer Jugend von keinem Geringeren als Goethe gefördert und beeinflusst worden.[61] Die intellektuelle Überlegenheit seiner Frau hatte der »Hohe Herr« bald einzusehen. Seinem Selbstwertgefühl schmeichelte dies nicht,[62] zumal sie erkennbar versuchte, ihn geistig und politisch zu dominieren. Er entzog sich zunehmend dem Geistigen und Politischen und beschränkte seine Interessen aufs Militärische.[63] Diese kluge Frau erkannte in Bismarck »den bösen Geist« an der Seite ihres Mannes.[64]

Auch mit den geistigen Leistungen ihres Sohnes, Friedrich III., dem Hunderttagekaiser von 1888, war Augusta nicht zufrieden.[65] Dessen Gattin Viktoria, Tochter der gleichnamigen britischen Königin, »war von Anfang an entschlossen, sich nicht in die Rolle der Ehefrau und Mutter abdrängen zu lassen, sie wollte die Politik ihrer neuen Heimat mitgestalten.«[66] Sie erstrebte die Parlamentarisierung und Liberalisierung Preußens, dann Deutschlands. Den »bösen Bismarck« betrachte sie als »Gefahr für den Frieden Europas«[67].

Mit ihrem Sohn Wilhelm II. verband sie so etwas wie eine innige Feindschaft.[68] Der Sohn über die Mutter: »Sie war die ärmste, unglücklichste Frau, die jemals eine Krone trug.«[69]

Sicherheitshalber vermählte sich Wilhelm II. mit einem weiblichen Kontrastprogramm, Auguste Viktoria von Schleswig-Holstein-Sonderburg-Augustenburg, »eine Frau«, so der Historiker Frank-Lothar Kroll, »ohne jede intellektuelle Neigung, die ihrem Mann zwar sechs Söhne und eine Tochter gebar, ihn ansonsten aber nicht im mindesten geistig zu fordern beziehungsweise zu fördern wusste.«[70]

Geistig agiler war ihre Schwiegertochter Kronprinzessin Cecilie. 1905 hatte sie den Kronprinzen geheiratet. Schön und intelligent war Cecilie. Doch wie glücklich? Schon ein Jahr nach der Eheschließung kursierten Gerüchte über die »eheliche Untreue« ihres Mannes, und »spätestens 1913 scheint die Ehe des Paares endgültig zerrüttet gewesen zu sein.«[71]

Geradezu klassisch personifiziert Cecilie den doppelten Boden des traditionell-konservativen, selektiven und wohlgemerkt: nicht mörderisch-liquidatorischen Antisemitismus. Dieser Antisemitismus war (anders als August Bebel es einmal gesagt hatte) nicht auf die Mittelschichten begrenzt – siehe den Antijudaismus am Hohenzollernhof und im Adel – und er war auch, anders als das vermeintliche Bebelzitat behauptet, nicht der »Sozialismus der dummen Kerls«. Selbst die intelligente und schöne Kronprinzessin Cecilie pflegte ihn und war dabei unbefangen genug, mit dem polnisch-jüdischen Geiger Bronislaw Huberman befreundet zu sein.

Was besagt das Leben all jener HohenzollerInnen? Dass sie letztlich Menschen »wie du und ich« waren, mit Kummer, auch Liebeskummer, Sorgen, Erfolgen oder Misserfolgen – dass auch die Frauen »ganz oben« immer ähnliche, frauenspezifische Probleme hatten wie Frauen »da unten«. Überall und zu allen Zeiten stellt sich allen Männern (und allen Frauen) die Frage, ob sie »die« Frau (oder eben auch »den« Mann) als Menschen achten, als Subjekt, oder nur als Objekt, als Lustobjekt. Das Verhältnis zwischen Mann und Frau ist nicht nur eine Geschlechterfrage, es zeigt, wie schlecht oder gut es um das Humanum einer Partnerschaft oder Gesellschaft steht.

5. Toleranz: Die Religion der Hohenzollern

Die schwäbische Linie macht es dem Betrachter leicht: Sie blieb konstant katholisch.

Eifrig katholisch, wenngleich nicht ganz jesuanisch im Sinne der Bergpredigt, war schon vor der Reformation Friedrich VI., Burggraf von Nürnberg, beziehungsweise Friedrich I., Kurfürst von Brandenburg. Im Kampf gegen die böhmischen Hussiten hatte er an der Seite von König Sigismund so gewaltig-gewalttätig und erfolgreich gekämpft, dass er 1415 zur Belohnung mit der Mark Brandenburg belehnt wurde. Dieses Jahr verlief für Jan Hus, den geistig-geistlichen Vater der Hussiten, weniger glücklich: Auf dem Konzil von Konstanz wurde er verbrannt.

Ebenfalls kirchenfromm waren Kurfürst Albrecht Achilles und sein Bruder Johann sowie Kurfürst Friedrich II. Wie Kaiser Wilhelm II. im Jahre 1898 pilgerten die beiden Früh-Hohenzollern 1435 nach Jerusalem; friedlich, ohne Kreuzzug.

Kurfürst Joachim I. (gestorben 1535) war noch ein erbitterter Gegner der Reformation und Luthers. Doch bereits 1525 wurde sein Vetter Albrecht aus der fränkischen Hohenzollern-Linie als letzter Hochmeister des Deutschen Ordens Lutheraner und verwandelte das Ordensland in ein Herzogtum. Der zürnende Brandenburger erkannte ihn nicht als Herzog von Preußen an.

Doch schon Joachim II. Hektor, der Sohn des Ersten, legte 1539 in einem öffentlichen Glaubensbekenntnis im Cöllner, sprich: Berliner Dom, quasi als Staatsakt, sein Bekenntnis zur lutherischen Orthodoxie »ohne calvinische und andere sectiererische irthumb« ab.[72]

Kein Irrtum, sondern glaubensstarkes Faktum und zudem mutig, war am Heiligen Abend 1613 der Übertritt von Kurfürst Johann Sigismund zum Calvinimus. Der weitgehend lutherische Adel war, wie wohl der Großteil der ebenfalls lutherischen Untertanen, empört.[73] Das lutherische Volk hatte nun einen calvinistischen Monarchen. Das war politisch und familiär brisant, denn Kurfürstin Anna blieb lutherisch. Eine andere Gefahr drohte dem Kurfürsten von außen: Die stärkste protestantische Regionalmacht, Schweden, war lutherisch.

Der Große Kurfürst (gestorben 1688) hatte als erster brandenburgischer Kurfürst zwei calvinistische Elternteile und heiratete seinerseits eine Calvinistin: die Niederländerin Luise Henriette von Nassau-Oranien.

Sozusagen niederländische Toleranz praktizierte ihr Mann sogar den Juden gegenüber: 1671 durften sich einige aus Wien vertriebene in Berlin ansiedeln.[74] Von der antiprotestantischen Intoleranz des Franzosen Ludwig XIV. profitierten der Große Kurfürst und sein Staat ebenfalls. Nachdem der Franzose das Toleranzedikt von Nantes (1598) aufgekündigt hatte, erließ der Hohenzoller 1685 das Edikt von Potsdam, dem wir nicht nur die Zuwanderung der Familie Theodor Fontanes verdanken. O-Ton Großer Kurfürst: »Die Differenzen zwischen den Religionsgemeinschaften gebieten zweifelsohne gewalttätigen Hass … älter und heiliger ist doch das Gesetz der Natur, nach welchem der Mensch den Menschen tragen, dulden, ja dem ohne Schuld gebeuten zu helfen verpflichtet ist.«[75] Den Menschen tragen beziehungsweise ertragen, lateinisch »tolere«, deutsch tolerieren, Toleranz. Toleranz der Hohenzollern. Toleranz, das sagt uns nicht nur Goethe im »Wilhelm Meister« beziehungsweise den »Maximen und Reflexionen«, ist freilich weniger als Akzeptanz des Andersseins des Anderen.

König Friedrich I. förderte als eine Art »Dritten Weg« zwischen Luthertum und Calvinismus den preußischen Pietismus mit seiner Hochburg Halle, wo August Hermann Francke als bedeutender Erzieher wirkte.

Ausgesprochen nichtreligiös, um nicht zu sagen antireligiös, war Friedrich Zwei. In seinen Landen habe man sowohl die Freiheit des Gewissens »wie auch die des Penis«, soll der kesse und manchmal vulgäre König, laut Voltaire, gesagt haben. Wahr oder nicht, meint Preußenfachmann Christopher Clark, das Zitat vermittele einen »authentischen Eindruck des Libertinismus«, der in Friedrichs Umgebung vorherrschte.[76]

Hören wir den König selbst. Er sagte 1740: »Alle Religionen seindt Gleich und guht, was nur die Leute so profesieren, Ehrlige leute seindt, und wen Türken und Heiden kämen und wollten das Land pöplieren, so wollen wir (für) sie Moosqueen und Kirchen bauen.«[77]

Aus zwei reformierten Bekenntnissen formte Friedrich Wilhelm III. im Jahre 1817 eine. Lutheraner und Calvinisten kamen in der »*Union der evangelischen Bekenntnisse*« zusammen.

Nur acht Jahre später eröffnete derselbe König eine staatliche Offensive gegen den Katholizismus. Sein Nachfolger und Bruder, Friedrich Wilhelm IV., wiegelte ab, doch Bismarck verschärfte ab 1871 die antikatholische Gangart. Wilhelm I. ließ ihn gewähren, und es war Wilhelm II., der diesen religiösen Spuk beendete.

Kaiser Wilhelm II. war, wir wissen, kein Judenfreund, aber einen »Antisemitismusstreit« wie weiland 1878/79 vom Hofprediger Adolf Stoecker ausgelöst, gab es unter ihm nicht. Im Gegenteil, 1890 wurde Stoecker als Hofprediger abberufen. Noch ein doppelter Boden, keine einfachen Wahrheiten.

Das religiöse Spektrum der Hohenzollern erweiterte die schwäbische Linie: Der Sigmaringer Karl Eitel Friedrich wurde 1866 Fürst und dann als Carol I. König von Rumänien. Die Dynastie wurde im griechisch-orthodoxen Glauben erzogen.[78] 1914 starb Carol kinderlos. Sein Neffe Ferdinand wurde, obwohl preußischer Offizier, Nachfolger, und trotzdem trat 1916 Rumänien an die Seite der Entente. Bemerkenswert.

Ferdinands Sohn Karl II. regierte zeitweise mit diktatorischen Vollmachten, musste aber 1940 zugunsten seines Sohnes Michael abtreten. Der starke Mann war Marschall Antonescu, der die Allianz mit Hitler schloss. König Michael war gegen diese Verbindung. Das ehrt ihn und die Hohenzollern. Im August 1944 betrieb der Hohenzollern-König Rumäniens den Umsturz gegen Antonescu. Der Bruch mit Hitler kam zu spät. Die Rote Armee eroberte Rumänien, und im Dezember 1947 musste der rumänische Hohenzoller ins Exil.

Damit nicht genug der religiösen Hohenzollern-Bandbreite: Charlotte von Preußen, Schwester von König Friedrich Wilhelm IV., heiratete 1817 den späteren Zaren Nikolaus I., dem sie sieben Kinder gebar. Mit der Hochzeit trat die Hohenzollerin zur russisch-orthodoxen Kirche über. Aus Charlotte wurde Alexandra Fjodorowna.

Wir müssen gar nicht so weit zurück: Prinz Louis Ferdinand, bis zu seinem Tod im Jahre 1994 Chef des Hauses Hohenzollern, war mit der russisch-orthodoxen Großfürstin Kira Kirilowna Romanowa verheiratet. Begraben sind der Hohenzollern-Protestant und seine russisch-orthodoxe Gattin in der Stammburg und zwar in der orthodoxen Kapelle, unterhalb der evangelischen. Gelebte Toleranz auch im Tod. Alles besser als der im heutigen Deutschland eher schlechte Ruf »der« Hohenzollern.

6. Die Hohenzollern: Keine Identifikationsfiguren mehr, aber auch keine Dämonen

Tote kann man nicht befragen, und die Akteure der Geschichte sind meistens tot. Demoskopie misst öffentliche Meinung und befragt Lebende. Mit Thomas Brechenmacher habe ich die Methode der Historischen Demoskopie entwickelt.[79] Ihr Instrument sind Vornamen, denn Vornamen sind ein Signal der Namensgeber von ihrem

Inneren an die Außenwelt. Vornamensgeber signalisieren von innen nach außen, wer oder was ihnen wichtig ist: eine Tradition, Religion, Nation, Identifikation, Kultur, Könige, Kaiser und so weiter. Sage mir, welche Vornamen du vergibst, und ich sage dir, mit wem oder was du dich identifizierst.

Die, ja »die«, Hohenzollern identifizieren sich seit Jahrhunderten mit dem Vornamen »Friedrich«. »Bis zum ausgehenden Mittelalter haben über 50 % aller Angehörigen des Hauses Hohenzollern diesen Namen getragen, zum Teil durch Beifügungen unterschieden.«[80] Oft, nicht immer wurde der erstgeborene und erbberechtigte Sohn Friedrich genannt. Das Signal ist eindeutig: die Identifikation mit der Familientradition.

Viele Historiker erwähnen die »öffentliche Meinung« über die Hohenzollern und ihre Politik. Sie erforschen sie nicht, weil sie meistens die veröffentlichte Meinung mit der öffentlichen gleichsetzen. Ein methodischer Sündenfall.[81]

Die Identifikation der Deutschen mit »den« Hohenzollern haben Thomas Brechenmacher und ich in unserem Buch »Die Deutschen« empirisch-repräsentativ für »die« Deutschen im 19. und bis zur Mitte des 20. Jahrhunderts ausgewertet.

Die besonders von Heinrich Mann ge- und beschriebene Legende besagt: »Die« Deutschen hätten sich im Geist von »Untertanen« mit ihrer Hohenzollern-Obrigkeit identifiziert.

Die Tatsache: Noch bis zur Jahrhundertmitte identifizierten sich »die« Deutschen vornehmlich mit Tradition und Religion, weniger mit Politik, wenngleich mit dieser ungefähr doppelt so stark wie im 19. Jahrhundert. Wo und wenn sich die Deutschen überhaupt freiwillig fürs Politische entschieden, dann für die Hohenzollern. Dabei war das Nord-Süd-Gefälle deutlich geringer als gemeinhin von den Barfuß-Demoskopen-Historikern behauptet. Im Klartext: Auch in Süddeutschland, selbst in Bayern, waren die Hohenzollern beliebt, ja, o Schreck (oder nicht), von 1903 bis 1918 sogar beliebter als die einheimischen Wittelsbacher. Tatsache ist auch, dass (wieder der Legende widersprechend) die Monarchie-Nostalgie in der Weimarer Republik ab- und eben nicht zunahm. Diese Tatsache bezieht sich sowohl auf die Hohenzollern als auch die Wittelsbacher, die württembergische und sächsische Monarchie. Im Dritten Reich schmolz die Identifizierung mit Monarchischem weiter. In der Bundesrepublik schmolz sie ganz und gar zusammen.[82] Glanz und Gloria der Kaiser und Könige ist in Deutschland politisch endgültig vorbei.[83] Sie glänzen nur noch auf den Seiten regenbogenfarbiger Illustrierten.

Die Bundesdeutschen, »wir« Bundesdeutschen, sind seit 1949 nicht nur dem Staatsnamen nach Republikaner. Wir identifizieren uns mit dieser Republik. Den Deutschen und der Welt wäre freilich viel erspart geblieben, hätte es nach dem Ersten Weltkrieg, dem britischen Modell vergleichbar, eine konstitutionelle Hohenzollern-Monarchie mit dem Volk als demokratisch bestimmenden Souverän gegeben. Nach dem Zweiten Weltkrieg gab es das – in Japan. Der Tenno war sicher kein besserer Demokrat als Wilhelm II., doch Hirohito durfte Kaiser bleiben, weil es in Japan 1945 keine Revolution wie 1918 in Deutschland gab und die Sieger erkannten, dass, trotz Wandels, Tradition in der monarchischen Person ein demokratisches Gemeinwesen durchaus stärken kann. Geist und Kraft einer Demokratie hängen nicht davon ab, dass sie keine Monarchie ist. Siehe das heutige Großbritannien, die Niederlande, Belgien, Schweden, Dänemark, Norwegen, Spanien und eben Japan.

In der deutschen Geschichte gab es nicht nur Geister, aber auch Geister. Die Hohenzollern hatten in knapp 1000 Jahren nie wirklich geisterhaft Dämonisches. Verkörperten sie »den« deutschen Geist, was immer dieser war oder ist? Das ist ein zu »weites Feld«. Aus meiner Sicht haben die Hohenzollern in Deutschland, für Deutschland und für die Deutschen, auch im Weltmaßstab, Gutes und Großes bewirkt. Nicht nur, aber eben auch. Nicht sie allein, sondern mit den Deutschen und durch die Deutschen. Schwarze Schafe kennt jede Familie, auch die Hohenzollern. Doch insgesamt können die Hohenzollern stolz, die Deutschen den Hohenzollern dankbar sein. Als Dynastie sind sie Vergangenheit, als Familie sei ihr, wie jeder anderen »anständigen Familie«, eine lange und gute Zukunft beschieden. »God save the« – Hohenzollern.

FRIEDRICH II. – »GROSS« UND »MODERN«?

Der Mythos

Mehr reimende als dichtende Poeten besangen den vor über 300 Jahren geborenen Großen Friedrich. Zum Beispiel Willibald Alexis, 1836.

»Fredericus Rex«
Fridericus Rex, unser König und Herr,
der rief seine Soldaten allesamt ins Gewehr,
zweihundert Bataillons und an die tausend Schwadronen,
und jeder Grenadier kriegte sechzig Patronen.

»Ihr verfluchten Kerls«, sprach Seine Majestät,
»dass jeder in der Bataille seinen Mann mir steht.
Sie gönnen mir nicht Schlesien und die Grafschaft Glatz
und die hundert Millionen in meinem Schatz.

Die Kaiserin tat sich mit den Franzosen alliiert
und das Römische Reich gegen mich revoltiert,
die Russen seind gefallen in Preußen ein;
auf, lasst uns sie zeigen, dass wir brave Landskinder sein!

Beim Abschied von seiner Luise sagt dann einer der Soldaten nicht »leise Servus«; er tröstet die Frau, besingt den preußischen Soldaten, beschimpft (comme il faut) den schwedischen, österreichischen sowie französischen und endet mit Worten, die heute den Verfassungsschutz alarmieren und zur fristlosen Entlassung aus der Bundeswehr führen würden:

Friedricus, mein König, den der Lorbeerkranz ziert,
(wohlgemerkt: schon vor dem Sieg)
ach, hättst du nur öfters zu plündern permittiert,
Friedericus Rex, mein König und Held,
wir schlügen den Teufel für dich aus der Welt.«

Lachhafte Lyrik. Und das in Ludwig Reiners' »Der ewige Brunnen. Ein Hausbuch deutscher Dichtung«, erschienen im namhaften C. H. Beck Verlag, München, 1955. Bis 1995 (meine Ausgabe) war schon eine Gesamtauflage von 526.000 erreicht. Nun ja, vielleicht ist das Bayerns Rache am vermeintlich (oder tatsächlich?) größten Preußen.

Die noch junge deutsche Filmindustrie folgte den patriotischen Kitschspuren der älteren Poeten und produzierte allein in den Jahren 1920 bis 1942 14 Streifen, die den Großen König darstellten. »Der« Friedrich-Darsteller schlechthin wurde Otto Gebühr. In elf dieser 14 Friedrich-Filme spielte er den König. Fast verschmolzen Otto Gebühr und Friedrich zu einer einzigen Person in der »Perzeption« (Wahrnehmung) der »Volksgenossinnen und Volksgenossen«, zuletzt 1942, in (keine Überraschung) Veit Harlans Monumental-Schinken »Der große König«. Mit von der 116-minütigen Partie waren viele große Schauspieler, die, versteht sich, nach 1945 ihre Karriere erfolgreich fortsetzten: Elisabeth Flickenschild, Kristina Söderbaum, Kurt Meisel, Gustav Fröhlich, Hans Nielsen, Paul Wegener, Hilde Körber. Otto Gebühr und der deutsche Film blieben einander auch nach 1945 treu. Wir verdanken ihnen so bedeutende Werke wie »Grün ist die Heide«, »Rote Rosen, rote Lippen, roter Wein«, »Rosen Resli« oder »Vati macht Dummheiten«.

Doch nicht über Dummheiten oder bundesdeutsche Vergangenheitsbewältigung will ich schreiben, sondern in die Vergangenheit von Friedrich II. führen, ins 18. Jahrhundert, nicht ins 20. Doch kann man so klar trennen? Zeitlich ja. Analytisch, faktisch ja. Normativ, also bewertend? Nicht im Sinne einer allgemeinen Übereinstimmung, denn hier wird es, versteht sich in einer pluralistischen Gesellschaft, pluralistisch.

Zur historischen Darstellung der Bewertungsvielfalt gehört diese allgemeine Feststellung: Positive und negative Bewertungen unterliegen Meinungszyklen, selten sind sie stabil, meistens modisch bedingt und politisch gesteuert. Moden kommen und (ver)gehen, und sie kommen wieder. Man weiß nur nie wie und wann und wie heftig. Bezogen auf Friedrich II.: In der Weimarer Republik und im Dritten Reich wurde Friedrich »über Gebühr« gebraucht und missbraucht. Nach dieser Friedrich-Überdosis wurde ab 1945 »den« Deutschen innen- und außenpolitisch eine Friedrich-Entziehungskur verordnet. Friedrich, Preußen und die Hohenzollern galten eher als unkoscher. Das wandelte sich erst in den 1980er Jahren, und auch hierbei gab es einen innerdeutschen Wettbewerb der Systeme: In Ost-Berlin, völkerrechtswidrig zur Hauptstadt der DDR ernannt, wurde 1980 Christian Daniel Rauchs Friedrich-Reiterstandbild »Unter den Linden« wiederaufgestellt, und 1981 strömten die Massen in die Preußen-Ausstellung im West-Berliner Martin-Gropius-Bau. Das war die Preußen-Wende vor der Mauerfall-Wende.

Was hat das zu bedeuten? Das oder der jeweils Betrachtete, in unserem Falle Friedrich II., bleibt konstant, es (ver)ändert sich, weshalb auch immer, die Betrachtungsweise und Bewertung der Betrachter. Sie ändert sich im Laufe der allgemeinen beziehungsweise kollektiven Zeit ebenso wie im Laufe der individuellen Lebenszeit. Diese Änderung kann Ergebnis äußerer Einflüsse, innerer Einsicht, neuer Erkenntnisse oder auch rein opportunistisch sein. Anders formuliert: Nicht der Gegenstand der historischen Betrachtung, also die Toten, haben sich geändert, sondern die Lebenden, welche die Toten betrachten und bewerten.

Konkret auf die Friedrich-Wellen bezogen: In Weimarer und NS-Zeiten war der längst tote Friedrich das politische Instrument nationalistisch und nationalsozialistisch deutscher Mobilisierung, die (unabhängig von Friedrich) zum »totalen Krieg« und zur totalen Niederlage führte. Nach der Niederlage sehnten sich selbst die überlebenden Mittäter, die einfachen Profiteure des NS-Regimes sowie erst recht die Mit- und Nachläufer nicht mehr nach dem »Großen Preußen-König«, sondern eben nach der Grünen Heide, dem Roten Wein, den Roten Rosen und Roten Lippen. Wie jedes Individuum braucht jedes Kollektiv nach Phasen starker Anspannung Zeiten der Entspannung, ganz unabhängig davon, ob die Anspannung moralisch vertretbar war oder nicht. Nach 1945 war Friedrich II. »den« Deutschen ganz einfach zu anstrengend, denn Friedrich war ein anstrengender Monarch; konkret anstrengend für seine Zeitgenossen, mental für die Nachfahren, besonders für die Weltkriegsgeneration. Erst die nächste, die erwachsene Nachkriegsgeneration konnte und wollte sich der Friedrich-Anstrengung stellen. Daher die Friedrich-»Sendepause« von 1945 bis circa 1980.

Hinzu kam dies: Trotz aller fundamentalen Unterschiede zwischen Preußens Groß-Friedrich und Adolf Hitler – beide hatten unbestreitbar und von sich aus je einen großen Angriffskrieg entfesselt: Friedrich 1740 den Krieg um Schlesien, Hitler den Zweiten Weltkrieg.

Ebenso wie ausländische haben sich natürlich auch klein-, west- oder ostdeutsche sowie inzwischen gesamtbundesdeutsche Historiker an den großen Friedrich herangewagt und, wie andere zuvor, besonders 2012, zu seinem 300. Geburtstag, längst abgenagte Knochen noch einmal angeknabbert. Hier und da fanden sie sogar neue Kleinstknochen, die sie – o, welcher Jubel – erstmals vorzeigten und, ebenfalls erstmals, genüsslich abnagten – dem Ritual des vorherrschenden Zeitgeistes entsprechend.

Standesgemäß zeigte das Deutsche Historische Museum Unter den Linden Berlins 2012 das verehrende, verklärende und verdammende Friedrich-Bild im Laufe der Zeit. Und von seinem Reiterdenkmal, »gleich daneben«, konnte der Monarch nachzählen, wie viele Neu-und-Nicht-Deutsche ihn museumsgenau sehen wollten.

Leben und Werk Friedrichs haben die Wissenden und Schwätzenden, manchmal schwätzend Wissenden der Nation also ausführlich und teils wiederkäuend erörtert. Objektiv ist niemand, und (wie die *New York Times* behauptet) «all the news that's fit to print« oder alle Fakten präsentieren, kann keiner. Ich jedenfalls nicht. Daher mögen einige Stichworte zu Leben und Werk jenes Großen genügen.

Dabei sei dies bedacht: Jede Auswahl ist lebensethisch höchst problematisch, denn sie lässt das Sein eines Menschen quantitativ und qualitativ auf Weniges zusammenschrumpfen, selbst das Sein eines Großen. Was bleibt von uns, wenn so wenig selbst von den ganz Großen bleibt, dass wir über sie nur rund eine halbe Stunde sprechen oder, besser, doch nicht vollkommen, dicke Bücher über sie lesen oder gar schreiben – und glauben, danach »alles« über sie zu »wissen«? Das Leben eines Menschen ist mehr als sogar die dickleibigste und gehaltvollste Biografie mit viel Papier zwischen zwei Buchdeckeln.

Meiner Darstellung und Wertung Friedrichs seien seine eigenen Worte gegenübergestellt. Das ist gerechter, wenngleich – weil prinzipiell unmöglich – weder objektiv noch absolut wahr oder vollständig. Mehr als bilanzierende »Annäherungsversuche« an den großen Friedrich sind in einem so kleinen Rahmen nicht zu leisten.

Friedrich, der Mensch, der Mythos, Monarch, der Denker und Macher, der Große oder Nicht-Große. Diesen Themen wenden wir uns zu.

Der Mensch

Der Sohn

In der Schule lernten wir brav: Zwischen Musensohn Friedrich und seinem amusischen Vater, dem »Soldatenkönig« Friedrich Wilhelm I., war das Verhältnis mehr als nur gespannt. Die albtraumhaften, doch realen Horrorgeschichten sind Geschichtsfakten. Als Kind und junger Mann litt Friedrich seinetwegen Höllenqualen. Nach außen hatten sich Vater und Sohn seit 1733 ausgesöhnt. Allmählich näherte sich der Sohn auch innerlich seinem Vater. Das beweist Friedrichs Brief an Voltaire. Am 27. Juli 1739 schrieb der 27-jährige Kronprinz dem französischen Philosophen nach einem Besuch Ostpreußens: Preußisch-Litauen »ist eine in Europa wenig bekannte Provinz, wenngleich sie bekannter zu sein verdiente, da sie als Schöpfung meines Vaters, des Königs, angesehen werden kann. … Zu Beginn dieses Jahrhunderts wurde diese Provinz von der Pest verheert, und mehr als dreihunderttausend Einwohner erlagen der Seuche und dem Elend. Der Hof, der von dem Leiden des Volkes wusste, versäumte es, einer gesegneten und fruchtbaren, volkreichen und in jeder Weise üppigen Provinz zu helfen … Darüber starb Friedrich I., und er wurde zu Grabe getragen, mitsamt seiner falschen Größe, die nur aus leerem Gepränge und dem Zurschaustellen pompöser und hohler Zeremonie bestand. Mein Vater, der ihm auf dem Thron nachfolgte, war von dem allgemeinen Elend berührt. Er kam hierher, an Ort und Stelle« und empfand »lebhaftes Mitgefühl und beschloss, Menschen anzusiedeln, Handel und Wandel in einer Gegend, die ihr Gesicht verloren hatte, in Schwung zu bringen. Seit jener Zeit scheut der König keine Kosten, um seine wohltätigen Absichten mit Erfolg zu krönen.«[84]

Für faktisch, nicht taktisch halte ich diese Vater-Wertschätzung Friedrichs. Weshalb hätte er in einem vertraulichen Brief Voltaire gegenüber seine wahre Einstellung verbergen sollen? Friedrichs Verachtung galt seinem Großvater, dem, wie er an anderer Stelle schrieb, Fürsten »von höchst beschränktem Geiste«[85], dem Vater zollte er Hochachtung. Ihn rühmt er seiner Taten und seiner inneren Motive wegen. Hier identifiziert er sich mit der Außen- und Innenwelt des Vaters. Dem pflichtvergessenen, eitlen Großvater stellt er den uneitlen, mit ganzer Seele positiv pflichtversessenen Vater gegenüber. Mit ihm identifiziert sich der Sohn, der auch später nicht müde wird, Pflichterfüllung als höchste Tugend vorzutragen und vorzuleben. Das Vater-Sohn-Verhältnis war offenbar tiefgründiger als die Darstellung der Schulweisheit.

Deckungs- und teilweise wortgleich waren zwischen Vater und Sohn zum Beispiel die außenpolitische Grundeinschätzung sowie die daraus abgeleiteten Schlussfolgerungen. Vater Friedrich Wilhelm I. im März 1724: »Fritz, denke an das, was ich dir sage. Halte immer eine gute und große Armee, du kannst keinen besseren Freund finden und dich ohne sie nicht halten. Unsere Nachbarn wünschen nichts mehr, als uns über den Haufen zu werfen, ich kenne ihre Absichten, du wirst sie noch kennenlernen … Halte immer auf eine gute Armee und auf Geld; darin besteht die Ruhe und die Sicherheit eines Fürsten.«[86]

Friedrich II., 1748, nach den beiden Schlesischen Kriegen: »Da die Nachbarn eines Fürsten gewöhnlich seine Feinde sind, so wollen wir als solche die Russen, die Sachsen und vor allem die Österreicher ansehen.«[87]

Im Politischen Testament von 1752 lesen wir: Die »geografische Lage« habe Preußen zum Nachbarn »der größten europäischen Herrscher« gemacht. »Alle diese Nachbarn sind ebenso viele Neider oder geheime Feinde unserer Macht.«[88]

Die Hohenzollern

Das Signal der Namensgeber, nicht nur der Eltern »unseres« Friedrich, ist symbolhistorisch bedeutsam. »Friedrich« hieß fast jeder Hohenzoller. Wie viele Hohenzollern-Namensgeber signalisierten die Eltern »unseres« Friedrich bei dessen Geburt: »Er ist, wie wir, Teil eines großen Ganzen, eben der Hohenzollerndynastie. Der Einzelne kommt und geht, unser Fürstengeschlecht bleibt.«

Wie bei bürgerlichen Namen, die selten einzigartig im Sinne eines Alleinstellungsmerkmales sind, bekommt jedes Individuum die Chance, seinen Namen durch seine eigene Persönlichkeit auszufüllen. Friedrich II. ist kein beliebiger Hohenzoller oder Friedrich, sondern »der« Friedrich schlechthin, eben der »große« Friedrich. Familien- oder Personenkult waren ihm fremd. Das bereitet Lesern seiner »Denkwürdigkeiten zur Geschichte des Hauses Brandenburg« Vergnügen. Sie entstanden in den Jahren 1746 bis 1748. »Mein geliebter Bruder«, so der Anfang des Prinz Heinrich von Preußen gewidmeten historischen Essays. »Ich habe die Fürsten Deines Hauses so dargestellt, wie sie gewesen sind … Frei habe ich mich über alle Vorurteile hinweggesetzt. Fürsten, Könige, Verwandte habe ich als gewöhnliche Menschen betrachtet, weit davon entfernt, mich durch Macht blenden zu lassen oder meine Vorfahren zu vergöttern.«[89]

Dieses Versprechen löste der königliche Autor ein: Friedrich Wilhelm, der Große Kurfürst, »war des Namens der Große würdig«, schreibt Friedrich der Große.[90] Für Friedrich I., Preußens erster König, empfand er, wir wissen es bereits, Verachtung: Ihn »schmeichelte in der Tat nur das Äußere an der Königswürde, der Prunk, die Repräsentation und eine gewisse verkehrte Eigenliebe, die andere gern ihre untergeordnete Stellung fühlen lässt.«[91]

O ja, hier klingt Friedrich II. wie sein Vater. Kein Wunder, dass er in jenen »Denkwürdigkeiten zur Geschichte des Hauses Brandenburg« den Vater rühmt und den Großvater einmal mehr scharf rügt: »Er [also Friedrich Wilhelm I.; M. W.] … verstopfte die Kanäle, durch die sein Vater die Mittel für den öffentlichen Wohlstand zu eitlen und entbehrlichen Zwecken abgeleitet hatte. … Er lehrte durch sein Beispiel eine Sittenstrenge und Einfachheit, die der Anfänge der römischen Republik würdig waren. Dem Aufwand und dem Prunk der Königswürde war er feind«. Er »erfasste und durchdrang die schwierigsten Probleme und verstand sich besser auf den Vorteil seines Staates als einer seiner Minister oder Generäle.«[92]

Angesichts dieser historischen Verdienste um Preußen wird dem Papa vergeben: Die, wie er sie nennt, »häuslichen Verdrießlichkeiten« dieses (wörtlich) »großen Fürsten« hat er (wieder O-Ton Friedrich II.) »mit Stillschweigen übergangen.«[93] Fassade? Fassung bewahrte Friedrich. Noblesse oblige. Nicht nur Noblesse, sondern auch die verinnerlichte Einsicht, dass ein Staatsmann zugunsten der Pflicht die Neigung vergessen muss. Einsicht in die Tragik der Mächtigen.

Die Verehrung seiner Schwester Wilhelmine, seine Liebe zu ihr, war herzlich ungebrochen, zu seinem Bruder Heinrich war sie es trotz jener Widmung »in Liebe und Hochschätzung«[94] nicht unbedingt; schon gar nicht seit dem Siebenjährigen Krieg, denn Heinrich und die beiden anderen jüngeren Brüder kritisierten die Kriegsführung des Königs heftig.[95]

Am 14. Oktober 1758 verlor Friedrich im Siebenjährigen Krieg nicht nur die Schlacht von Hochkirch gegen die Österreicher, sondern auch seine geliebte Schwester Wilhelmine, die Markgräfin von Brandenburg-Bayreuth. Der »König war ganz von Schmerz übermannt und fortwährend in Tränen, antwortete nur ganz einsilbig und bat den Himmel, mit ihm und seiner Lage Mitleid zu haben«, notierte Henri de Catt, Vorleser und Sekretär des Königs.[96] Im Dezember schickt Voltaire dem König einen Trauergesang.[97] Der ist unzufrieden: »Ich wünsche mir etwas Glanzvolleres und Repräsentatives. Ganz Europa soll mir eine viel zu wenig bekannte Tugend beweinen.«[98] So verzweifelt ist der trauernde Bruder, dass der Gotteszweifler »den Himmel« anruft und der Repräsentationsmuffel ein repräsentatives Gedenken will.

Sein Neffe und Nachfolger, Friedrich Wilhelm II., war in den Augen Friedrichs »der Ausschuss der Familie«.[99] In »allem, was er tut, plump, starrköpfig, launenhaft, liederlich und sittenlos, dumm und unerfreulich … Er verursacht mir hundertfältigen Kummer und verbittert meine alten Tage.«[100]

Hatte Friedrichs Vater über den Kronprinzen nicht ähnlich geklagt? Allerdings grundlos.

Als aufgeklärter Kopf hatte Friedrich zwar den »Mut, sich seines eigenen Verstandes zu bedienen«, aber nicht, die traditionelle, unaufgeklärte, weil nicht leistungs-, sondern genealogisch bedingte Thronfolge in Frage zu stellen. Peter der Große war 1724 auch diesbezüglich weniger zimperlich. Legitimität und Legalität, das war er, in seinen Augen. Friedrich stellte die Legitimität und Legalität der Hohenzollern insgesamt über seine persönliche. Das »Verfassungssystem der Monarchie« stellte er »niemals in Frage.«[101]

Der (Ehe-)Mann

War Friedrich der Große schwul?[102] Diese Frage interessiert mich so wenig wie die Sexualität Dritter überhaupt. Anders als Berlins späterer Bürgerkönig »Wowi«-Wowereit hat uns der aufgeklärte Monarch über seine sexuellen Neigungen nicht wirklich aufgeklärt. Woran wir erkennen, dass zeitliches Fortschreiten nicht unbedingt Fortschritt von Anstand und Abstand, Distinktion und Diskretion oder guten Sitten bedeutet. Diskret und doch direkt steht für Christopher Clark fest: Ja, Friedrich Zwei war homosexuell.[103]

Jeder weiß: Friedrichs Ehe mit Elisabeth Christine entsprach wahrlich nicht dem Ehe-Idealbild, und wenn, mit Goethe, Liebe Gegenwärtigkeit verlangt, dann war Liebe spätestens seit Friedrichs

Thronbesteigung abwesend. »Ich will keine dumme Gans zur Frau haben«, erklärte Friedrich schon vor der Hochzeit.[104] Und danach offenbarte er seinem Freund, Ernst Christoph Graf von Manteuffel 1736: »Ich kann mit meiner Frau nicht aus Leidenschaft zu Bett gehen, und wenn ich sie liebe, dann tue ich es mehr aus Pflichterfüllung als aus Leidenschaft«. Die Antwort, die offenkundig politisch gemeint war: Dazu sei Leidenschaft gar nicht erforderlich. Woraufhin der Kronprinz, seinerseits politisch konterte: »Wenn ich dieselbe Bestimmung habe wie die Hirsche, die gegenwärtig in der Brunft sind, dann könnte jetzt in neun Monaten geschehen, was Sie mir wünschen. Ich weiß nicht, ob es ein Glück oder Unglück für unsere Neffen und Großneffen sein würde; die Königreiche finden immer Nachfolger, und es ist ganz ohne Beispiel, dass ein Thron unbesetzt geblieben ist.«[105]

Der Musiker

Auch ohne Adolph Menzels »Flötenkonzert in Sanssouci« (66 Jahre nach Friedrichs Tod vollendet) weiß jeder, dass der Mensch Friedrich ohne Musik nicht denkbar ist. Das war eine wahre Leidenschaft. »Die Welt der Gluck'schen Opern blieb ihm ebenso fremd wie das Genie eines Mozart oder Haydn«, urteilt Friedrich-Biograf Johannes Kunisch und fügt hinzu: Als »Komponist wie als Musiker« sei der Monarch »Traditionalist« geblieben.[106] Ich weiß nicht, wie kompetent der Historiker als Musikkritiker ist, aber historisch sei festgestellt, dass nur wenige deutsche Spitzenpolitiker vor und nach Friedrich sein hohes musikalisches Niveau erreichten. Wie viele namhafte deutsche Politiker haben überhaupt musiziert? Alt-Kanzler Helmut Schmidt und Bayerns Hans Maier fallen einem ein. Wer sonst?

Der Literat, Historiker, Philosoph und Schriftsteller

Bleiben wir bei deutschen Spitzenpolitikern. Wer von ihnen weist ein literarisches und historisches Werk von der Breite und Tiefe des großen Friedrich auf? Die Lektüre der meisten Politiker-Bücher der Vergangenheit und Gegenwart lohnt nicht. Nach zwei Wochen verschwinden sie zu Recht aus den Buchladenregalen, aber gar manches aus der Feder dieses Monarchen ist dauerhaft lesens- und bemerkenswert. Ich schätze und empfehle besonders den Briefwechsel mit Voltaire und ziehe Friedrichs intellektuelles Feuerwerk den zahlreichen Selbstverliebtheiten, Anbiederungen und Geschwätzigkeiten des Philosophen vor.

Hatte der Tag auch für Friedrich nur 24 Stunden? Kaum zu glauben, denn außer seinem politischen und kriegerischen Vollzeitprogramm studierte er intensiv Physik, arbeitete an einem Theaterprojekt aus der Aeneis, dichtete 1755 Voltaires Tragödie »Mérope« zu einem Opernlibretto um und verfasste neben seiner umfangreichen Korrespondenz beachtliche historische Schriften, zum Beispiel über Schwedenkönig Karl XII. Friedrich ordnete auch seine eigene Politik historisch ein und schützte sich damit, wie Christopher Clark nicht unironisch bemerkt, Churchill vergleichbar, vor reiner Fremdinterpretation der Nachgeborenen.[107] Der denkende Monarch schrieb außerdem literarische, philosophische, theologische sowie militärische Texte, ja, auch Gedichte, die mehr als nur Reime waren. Die deutsche Werkausgabe von 1913 umfasst zehn Bände, die französische aus den Jahren 1846 bis 1856 30. Groß? Gigantisch.

Friedrich schrieb nicht nur, er las auch viel, aber die Qualität der deutschen Literatur seiner Zeit unterschätzte er gewaltig und geradezu banausig. Wir sind geneigt, ihm zu verzeihen, denn meistens verkennen die jeweiligen Zeitgenossen die Qualität ihrer zeitgenössischen Literaten. Vorsicht bei dieser Milde, denn zeitgenössische Literatur war, anders als heute so oft, nicht gedrucktes Fernsehen, sondern Lessing, Goethe, Schiller, Herder oder Wieland.[108] Jedenfalls ist sein Essay »De la littérature allemande« (1780) kein Meisterwerk; mutig war es allemal, denn diese Schrift zeigt, dass er über ein Thema schrieb, das er – anders als die antike und französische Literatur – nicht wirklich kannte. Nebenbei: Shakespeares Dramen nannte er fürchterlich.[109] Auch Könige reden und schreiben über Dinge, von denen sie zu wenig verstehen.

Der Monarch

Zeremoniell und Etikette

Die Verachtung von Zeremoniell und Etikette haben nicht erst die deutschen 68er im 20. Jahrhundert erfunden. »Mein Vater«, so Friedrich im Politischen Testament von 1752, »besaß den Mut«, die »Ketten« des Zeremoniells »zu brechen, und seinen Spuren folgend, habe ich das mir überlieferte Maß der Freiheit getreulich bewahrt.«

Wieder schlägt der Sohn die Brücke vom scheinbar nur Äußerlichen des Vaters zum Innerlichen, und wieder bekundet der Sohn seine Hochachtung. Auch Friedrich II. hat an den »Scherereien königlicher Hoffart« keinen Gefallen gefunden. Sie verschlängen eine Zeit, »die nützlicher für das Allgemeinwohl verwendet werden sollte.«[110] Als Gäste einer Hofgesellschaft um den Vortritt der einen oder anderen Dame stritten, verkündete Friedrich kurzerhand: Die Dümmste solle vorangehen.[111]

Auf sein Erscheinungsbild, Garderobe, Sauberkeit, Körperpflege und Wohlgeruch legte Friedrich wenig Wert. Weil ungewaschen, roch oder stank er manchmal. Was den Heutigen die Blue Jeans, war damals Friedrich und seinem Vater die Uniform. In überfüllten U- und S-Bahnen der nicht nur deutschen Gegenwart hat man manchmal den Eindruck, die »Mitbürgerinnen und Mitbürger« ehrten auf ihre (Geruchs-)Weise jenen Monarchen.

Religionspolitik

Jeglicher Religion als Konfession stand Friedrich fern. Programmatisches dazu im Politischen Testament von 1752: »Geht man allen Religionen auf den Grund, so beruhen sie auf einem mehr oder minder widersinnigen System von Fabeln. Ein Mensch von gesundem Verstand, der diese Dinge kritisch untersucht, muss unfehlbar ihre Verkehrtheit erkennen. Allein diese Vorurteile, Irrtümer und Wundergeschichten sind für die Menschen gemacht, und man muss auf die große Masse soweit Rücksicht nehmen, dass man ihre religiösen Gefühle nicht verletzt, einerlei, welchem Glauben sie angehören.«[112]

Diese rein positivistisch pragmatische Interpretation von Religion ist nicht wesentlich tiefgründiger als die des sowjetischen Kosmonauten Juri Gagarin in den Höhen des Weltalls. Der Mann, der im März 1961 als erster Mensch die Erde in einer Weltraumkapsel umrundete, meldete, dass er dort Gott nirgends gesehen hätte. Ob der »Liebe Gott« ihn höchstpersönlich für diesen dummen Spruch so früh »heimführte«, bleibe wohl- oder übelwollenden Spekulationen überlassen.

Friedrich wäre nicht der Große, wenn er auch in theologicis nichts Klügeres zu bieten gehabt hätte: Er begnügte sich »darin, das höchste Wesen zu verehren, das einzig gut, einzig barmherzig ist und schon daher meine Verehrung verdient; soweit ich vermag, den Menschen, um deren Elendiglichkeit ich weiß, Hilfe und Stütze zu sein; mich ansonsten auf den Willen meines Schöpfers zu verlasen, der über mich verfügt, wie ihm gut dünkt, und von dem ich, komme, was kommen mag, nichts zu fürchten habe. Ich schätze, dies ist so ungefähr ein Glaubensbekenntnis«, schreibt Kronprinz Friedrich an Voltaire aus Rheinsberg am 8. Februar 1737, also als 25-Jähriger.[113]

Schöpfer ja, Religion nein? So scheint es, doch am ersten Weihnachtstag 1737 bekennt Friedrich, erneut Voltaire gegenüber:

»… gewiss ist, dass Gott ist.«[114] »Und die Ereignisse, wer lenkt sie? Der Zufall kann es nicht sein, da Zufall ein sinnleeres Wort ist. Es kann also nur Gott sein.«[115]

Gott ja, Religion nein: wieder an Voltaire, Ruppin, 6. Juli 1737:[116] »Religion ist der Fetisch der Völker«. An wen erinnert dieser Satz? Natürlich an Karl Marx. Religion als »Opium des Volkes«.

Der berühmte Erlass des neuen Königs, 22. Juni 1740, unmittelbar nach seinem Herrschaftsantritt: »… den hier mus ein jeder nach seiner Fason selich werden …«[117]

Im Politischen Testament von 1752: Den religiösen Hass müsse der Herrscher steuern und »allen Parteien Mäßigung« predigen.[118] »Ich suche aber auch Einigkeit unter ihnen zu stiften, indem ich ihnen vorhalte, dass sie Mitbürger eines Staates sind, und dass man einen Mann im roten Kleide ganz ebenso lieben kann wie einen, der ein graues Gewand trägt.«[119] Kein Integrationsbeauftragter der bundesdeutschen Gegenwart formuliert das so treffend und witzig.

Friedrichs Religionspolitik war nutzenorientiert. Wieder beziehe ich mich auf das Politische Testament von 1752: »Katholiken, Lutheraner, Reformierte, Juden und zahlreiche andere christliche Sekten [nanu, Juden als »andere christliche Sekten«?] wohnen in Preußen und leben friedlich beieinander. Wenn der Herrscher aus falschem Eifer auf den Einfall käme, eine dieser Religionen zu bevorzugen, so würden sich sofort Parteien bilden und heftige Streitereien ausbrechen. Allmählich würden Verfolgungen beginnen, und schließlich würden die Anhänger der verfolgten Religion ihr Vaterland verlassen, und Tausende von Untertanen würden unsere Nachbarn mit ihrem Gewerbefleiß bereichern und deren Volkszahl vermehren.«[120] Mehr wirtschaftspolitischer Pragmatismus als Toleranz, aber immerhin vernünftig.

Judenpolitik

Wenn bekennender Antisemitismus die Hohenzollern-Distanz »der« Deutschen rechtfertigt, hätte es 2012 keinen großen Friedrich-Rummel geben dürfen, denn seine Schriften strotzen vor Judenfeindlichkeit. In seinem Brief vom 10. Oktober 1739 an Voltaire nennt er als Kronprinz die Juden eine »abergläubische, schwache und grausame Nation.«[121]

Im »General-Privilegium« des Königs von 1750 wurden sie folgerichtig ge-, be- und unterdrückt.[122]

Die Aufnahme des hochberühmten jüdischen Philosophen, Lessing-Freundes und »Nathan-der-Weise«-Vorbildes Moses Mendelssohn in die Berliner Akademie der Wissenschaften verhinderte der große »Tolerante« 1771 höchstpersönlich.

Das »Politische Testament von 1752« ist diesbezüglich besonders unappetitlich: »Die Juden sind von allen diesen Sekten die gefährlichsten, denn sie schädigen den Handel der Christen und sind für den Staat nicht zu brauchen … Wir haben die Juden zwar wegen des Kleinhandels mit Polen nötig, aber wir müssen verhindern, dass sie sich vermehren.«[123]

Im Kapitel »Zukunftspläne« des Politischen Testaments von 1768 steht: »Wir haben zu viele Juden in den Städten. An den Grenzen von Polen sind sie nötig, weil in diesem Land nur die Juden Handel treiben. Sobald eine Stadt von Polen entfernt ist, werden die Juden schädlich durch den Wucher, den sie treiben, durch den Schmuggel, der durch ihre Hände geht, und durch tausend Spitzbübereien, die sich zum Nachteil der Bürger und christlichen Kaufleute auswirken. Ich habe niemals die Angehörigen dieser Sekte verfolgt noch sonst jemanden, ich glaube indessen, dass es klug ist, darüber zu wachen, dass ihre Zahl nicht zu sehr ansteigt.«[124]

Seine Kriege finanzierte der Monarch nicht zuletzt durch Inflation, deren Durchführung er vor allem den Münzpächtern Moses Isaac, Daniel Itzig und Veitel Ephraim übertrug.[125] Der König wusch seine Hände in Unschuld. Todkrank bekundete er am 16. April 1786, vier Monate vor seinem Ableben, dem Grafen Mirabeau gegenüber einmal mehr seine Judenabneigung. Ebenfalls bis zuletzt schmetterte er alle Bemühungen seiner Beamtenschaft ab, das Los der Juden zu verbessern.[126]

Denkender Krieger oder kriegerischer Denker?

Diese vier Kriege hat Friedrich II. geführt: Den Ersten Schlesischen Krieg brach er am 16. Dezember, kurz vor Weihnachten 1740 vom Zaune. Die Sowjets erinnerten sich dieses weihnachtlichen Beispiels, als sie am 27. Dezember 1979 Afghanistan überfielen. »Stille Nacht …, alles schläft, einsam wacht …« Der erste Schlesienkrieg dauerte bis 1742, der zweite tobte von 1744 bis 1748. Es folgte von 1756 bis 1763 der durch Friedrichs Sachseninvasion losgetretene Siebenjährige europäische Krieg, der in Amerika und Indien zwischen England und Frankreich geführt wurde und als der eigentliche Erste Weltkrieg bezeichnet werden sollte. Dieses Gemetzel hätte beinahe zum Untergang Preußens geführt. Der Bayerische Erbfolgekrieg der Jahre 1778/79 war dagegen fast so etwas wie ein bewaffneter Spaziergang.

Friedrich hatte Kriegserfahrung. Er war ein Mann der Kriegspraxis und -theorie. Er machte, führte Kriege und dachte über sie vom Allgemeinen zum Detail. »Die von mir geführten Kriege haben mir Gelegenheit zu gründlichem Nachdenken über die Grundsätze der großen Kunst gegeben.« So beginnt seine Schrift über »Die Generalprinzipien des Krieges« aus dem Jahre 1748.[127]

Im kontrafaktischen Zeitalter (Kanzlerin Merkel sagt – falsch – »postfaktisch«) sammeln wir Fakten und Eindrücke über Friedrich und das Militär, Krieg und Frieden:

Dem Militärerzieher des Kronprinzen hämmerte er dies ein: »Es ist von größter Wichtigkeit, ihm Geschmack für das Militärwesen beizubringen. Deshalb müssen Sie ihm bei jeder Gelegenheit sagen …, dass jeder Mann von Geburt, der nicht Soldat ist, nur ein Elender ist.«[128]

»Vom grünen Tisch aus entwirft man schlechte Feldzugspläne« und man müsse »selbst Feldherr« sein, um militärischen Erfolg zu erreichen.[129] Seinen Worten entsprachen die Taten.

Das waren Friedrichs außenpolitische und, daraus abgeleitet, militärpolitische Grundvorstellungen: Preußens Nachbarn hielt der König für »Neider oder geheime Feinde unserer Macht«. Im Politischen Testament von 1752 heißt es: »Preußen ist von mächtigen Nachbarn umgeben, darunter von einem unversöhnlichen Feinde: dem Haus Österreich. Ihr müsst daher auf häufige Kriege gefasst sein. Es folgt daraus auch, dass das Militär in Preußen die erste Stelle einnehmen muss …«[130]

Tempi passati, gottlob. Nicht passé ist diese Feststellung: »Die Offiziere verachten und von ihnen fordern, dass sie mit Ehren dienen, ist ein Widerspruch. Auch in Friedenszeiten müssen sie das Ansehen genießen, das sie mit so großem Recht erworben haben.«[131] Das muss die bundesdeutsche Gesellschaft lernen, wenn sie Sicherheit als gute Dienstleistung erwartet. Man nenne diese Feststellung nicht »Militarismus«, denn diese Einsicht gebieten Verstand, Anstand und Nutzen.

Seinem Nachbarschaftsbild gemäß entriss Friedrich den Österreichern Schlesien bereits zu Beginn seiner Herrschaft, 1740. Für seinen Ruhm, »gloire«, liebe er den Krieg, »guerre«, gestand er 1741 einem Freund. Diese Liebe kostete allein am 25. August 1758 in der Schlacht bei Zorndorf 12.800 preußischen und 18.000 russischen Soldaten das Leben. Friedrichs Wirtschaft und Gesellschaft drohte auszubluten.

Das ist die unmenschliche Seite seiner Ruhmessucht. Daneben gibt es die urmenschliche: Friedrichs Ruhmessucht – so der großartige, weil kenntnisreichste und fairste Preußenfachmann Christopher Clark – sei auch als Wunsch nach Unsterblichkeit zu verstehen. Zugleich habe er es posthum »dem Vater zeigen« wollen.[132] Das Massensterben anderer als Preis eigener Unsterblichkeit. Nicht gerade human oder auch nur reif, aber vergessen wir nicht: Friedrich war erst 28 Jahre alt, als er König wurde und übermütig jenen Krieg begann. Auch der gottes- und götterlästerliche, 25-jährige »Prometheus«-Goethe des Jahres 1774 dachte und schrieb als Stürmer und Dränger ganz anders als in dem gotthuldigenden Klassik-Gedicht »Grenzen der Menschheit« aus dem Jahre 1813. Inzwischen war der Dichter 64 Jahre alt.

Gedankenreich und -scharf waren Friedrichs Reflexionen über Kriege im Allgemeinen und seine Kriege im Besonderen. Er dachte, durchdachte und machte Krieg, doch trotz seines Denkens ließ er sich lange vom Gefühl leiten. Diese Spaltung zwischen hochkulturellem und -intellektuellem Überguss einerseits und siegreichem Ich- und Zerstörungstrieb andererseits versinnbildlicht die Zerstörung der Dresdener Innenstadt im Jahre 1760. Ein Vorläufer Hitlers war dieser König gewiss nicht, doch personifiziert dieser hochgeistige und zugleich militante Doppel-Friedrich nicht irgendwie doch »die« Deutschen bis 1945? Dokumentiert nicht gerade er, dass höchste Kultur und Barbarei einander keineswegs zwangsweise ausschließen, dass aus einem »Volk der Dichter und Denker« sehr wohl Mörder und Henker wachsen können? Nicht einmal Aufklärung und Hochkultur schützen die Menschen vor dem Menschen und den einen Menschen vor sich selbst.

Der Krieger Friedrich war zugleich ein selbstkritischer Denker. Er erkannte das ganze Kriegselend, das er selbst ausgelöst hat: Ein halbes Jahr tobte der von ihm begonnene Erste Schlesische Krieg. Im Lager von Mollwitz schrieb Friedrich Voltaire: »Ich werde Sie jetzt nicht mit Details behelligen, denn das ist nicht Verfeinertes an der Methode, mit der wir uns abschlachten; das geschieht stets zu meinem großen Kummer; und wenn ich die gehorsame Wut meiner Truppen dirigiere, so immer nur auf Kosten meiner Humanität, die unter dem notwendig Schlechten, von dem ich mich nicht zu befreien weiß, leidet.«[133] Friedrich verursachte Leid, und er litt, körperlich und seelisch. »Ich habe Europa mit dem epidemischen Kriegsbazillus infiziert wie eine Kokotte ihre Galane mit gewissen Beweisen ihrer schmerzhaften Gunst. Ich bin glücklicherweise geheilt.«[134] Genau das war er nicht, denn auch den Zweiten Schlesischen und den Siebenjährigen Krieg begann er erneut. Selbsterkenntnis führt nicht unbedingt zu moralisch oder politisch richtigem Handeln. Der Aufklärer Friedrich ist der lebende Beweis für die Grenzen aufklärerischer Wirksamkeit. Denken, Wissen und Handeln müssen keineswegs übereinstimmen.

Am 29. August 1756 überfiel Friedrich Sachsen, das siebenjährige Blutvergießen begann, und der Aggressor weinte. Sozusagen. Am 16. Januar 1758 schrieb er Voltaire: »Leben Sie heiter und ruhig in Genf, nur das hat Wert auf der Welt; und beten Sie, dass Europa bald vom hitzigen Heldenfieber genese.«[135] Warum hat Friedrich selbst die Heiterkeit der Welt der Grausamkeit des Krieges geopfert? Seine Kriegstaten widersprachen seinen friedliebenden Gedanken und Worten. Oder war es Selbstkritik? Jedenfalls folgte ihr Selbstmitleid: »Ich wünsche Ihnen Ruhe und Frieden, derer ich nicht genieße, solange es Europa so verbissen auf mich abgesehen hat.«[136]

Europa litt, auch Kanada, Indien, Preußen, Friedrich. Nach dem Weltbrand, Potsdam, 31. Juli 1767, Friedrich an Voltaire: »Mein Haar ist weiß geworden, meine Zähne fallen aus, meine Beine sind krumm von Gicht. Ich vegetiere.«[137]

Der »Große«?

War Friedrich II. ein Großer? Größe ist relativ. Das Matterhorn ist groß; größer als die Ameise, doch größer als das Matterhorn ist der Mount Everest. »Unseren Ausgang nehmen wir vom Knirpstum, unserer Zerfahrenheit und Zerstreuung. Größe ist, was wir nicht sind«, so Jacob Burckhardt über die historische Größe in seinen »Weltgeschichtlichen Betrachtungen«.[138] Verglichen mit den unzähligen Knirpsen vor und nach ihm und auch zu seiner Zeit war Friedrich sicher groß. Wenn seine Größe überzeitlich, ja zeitlos gelten soll, muss es absolute Kriterien für diese Größe geben. Wir nähern uns argumentativ an.

Friedrich war beliebt und geliebt. So beliebt, dass viele Deutsche im 19. und 20. Jahrhundert ihre Söhne nach ihm benannten.[139] Bürger (damals »Untertanen«) übernahmen für ihre Kinder oft die Vornamen der Herrscher. Das ist ein guter Indikator für die jeweilige Beliebtheit der Monarchen. Seit dem Großen Friedrich nannten auch seine Untertanen ihre Söhne oft »Friedrich«. Heute ist »Friedrich« out, in sind die Namen aus Pop und Top(less).

Im Jahre 1745, unmittelbar nach dem Zweiten Schlesischen Krieg, wurde Friedrich von Zeitgenossen erstmals »groß« ge- und benannt. Er selbst hat diesen Beinamen öffentlich und schriftlich nie kommentiert, wohl aber die Größe anderer neidlos akzeptiert, etwa die geistige (nicht charakterliche) Größe Voltaires: »[W]o ich die Überlegenheit von euch großen Menschen erkenne, halte ich euch meines Weihrauchs und Sie, Monsieur, all meiner Wertschätzung für würdig. Sie haben darauf jeden Anspruch.«[140]

Nochmals Friedrich: »Die Reputation von Menschen hängt recht eigentlich von der Gunst des Historiographen ab.«[141] Und wenige Abschnitte davor an Voltaire: »Monsieur, ich gestehe, dass nichts trügerischer ist, als Menschen nach ihrer Reputation zu beurteilen.«[142]

Nicht nur Historiographen, auch die meisten Wissenschaftler schätzte der Monarch richtig ein: »Aber wie viele Gelehrte sind fähig, Rangfragen, Schönheit, Freundschaftsbande der Wahrheit zu opfern? Die Seele, die solch mächtigen Widerpart besiegt, muss stark sein.«[143]

Die Schwächen der Menschen kannte Friedrich. »Es genügt, dass ein Mann von einem anderen Mann, der gegen ihn schreibt, in den Schmutz gezogen wird, damit der Großteil der Leute sich damit zufrieden gibt, die Angriffe des Gegners gegen ihn nachzuplappern. Der gewöhnliche Mann forscht niemals nach, und es behagt ihm, das zu wiederholen, was andere ihm gesagt haben, vor allem, wenn es jemand von Einfluss ist.«[144] Volltreffer. Damit hat Friedrich nicht nur die negative oder gegebenenfalls positive Fremdsicht der quasi allgemeinen Öffentlichkeit realistisch erkannt und beschrieben, sondern prophetisch auch die Wirkung der ihm unbekannten Massenmedien.

Friedrich zog Konsequenzen, zumindest verkündete er sie: Ich »unternehme nichts gegen die innere Stimme meines Gewissens; und ich sorge mich herzlich wenig darum, welchen Eindruck meine Taten im Gehirn von zuweilen kaum denkenden, ungefiederten Zweibeinern hinterlassen.«[145]

Friedrich wollte Ruhm, und Ruhm war für ihn als König zunächst und vor allem militärischer Ruhm. Den Schlesienkrieg hatte Friedrich II. im Dezember 1740, bekanntlich gestand er es später, des Ruhmes wegen begonnen. Doch schon im März 1742 erkannte und benannte er dessen Fragwürdigkeit und Zerbrechlichkeit: »Die Menschen verdammen des Abends, was sie am Morgen billigten. Die gleiche Sonne, die ihnen bei Sonnenaufgang herrlich erschien, langweilt sie bei Sonnenuntergang. Auf diese Weise entsteht Renommée, geht es verloren, kommt dann doch wieder; und wir sind töricht genug, uns unser gesamtes Leben für die Reputation abzumühen. Ist es denn möglich, dass man von derlei Falschgeld, wenn man es als solches erkannt hat, ablässt?«[146] Nein, es ist nicht möglich. Der Wissende, der Aufklärer, Friedrich erkannte die Grenzen des Wissenden, des Aufklärers und der Aufklärung, der Emotio und der Ratio – auch angesichts der eigenen und selbstinszenierten Verklärung.

Die Frage nach Friedrichs historischer Größe ist so unoriginell wie unvermeidlich und unausweichlich. Sie ist weniger analytisch als normativ, nicht objektiv, sondern jeweils subjektiv zu beantworten. Sie ist letztlich politisch und pädagogisch. Mein Wort ist ein Wort und sicher nicht das letzte.

Bei den außer Friedrich bekannten »Großen« – tatsächlichen oder vermeintlichen – überwiegen Männer: Alexander der Große, Herodes der Große, Konstantin der Große, Theoderich der Große, Papst Gregor der Große, Karl der Große, Alfred der Große von England, Otto der Große, Peter der Große. Alles keine feinen Herren, so wenig wie Katharina die Große, die berühmteste der »groß« genannten Frauen. Sie alle gingen buchstäblich »über Leichen«, viele Leichen. Blut klebte an ihren Händen. Woraus wir schließen, dass diese historische Größe eher dem militärischen Erfolg als der Moral geschuldet ist. Jedenfalls ist Friedrich der letzte Herrscher, dessen Beinamensgröße in der Allgemeinheit und der wissenschaftlichen »Community« strukturell durchsetzbar war. Im 19. und 20. Jahrhundert gibt es keine allgemein anerkannten politisch-historisch »Großen«. Konjunkturelle Ausnahmen bestätigen diese Regel: Der große Stalin, »der größte Feldherr aller Zeiten«, »der große Führer Kim Il-sung«, sein Sohn Kim Jong-il, der »geliebte Führer« (manchmal der »große und geliebte Führer«) und der Albtraum des »Großen Bruders« aus George Orwells Roman »1984«. Größe als Albtraum unserer Gegenwart. Einerseits. Andererseits: Führerkult im 20. Jahrhundert und in Nord-Korea noch heute. Wohl den meisten Demokraten Europas ist Größe heute verdächtig.

Wer entscheidet über historische Größe? Abstimmungen darüber haben natürlich nicht stattgefunden. Mit Demokratie hat diese Namensbeifügung also nichts zu tun. Selbst die Fachwelt hat darüber nie abgestimmt. Wohl aber haben irgendwann und irgendwo einzelne Leitfiguren subjektiv bestimmt, wer »groß« genannt werden sollte. Nicht immer konnten sich die Leitfiguren durchsetzen. Kläglich scheiterte im ausgehenden 19. Jahrhundert der Versuch Kaiser Wilhelms II., seinen Großvater, Kaiser Wilhelm I. – intellektuell ein eher kleiner Geist –, zu »Wilhelm den Großen« aufzuwerten.

Mitlaufende, Nachlaufende und Nachschreibende haben diese eher personen- und führerkultische Wertung übernommen, verbreitet und verfestigt. Ihre ethischen Maßstäbe sind nicht oder nicht mehr (und ich sage: gottlob) unsere ethischen Maßstäbe. Das ist eindeutig. Ebenso eindeutig ist die historische Wucht ihrer Wirkung, wobei diese Wirkung moralisch differenziert zu bewerten wäre. Wir müssen dabei allerdings bedenken, dass wir im gegenwärtigen Mitteleuropa, seit 1945, welthistorisch betrachtet, in einem Paradies leben. In unserem Bewusstsein ist Krieg, ist nachbarliche Feindschaft der Ausnahme- und nicht der Regelfall, früher freilich fast die Regel, Normalität. In den militärischen Schriften Friedrichs war genau diese Regel Dreh-, Angel- und Ausgangspunkt seines Denkens und Planens, dann seines Handelns. Haben wir es heute gut. Tu felix Europa et Germania.

Grundgedanke des Größen-Attributs ist die Annahme, dass einzelne Männer (oder Frauen) »Geschichte machen«. Manchmal trifft diese Annahme zu, meistens nicht. Diese Annahme ist eher die Ausnahme. Jedenfalls ist sie personenzentriert und verengt dadurch den Blick aufs große Ganze, das hier und da freilich sehr wohl von Einzelnen ganz grundlegend verändert werden kann. Das gelang jenen »groß« Genannten, durchaus. Ob zum Wohl oder Wehe der Menschen, steht auf einem anderen Blatt und kann nur jeweils politisch bewertet werden, wobei sich politische Maßstäbe bekanntlich nicht selten schnell ändern. Wer A oder B »groß« nennt, hebt in der Regel sowohl den Erfolg als auch die Moral des Benannten hervor. Und genau das wird nicht allgemeinverbindlich und allgemeingültig angenommen. Wer A oder B »groß« nennt, bekennt somit seine eigenen Moral- und Leistungskriterien.

Noch eine Einschränkung. Auch viele »Große« hatten ihre kleinkarierten Seiten. Wer ist schon »aus einem Guss«? Wie viele war auch Friedrich II. nicht nur einer, sondern viele und vieles. Er verkörperte Moral und war auch brutal, er war ein Mann des Wortes und Schwertes, ein Denker und Macher. Schon sein erstes Königsjahr, 1740, verdeutlicht den doppel-, mehr- und tiefbödigen Friedrich. Er beauftragte Knobelsdorff noch vor dem großen Krieg um Schlesien nach eigenen Skizzen mit dem Opernbau Unter den Linden. Er komponierte vier Flötenkonzerte und 122 Sonaten, auf, so der *FAZ*-Musikkritiker Jan Brachmann, »professionellem Niveau und teils ungewöhnlich in den musikalischen Mitteln«.[147] Das Ineinander von massentötendem Militarismus und Musikalität fasziniert und frustriert.

Friedrich gilt zu Recht als toleranter König. Ein deutscher König, der die französische Sprache, Literatur und Kultur weit höher als die deutsche schätzte – die er zudem weniger kannte; dem das religiöse Bekenntnis seiner Untertanen wie jegliche Religion völlig gleichgültig war und der, bezogen auf Juden, dennoch nicht anders als ein Antisemit genannt werden muss. Ein König und Feldherr, der Tausende seiner Soldaten opferte und zugleich, ganz anders als Könige und Feldherren seiner Zeit, mit bei, vor ihnen an der Front war und im Heu oder auf dem Erdboden schlief. Ein Aufklärer und ein absolutistischer Monarch, Machiavellist und Verfasser des »Antimacchiavell«. Er war als Bauherr des lustvoll-luftig-leichten, nahezu schwebenden, fast so etwas wie (die spätere) bürgerliche Gemütlichkeit ausstrahlenden Schlosses Sanssouci und er war Bauherr des monumental-wuchtig-klotzigen Neuen Palais. Welcher Friedrich ist authentisch: der Friedrich, der Sanssouci 1745–47, nach den relativ lockeren Siegen im Ersten und Zweiten Schlesischen Krieg bauen ließ und dort sorglos entspannen wollte, oder der Friedrich, der unmittelbar nach dem kontinentalen und teils globalen Blutbad des Siebenjährigen Krieges, von 1763 bis 1769, das Neue Palais errichten und den die Daueranspannung nach dem wundersamen Überleben seines Staates nicht mehr losließ? Sanssouci, das ist Friedrich, der sagt: »Das bin ich.« Das Neue Palais zeigt einen Friedrich, der sagt: »Watt du kannst, kann ick ooch.«

Eindeutig ist die Zweideutigkeit seiner Persönlichkeit. Friedrich der Zweite war mindestens zwei Personen.

Viel gemacht haben auch andere Könige oder Politiker, aber nur wenige haben so tief und auch selbstkritisch über das Gemachte vor- und nachgedacht wie Friedrich. Wie über die Voraussetzungen und Ziele jedes Denkens und Machens kann (und muss) auch seines kritisch betrachtet und bewertet werden. Davor muss man es kennen. Hier einige Beispiele, die sich schier endlos ergänzen ließen und zugleich zeigen, dass, wo und wie sehr er seiner Zeit (und manchmal auch seiner eigenen Politik) gedanklich weit voraus war.

»Soll das Land glücklich sein, will der Fürst geachtet werden, so muss er unbedingt Ordnung in seinen Finanzen halten. Noch nie hat sich eine arme Regierung Ansehen verschafft.«[148] Dieser Satz stammt aus dem Politischen Testament von 1752. Das Glück des Landes und damit der Landeskinder, das ist Aufklärung pur. Verfassungsgebot wird sie erstmals in der Menschheitsgeschichte 1787 in den USA. Die Regierung eines Staates, lesen wir dort, müsse ihren Bürgern »Life, Liberty and the Pursuit of Happiness« ermöglichen.

Zeitlos ist auch die finanzpolitische Testamentsempfehlung Friedrichs. Dieses Testament verfasste er, »um die Mittel und Wege anzugeben, wie sich Preußen zu einem der volkreichsten und blühendsten Staaten Europas machen lässt«.[149] »Blüh' im Glanze dieses Glückes« und so weiter. Im 19. Jahrhundert übernimmt Hoffmann von Fallersleben diese Hoffnung und Formulierung. Sie wurde bekanntlich Teil der Nationalhymne unserer deutschen Demokratie, die es in Zeiten der Monarchie Friedrichs nicht gab. Unsere deutsche Demokratie ist heute stark, bezüglich der Demografie, nicht zuletzt bei der Quantität und Qualität der Zuwanderung, kann sie von Friedrich manches lernen.

Auch diese Erkenntnis und Empfehlung erinnert an die nach dem antiken Athen zweite Demokratie der Menschheit oder an liberale Ideale. »Nur wenige Menschen sind ohne Talent geboren. Jeden auf den rechten Platz stellen, heißt doppelten Vorteil aus allen ziehen. Dann täuscht man sich nicht und gibt dem Staatskörper erhöhte Kraft und Stärke, weil alles in seinem Dienste steht und alles nützliche Dienste zu leisten vermag.«[150] Klingt vertraut und erinnert an die Unabhängigkeitserklärung der USA aus dem Jahre 1776: »All men are created equal.«

Nichts übereilen, Vorläufer der Demokratie war Friedrich nicht. »Soll ein Fürst selbst regieren?«[151], fragt er im Politischen Testament von 1752 und antwortet: »In einem Staate wie Preußen ist es durchaus notwendig, dass der Herrscher seine Geschäfte selbst führt. Denn ist er klug, wird er nur dem Staatsinteresse folgen, das auch das seine ist. Ein Minister dagegen hat, sobald seine eigenen Interessen in Frage kommen, stets Nebenabsichten. Er besetzt alle Stellen mit seinen Kreaturen, statt verdienstvolle Leute zu befördern, und sucht sich durch die große Zahl derer, die er an sein Schicksal kettet, auf seinem Posten zu befestigen.«[152] Kannte Friedrich die Parteiendemokratie der Gegenwart? Vergessen wir nicht die zynisch-realistische Lasswell-Definition von »Politik«: »Who gets What, When and How?«

Dass, wie der Monarch meinte, nur Kopf, und zwar der Kopf des Herrschers, die Gesamtheit der Politikbereiche zu einem in sich einheitlichen »System« zusammenfassen und umsetzen könnte,[153] ist freilich total widerlegt. Nicht jedoch seine einmal mehr, nur wenige Absätze später vorgetragene zeitlose Maxime, dass der Herrscher der »erste Diener des Staates« sei.[154] Wer heute als Politiker mehr seinem Land als eigenen Lustbarkeiten dienen will, steht in bester preußisch-deutscher Tradition, einer Tradition, die dieser Monarch prägte und prägnant formulierte.

Hier ein Beispiel für die analytische und prognostische Stärke Friedrichs: Fest rechnete Friedrich mit dem Ende deutscher Kleinstaaterei: »… glaube ich, dass die Zahl der kleinen Fürsten und namentlich der Reichsstädte ständig abnehmen wird. … Somit werden die Kleinstaaten allmählich von den großen verschluckt werden.«[155] Das war keine Kaffeesatzleserei, sondern wurde inhaltlich begründet. Im Politischen Testament von 1752 kann sie jeder nachlesen.

Idealistisch und antimachiavellistisch waren die denkerischen Anfänge Friedrichs. Realist, ja Machiavellist wurde er bereits im ersten Jahr seiner Herrschaft. Siehe den Überfall auf Schlesien, also Habsburg, wo Maria-Theresia als erste Frau auf dem Thron ihre Rolle suchen, finden, lernen und ausführen musste.

Wer Rollen spielt, verstellt sich. Die Kunst der Verstellung wurde bei Friedrich Kern und Credo seiner Politik. »Ein erfahrener Staatsmann«, so der König im Politischen Testament nach zwölf Jahren Herrschaft, »muss sich stets verschieden benehmen und sein Verhalten stets den Umständen anpassen, in denen er sich befindet, und den Menschen, mit denen er zu tun hat. In der Politik ist es ein großer Fehler, stets hochmütig aufzutreten und alles mit Gewalt durchsetzen zu wollen, aber auch, stets sich sanftmütig und nachgiebig zu zeigen. Ein Mensch, dessen Benehmen immer das gleiche ist, wird bald durchschaut, und man darf sich nicht durchschauen lassen. … Wer dagegen in seinem Benehmen wechselt, führt sie irre, und sie täuschen sich in ihren Annahmen. … Die große Kunst besteht darin, seine Absichten zu verbergen.«[156] Idealisten denken anders. Aber, wieder Friedrich und wieder im selben Schlüsseltext: »Die Politik ist die Kunst, mit allen geeigneten Mitteln stets den eigenen Interessen gemäß zu handeln. Dazu muss man seine Interessen kennen, und um diese Kenntnis zu erlangen, bedarf es des Studiums, geistiger Sammlung und angestrengten Fleißes«[157] – also nicht nur des täglichen Studiums der jüngsten Umfragen und Medienmeinungen.

Wann und wo hat welcher Monarch, Politiker, Mensch so vieles, Widersprüchliches, auch Großartiges, gedacht, gemacht, geschafft und geschaffen? Ja, er war sich seiner Qualitäten bewusst. Im Politischen Testament von 1752 lesen wir: »[M]it Ausnahme der Königin von Ungarn [also Maria-Theresia; M. W.] und des Königs von Sardinien, deren Geist über ihre schlechte Erziehung triumphiert hat, sind alle Fürsten Europas nur erlauchte Trottel.«[158]

Will ausgerechnet unsere Massenmediengesellschaft, in der lauter laute, bestenfalls mittelmäßige Talkrunden den Ton angeben, diesem Friedrich Größe absprechen?

Dennoch: Friedrichs Größe war für sein kleines Preußen eine zu große Anstrengung. Er hatte Land und Leute überanstrengt – politisch, menschlich, gesellschaftlich, militärisch, wirtschaftlich und finanziell. Der Zusammenbruch von 1806, nur 20 Jahre nach Friedrichs Tod, war kein Zufall, sondern eher die gar nicht so späte Folge jener Überanstrengung und der zunächst playboyhaften Verantwortungs- und Sorglosigkeit seines Nachfolgers Friedrich Wilhelm II. Ein Großer reicht nicht für die dauerhafte Größe eines Landes. Es bedarf vieler großer Geister. Nicht in Ein-Mann-Herrschaften (auch nicht der friderizianischen) können sie in großer Zahl wachsen; nur dort, wo viele, am besten alle schaffenden und schöpferischen Kräfte der Gesellschaft durch Entfesselung erweckt werden und sich entfalten können. Genau das war der Ansatz der preußischen Reformer und erst recht – und bereits früher – des historischen Liberalismus. So gesehen hat Friedrichs unbestreitbare persönliche Größe Preußens politische Existenz und Entwicklung eher gefährdet als gestärkt.

Doch dieser Gesichtspunkt vereinzelt betrachtet, verzerrt und verfälscht das Friedrich-Bild. »Der Staat bin ich«, so Ludwig XIV. Auch Friedrich II. war der Staat, sein Staat. Aber Friedrich war zugleich der »erste Diener«, der erste »Domestique« seines Staates und damit seiner Zeit und seinen Kaiser- und Königskollegen weit voraus. Er, der im Staate alles war, erhob zumindest den Anspruch, als Staatsdiener für alle da zu sein, und er erhob diesen Anspruch, ohne die Notwendigkeit, gewählt oder gar wiedergewählt zu werden. Wer will, nenne das »Größe«, kleinkariert ist das jedenfalls nicht, und es weist in die Zukunft, denn, zumindest gedanklich, wird auf diese Weise der Staat als das Allgemeine und nicht als quasi Privateigentum des oder der jeweils Herrschenden betrachtet. So gesehen sind die Staatslenker für die Bürger da und nicht umgekehrt. Das wiederum entspricht unserem heutigen Mehrheitsdenken, -fühlen, -wollen, und deshalb können wir unter diesen Vorzeichen guten Gewissens Friedrich als Vorläufer eines bürgerstaatlichen Denkens und Handelns einordnen, also positiv bewerten. Friedrichs Selbstverständnis war alles andere als demokratisch, doch die Dynamik seines Denkansatzes weist jenseits seines Handelns in diese Richtung, sie war weichenstellend und deshalb, jawohl, groß.

Wir Menschen sind meistens keine Großen. Eher versuchen wir die Großen auf unser Niedrigniveau herabzuziehen. Die Großen sind anstrengend, ermüdend, anspannend. Doch Entspannung suchen wir Kleinen, heute ebenso wie damals zu Zeiten des großen Friedrich. Dem Grafen Mirabeau verdanken wir diesen Augenzeugenbericht vom 17. August 1786, dem Todestag des Monarchen: »Es herrscht Totenstille, aber keine Trauer; man zeigt sich benommen ohne Kummer. Man sieht in kein Gesicht, das nicht den Ausdruck von Erleichterung, von Hoffnung trüge. Kein Bedauern wird laut, man hört keinen Seufzer, kein lobendes Wort. … Alle Welt wünschte das Ende herbei – alle Welt beglückwünschte sich!«[159]

Fast alle konnten zu fast allen Zeiten die ganz Großen nicht ertragen; aus welchen Gründen auch immer. Mittelmaß will Mittelmaß, nicht nur in der demokratischen Massengesellschaft, die Alexis de Tocqueville aufmerksamer als andere in seinem Buch »Über die Demokratie in Amerika« (1835/40) beschrieb. In Erbmonarchien sind Große, wie Friedrich, dem Zufall geschuldet, sonst Krisen oder

Umbrüchen. Nur dann und so konnten Caesar, Churchill, Adenauer, de Gaulle, Ben-Gurion et ceteri, et ceteri an die Schalthebel der Macht gelangen. Nur in Krisen oder Umbrüchen bekommen die Großen ihre Chance, weil nur dann die Knirpse und Mittelmäßigen ihre Unzulänglichkeiten einsehen, zugeben und schließlich das Steuer übergeben. Vorsicht, Krisen sind zugleich die Stunde der großen Schufte, siehe Hitler 1933.

Friedrich II. war ein großer Geist. Geistreicheleien hatte er nicht nötig. Sein Geist war nicht nur sein Schein, sondern sein Sein, und selbst wenn man seine Texte gegen ihn voreingenommen oder seine Analysen und Wertungen nicht teilend liest, ist die Geistesschärfe und Bildung des Preußenkönigs beeindruckend. Wer seine im Taschenbuch erhältlichen Briefe an Voltaire liest, genießt ein gedankliches und sprachliches Feuerwerk und bei der Lektüre seines Politischen Testamentes von 1752 (ein kleines Reclam-Bändchen) fragt sich unsereins geradezu verzweifelt: Welcher Schriftsteller, politische Publizist oder Politiker unserer Zeit erreicht auch nur annähernd dieses Niveau, zumal in allen drei Bereichen?

»KUNST« ALS POLITIK: DAS BERLINER HOLOCAUST-MAHNMAL

Pietät oder Spaß?

Die Fremdbestimmung von »Kunst« und »Künstlern« (oder solchen, die sich dafür halten) durch die Politik sei am Beispiel des Holocaust-Mahnmals skizziert. Die Fakten sind bekannt. Sie sind bestens dokumentiert und müssen deshalb nicht nochmals detailliert präsentiert werden.[160]

Mein Interesse gilt zwei Leit- und Leidmotiven:

- dem Gebrauch von »Kunst« als Mittel der Geschichtspolitik und
- dem Entscheidungsvorgang zum Berliner Holocaust-Mahnmal. Der Weg demokratischer Politik von den Institutionen zu Personen sei dabei abgesteckt.

So viel Bekenntnis sei erlaubt: Sinn und Notwendigkeit, Ort und Monumentalität des Mahnmals halte ich für angemessen. Die Mutter des Mahnmals, Lea Rosh, hat vielen Bürgern Bauch- oder Zahnschmerzen bereitet. Doch wie viele haben je so viel Bürgersinn, Leidenschaft und Einsatz wie diese Mutig-Entschlossene aufgebracht? Für sie war das Mahnmal eine Frage des Grundsätzlichen, nicht des Politisch-Konjunkturellen, während ansonsten der Entscheidungsvorgang, seine Rahmenbedingungen und Akteure eher pragmatisch zu verstehen sind.

Mit- oder maßgeblich entscheidend zugunsten des Holocaust-Mahnmals war das (politische) Gewicht von Kanzler Helmut Kohl. Er verstand es als Ort und Symbol ernsthafter Pietät angesichts des sechsmillionenfachen Judenmordens der NS-Deutschen und anderer williger Vollstrecker. Von zahlreichen Besuchern wird es allerdings zum Treffpunkt der Spaßgesellschaft. Die einen hüpfen von Stele zu Stele, die anderen schmusen, kuscheln oder »knutschen«. Wie schön, aber vielleicht besser doch woanders? Diese spielen Verstecken oder Fang-Mich, jene genießen ihr Picknick.

»Die Würde des Menschen ist unantastbar.« Gilt das nur für lebende Menschen, nicht für die sechs Millionen ermordeter Juden? Jedenfalls wurde so aus dem beabsichtigten Mahnmal sogar weniger als ein Denkmal, denn hier wird weniger gedacht als gelacht. Helmut Kohls Nachfolger, Gerhard Schröder, hatte sich und uns ein Holocaust-Denkmal gewünscht, zu dem man gern hingehe. Ja, »man« geht gern dorthin, weil es weder Denk- noch gar Mahnmal ist. »Nächstes Jahr in …«, nein, nicht »in Jerusalem«. Vielleicht ins KZ? Und dorthin »gern«? Das wäre im Sinne der spaßgesellschaftlichen Volkserziehung sowohl pädagogisch als auch logisch konsequent. Anything goes. Wirklich alles?

Eins zu eins: Gedenken, Denkmäler und Mahnmale als »Kunst«?

Wenn der historische, politische oder pädagogische Gedanke des Auftragebers oder Künstlers mit Mitteln der bildenden Kunst (oder gar des Kunstgewerblichen) optisch sozusagen »eins-zu-eins« veranschaulicht wird, ohne »doppelten Boden« beziehungsweise ohne Mehrschichtigkeit, sollte man eher von einem »Gedankenbild« als von Kunst sprechen: Gedanke = Bild = Gedankenbild.

»Kunst« wird erst durch die Abstraktion des Gedankens oder des vom Künstler Gesehenen ein Werk, nicht durch die bloße Abbildung. »Kunst« ist somit eher die von innen kommende und nach außen dargestellte Vision des Künstlers oder auch der umgekehrte Weg vom äußerlichen Ab- und Nachbild zum Sinnbild, zur Abstraktion. »Abstraktion« sei als Hinführung zum Wesentlichen verstanden und bedeutet nicht unbedingt den Verzicht auf Gegenständlichkeit der Darstellung.

Viele, unzählige (fast alle?) der zumindest mir bekannten geschichtlich-politisch inspirierten Denkmäler und Mahnmale, auch Holocaust-Mahnmale[161], sind solche »Gedankenbilder«. Wer sich beispielsweise an deutsche und europäische Denkmäler für die Gefallenen der zwei Weltkriege erinnert, wird kaum widersprechen. Mahnmale für Holocaust-Opfer erdrücken nicht selten durch eine fast »faschistische« Monumentalität oder entsprachen – wie das Denkmal zur Erinnerung an den Warschauer Ghettoaufstand 1943 – der Ästhetik des »Sozialistischen Realismus«. Ähnlich grauenhaft Bombastisches auch außerhalb der einst sozialistischen Welt. Die frühen Gedankenbilder in der israelischen Holocaust-Gedenkstätte Jad Waschem liefern ebenfalls Anschauungsmaterial.

Wo man hinschaut, in Deutschland oder anderswo: die immer gleichen Motive, Gedanken, Bilder und daher Gedankenbilder: bei Kriegerdenkmälern Kreuze, Soldaten oder eine Pseudo-Pietà in oft gleichen Variationen. Bei Holocaust-Mahnmalen Knochenmenschen, Menschenknochen, Menschen mit gebogenem = gebrochenem Rücken, Grabstein(e) oder Grabplatten, Waggons, Stacheldraht, Gitter.

Der Davidstern darf fast nie fehlen, denn er gilt als vermeintliche Versinnbildlichung des Jüdischen schlechthin. Völlig falsch! Erst durch die Entfernung der Juden vom Judentum, im 19. Jahrhundert, durch den Zionismus (ebenfalls eine Form jüdischer Säkularisierung[162]) und durch den NS-erzwungenen »Judenstern« wurde der Davidstern zum vermeintlichen Symbol von Juden und Judentum.[163]

Ob Kriegerdenkmal oder Holocaust-Mahnmal, Übergrößen kennzeichnen die meisten dieser Gedankenbilder, und diese Bilder entsprechen meistens den ästhetischen Qualitäten des Röhrenden Hirschen oder des Hasenohren-Kissen.

Diese überdimensionierte Eins-zu-eins-Kunst ist weder neu noch auf die bildende Kunst der Faschismen oder Sozialistischen Realismen beschränkt. Gehört das Denkmal von »Hermann dem Cherusker« in andere Kategorien? Oder die Denkmäler für Bismarck und Kaiser Wilhelm, Karl Marx, Lenin, Stalin, Ernst Thälmann? Überdimensionalität ist folglich kein Alleinstellungsmerkmal des Eisenman'schen Holocaust-Mahnmals in Berlin.

Auch das Motiv des Architekten ist nicht sonderlich originell: Das Stelenfeld als Grabsteinfeld; als Grabsteinfeld, das sicher viele an den Prager Jüdischen Friedhof erinnert. Passt die Gedankenverbindung? Dieses »weite Feld« sei hier weder betreten noch beackert.

Eins-zu-eins-Kunst findet man auch in der Musik, oft zum Beispiel in der Vertonung patriotischer Texte von Nationalhymnen (wie wohltuend ist bei der deutschen die Musik Haydns). Martialische Kriegslieder gehören ebenso wie unter anderen Vorzeichen bekennerstarke Anti-Kriegslieder in die Kategorie der Eins-zu-eins-Kunst.

Straßennamen dienen ähnlichen politischen, historischen oder pädagogischen Zwecken. Sie sind Politik ohne Kunst, reine Politik. Hier wird zudem auf jeden höheren oder pro-forma-ästhetischen Anspruch verzichtet, wenngleich Stilrichtungen und -änderungen ebenfalls nicht selten von politischen Konjunkturen beziehungsweise vom politischen Wind abhängen. Man denke an die gegenwärtige Gendermode. Nach dem weltberühmten Herrn ABC soll einstweilen – bis zum Erreichen der Frauenquote – keine Straße mehr benannt werden. Wenn überhaupt, dann nur nach Herrn und Frau, nein, Frau und Herrn ABC. Wie in Berlin der Fromet-und-Moses-Mendelssohn-Platz gegenüber dem Jüdischen Museum.

Die Lokalisierung der jeweiligen Straße im Zentrum oder an der Peripherie kann als funktionales Äquivalent der ästhetischen Kriterien bildender Kunst gelten. Noch deutlicher: Ein Straßenname im Stadtzentrum ist für die Namensentscheider weniger »gefährlich« als am Stadtrand. Stichwort: Aufmerksamkeit. Wo sich Fuchs und Hase »Gute Nacht« sagen, droht in der Regel weniger Ungemach. Beschwerden der Anwohner – weil weniger – kann man leichter ignorieren. Und sie beschweren sich bei Änderungen ihrer Anschriften, denn die kosten nicht nur für neue Visitenkarten Geld.

Ein Beispiel für politischen Wechselwind von und zu einer Person: Die »Von-Kahr-Straße« in München. Im Jahre 1993 las man hierzu in der stadtamtlichen Veröffentlichung mit einem Vorwort des Oberbürgermeisters Christian Ude und des Kulturreferenten Siegfried Hummel: Die Stadt München habe »nach dem Krieg in Untermenzing eine Straße nach« Gustav Ritter von Kahr (1862–1934)[164], einem »Opfer des Nationalsozialismus« benannt.

Richtig, als »Generalstaatskommissar« hatte dieser von Kahr am 9. November 1923 den Hitlerputsch auf dem Odeonsplatz »gewaltsam beenden« lassen. »Diesen ›Verrat‹ vergaß ihm die NSDAP nicht. Am 30. Juni 1934 wurde er im Rahmen des ›Röhmputsches‹ verschleppt und im KZ Dachau ermordet.«[165]

Irgendwann gelangte auch ins Münchener Rathaus die Tatsache, dass jener von Kahr kurz zuvor, im Oktober 1923, Juden, weil Juden, aus der Stadt vertrieben hatte.[166] Nach Entdeckung dieser vermeintlichen Neuigkeit galt in Udes Rathaus fortan folgende Version für die Namensgebung: Die Straße, belehrte der Oberbürgermeister höchstpersönlich, wäre nach dem Vater jenes 1934 von den Nationalsozialisten ermordeten Gustav Ritter von Kahr benannt. Wie der Filius hieß der Vater Dr. Gustav Ritter von Kahr. Er lebte von 1833 bis 1905 und war Präsident des Bayerischen Verwaltungsgerichtshofs. Allein ihn ehre die Straßenbenennung seit dem 2. Juli 1964.[167] Man wundert sich: Seit 1964 sollte allein des Vaters gedacht werden, doch noch 1993 nannte die Stadt, sozusagen amtlich, den Sohn als Namensgeber. Woraus wir in aller Eindeutigkeit lernen: Gedenken ist oft reine Politik, und wie die Politik unterliegt das Gedenken den wechselnd dominanten Gedanken.

Die Rückkehr der Geschichte als »Geschichtspolitik«

Willy Brandts Warschauer Kniefall war der Anfang.[168] Seit 1970 stand »Geschichtspolitik« auf der Tagesordnung nationaler und internationaler Politik. Undenkbar wäre das Berliner Holocaust-Mahnmal ohne diese Voraussetzungen, und ohne sie wäre das Vorhaben nicht durchsetzbar geworden.

Um das Urheberrecht am Begriff »Geschichtspolitik« werde ich nicht streiten. Aber ich beanspruche es – auf empirischer Grundlage. So weit ich sehe und nachforschen konnte, habe ich diesen Ausdruck erstmals im April 1988 in die öffentliche Debatte geworfen, in meinem Buch »Ewige Schuld? 40 Jahre deutsch-jüdisch-israelische Beziehungen«.[169] Konrad Repgen, der bedeutende Bonner Historiker, reagierte unverzüglich und schriftlich: Die Studie habe ihn beeindruckt, doch auf den ihm neuen Begriff »Geschichtspolitik« solle ich besser verzichten.[170] Längst gehört das Wort zum politisch-historischen Alltags- und Allerweltsvokabular deutscher Sprache.

In den späten 1980er Jahren »lag es in der Luft«, denn die Vermengung von Geschichte und Politik hatte schon seit Längerem im In- und Ausland für Luftverschmutzungen oder zumindest für »dicke Luft« gesorgt. Der Holocaust-Bezug war direkt oder indirekt allgegenwärtig. Zunächst fokussiert war er auf die sozialliberale Ost- dann Nahostpolitik und danach auf die Rahmenbedingungen deutscher Identitäts- und Wiedervereinigungspolitik.

Brandts Kniefall am Mahnmal für die Opfer des Warschauer Ghettoaufstands sollte den Gordischen Knoten deutsch-jüdisch-israelischer Spannungen durchschlagen. Juden und Israelis hatten davor – und auch danach – befürchtet, dass die traditionell pro-israelische Nahostpolitik der Bundesrepublik auf dem Altar sozialliberaler, Brandt-Scheel'scher, Ostpolitik geopfert würde.[171] Die grundsätzliche, also normativ geschichtspolitische Nähe zu »den Juden« wollte der Bundeskanzler gerade angesichts der deutsch-jüdischen Irrungen und Wirrungen der Tagespolitik aller Welt demütig veranschaulichen.

Diesem Muster folgte auch das soziallliberal-deutsche Drehbuch im Zusammenhang mit der zunehmend kontroversen Nahostpolitik von Bundeskanzler Helmut Schmidt und seines Außenministers Hans-Dietrich Genscher. Ausgehend vom arabisch-israelischen Dauerkonflikt drang das Zwillingspaar deutscher Tages- und Geschichtspolitik seit 1973/74 immer mehr in die Weltpolitik.

Eine unmittelbare Folge des arabisch-israelischen Jom-Kippur-Krieges war zur Jahreswende 1973/74 der »Öl(preis)schock«. Schlagartig erkannten westliche Politiker klarer denn je: Um wirtschaftlich überleben zu können, müsse der Westen seine Beziehungen zur arabischen Welt insgesamt oder wenigstens teilweise verbessern. Ging das auf Kosten Israels? Israel fallen lassen wollte und konnte man nicht. Aus historisch-psychologischen Gründen war dies – zumindest offen und grundsätzlich – unmöglich. Faktisch und systematisch aber begann die allmähliche Distanzierung vom jüdischen Staat. Nicht ganz anders damals die USA.

Europa und auch die USA hatten »den Juden« gegenüber ein schlechtes Gewissen, denn – vorsichtig formuliert – zur Rettung der vom Holocaust bedrohten Juden oder gar zu ihrer früheren Befreiung hatte man nicht viel getan.

Ein Drahtseilakt war notwendig, ein Weg musste gefunden werden zwischen wirtschaftsstrategischen und tagespolitischen Prioritäten einerseits und Geschichtspolitik andererseits. Für die USA kamen militärstrategische Überlegungen hinzu. Deren Grundgedanke kam Israel zugute: Im Fall der Fälle sei Israels Demokratie mit proamerikanischem Basiskonsens der einzig dauerhaft zuverlässige und daher kalkulierbare strategische Partner im Nahen Osten.

In den 1970er Jahren war für Deutschland und Europa (EG/EU) grundsätzliche, normative, geschichtspolitische Distanz zu Israel noch nicht möglich – trotz tagespolitischer Querelen, die seit

1977 wegen der von Begin und Scharon eingeleiteten Siedlungspolitik ständig eskalierten.

Das bedeutete nicht nur, doch vor allem für Deutschland: Je heftiger die tagespolitischen Kontroversen mit Israel, desto makelloser musste die normativ-geschichtspolitische Weste gegenüber dem jüdischen Staat und ganz allgemein vor der jüdischen Welt, nicht zuletzt der amerikanisch-jüdischen, sein.[172]

Wie gesagt, die heftigen tagespolitischen Kontroversen mit Israel und der jüdischen Welt hatten bereits 1970 begonnen. Das blieb in der Folgezeit bitter nötig, denn nicht nur die SPD-Linke, besonders die Jungsozialisten, distanzierten sich grundsätzlich und dauerhaft von Israel – auch als die einst Jungen alte Damen und Herren waren. Siehe Gerhard Schröder.

Im Bild gesprochen: Durch den geschichtspolitisch unübertroffenen Kniefall ihres Kanzlers und Parteivorsitzenden konnten Sozialdemokraten tagespolitisch auf Israel »herumtrampeln«, ohne geschichtspolitisch als »Verdränger«, »Relativierer« oder noch Unkorrektere verdächtigt zu werden.

Allgemeiner formuliert: Kräftige geschichtspolitische Prisen bewährten sich bei tagespolitischen Krisen. Je mehr Holocaustgedenken, desto mehr und ungefährlicher kritische Gedanken über Israel. Polemisch, aber nicht falsch formuliert: Kniefall einerseits, Fußmatte andererseits. Oder so: Wer zur Kniefall-Partei (auch im weiteren Sinne, außerhalb der SPD) gehört, glaubt das Recht zu haben, zeitgenössische Juden und besonders Israel als Fußmatte zu gebrauchen.

Diese allgemeine These gilt nur fast allgemein. Auf Lea Rosh, die Initiatorin des Berliner Holocaust-Mahnmals und ihren Förderkreis, trifft sie gewiss nicht zu.

International war 1978 jene Neu-Mischung aus Tages- und Geschichtspolitik erstmals erkennbar. Kanzler Helmut Schmidt hatte das von US-Präsident Carter im September jenes Jahres vermittelte

Camp-David-Abkommen zwischen Israel und Ägypten mehrfach und heftig attackiert, weil er (wie Frankreichs Präsident Giscard d'Estaing) keine zwei-, sondern eine allseitige, »umfassende« Nahostlösung bevorzugte – für die er so viel tat wie die übrigen Europäer: nichts. Das war auch nicht nötig, denn auf den ölguten Willen der arabischen Welt zielte die Nahostpolitik des Kanzlers. Israels Premier Begin, der Politik oft (fast immer) durch den Wahrnehmungsfilter Holocaust sah, tobte. Schmidt verstand, dass die tagespolitische Verstimmung nicht auf die Geschichtspolitik seiner Regierung überschwappen dürfe. Was tat er? Am 9. November 1978, 40 Jahre nach der »Reichskristallnacht« (die man damals noch so nannte), begab er sich höchstpersönlich in die Kölner Synagoge, um eine makellose geschichtspolitische Rede zu halten. Als jüdisches Alibi und Schutzschild begleitete ihn der damalige Ewig-Präsident des Jüdischen Weltkongresses, Nachum Goldmann, Dauer-Gegner von Begin und seiner Anhänger. Die Botschaft war eindeutig: kein Drücken vor und Abrücken von der Haftung für den millionenfachen Judenmord. Und, sicher ist sicher: Wenn der Jude A xy sagt, der Jude B yz, kann der Nichtjude risikolos sowohl xy als auch yz sagen. Das bezeugt zwar kein Rückgrat, aber taktisches Geschick.

Vergleichbar war 1978 die Washingtoner Mixtur aus Tages- und Geschichtspolitik. In der arabischen Welt waren die USA wegen des von Präsident Carter geförderten, vermeintlichen Separatfriedens zwischen Ägypten und Israel einmal mehr Zielscheibe von Kritik und Hass, was auch zwei strategische Partner der Amerikaner schwächte: Saudi-Arabien und den Schah des Iran. Dieser wurde bekanntlich am 9. Februar 1979 gestürzt (die großen Unruhen hatten im August 1978 begonnen), jenen wurde 1978 die Lieferung von amerikanischen F-15-Kampfflugzeugen versprochen. Diese Aufrüstung der Saudis entrüstete Menachem Begin, der, durchaus wörtlich, Israels Untergang, eine Art Neu-Holocaust, befürchtete. Das wiederum gefährdete im Zwischenwahljahr 1978 – in dem der

Dreiteiler »Holocaust« national und international ausgestrahlt wurde – die Aussichten der Demokratischen Partei Carters. Zu deren treuesten Wählern zählten und zählen seit der »Roosevelt Coalition« des Jahres 1936 nicht zuletzt die wahlaktiven und wahlfinanzierenden US-Juden. Um die jüdische Front wahl- beziehungsweise tagespolitisch zu stabilisieren, schlug Carters jüdischer Berater für judenpolitische Fragen, Stuart Eizenstat, vor, in Washington DC ein Holocaust Memorial zu errichten.[173] Es wurde 1993 eröffnet.

Der Sturz des Schahs gefährdete Saudi-Arabiens Monarchie noch mehr, und auch Bonn war alarmiert. Dieser so wichtige Öl-Verkäufer und zugleich Käufer deutscher Waren musste gestärkt werden. Deshalb beschloss die Regierung Schmidt-Genscher 1980 den Export des von Riad heißbegehrten bundesdeutschen Leopard-2-Panzers. Die Weisheit auch dieser Entscheidung kann hier nicht erörtert werden. Es sei nur erwähnt, dass die saudische Monarchie eher innen- als außenpolitisch gefährdet war (und blieb). Leicht erkennbar war gerade 1979/80 die innenpolitische Gefährdung des saudischen Regimes. Im November 1979 hatten einheimische Terroristen die Große Moschee gestürmt und dort ein Blutbad angerichtet. Ohne die französische Anti-Terror-Einheit, die diese dann, ebenfalls blutig, vertrieb, hätte das saudische Regime nicht überlebt. Freilich war (und ist) die innenpolitische Gefahr in Saudi Arabien nicht mit Panzern zu lösen, nur durch politische Reformen, sprich: politische Teilhabe und Teilnahme des Bürgertums – und der Schiiten im Osten des Landes. Dort, nur dort, liegen Öl und Erdgas unter saudischem Sand. Die Bevölkerung der Ostprovinz ist schiitisch, fühlt sich (und ist) von der saudischen Mehrheit unterdrückt und wird tatkräftig von außen, vom Iran, unterstützt.

Zurück in die frühen 1980er Jahre: Gegen Bonns Absicht, den Saudis die schießenden deutschen Raubkatzen, Leopard 2, zu liefern, protestierte Israel massiv. Der Streit eskalierte. Ende April 1981 besuchte Kanzler Schmidt Saudi-Arabien. Am Tag seiner Rückkehr, am 30. April 1981, strahlte die ARD ein Interview mit dem Kanzler aus: Der Weg von der Tages- zur Geschichtspolitik war nicht weit. Bewegt und bewegend sprach der Kanzler von dem Leid, das Deutschland im Zweiten Weltkrieg vielen Völkern angetan hatte. Einige nannte er ausdrücklich, das Volk der Hauptopfer, »die Juden«, erwähnte er nicht. Nicht genannte Völker fasste er unter »und so weiter und so weiter« zusammen. Nun explodierte Israels Ministerpräsident Begin. Er zauberte die Kollektivschuldthese aus dem Ärmel und gab auch dem ehemaligen Wehrmachtsoffizier Helmut Schmidt eine Mitschuld an den NS-deutschen Verbrechen. Die Folge: breite Empörung in der Bundesrepublik. Israels Sympathiewerte blieben seitdem bei Meinungsumfragen im Keller.[174] Man sollte freilich hinzufügen, dass jüngste Recherchen Helmut Schmidts Haltung im Dritten Reich zwielichtig erscheinen lassen.[175] So falsch wie 1981 die deutsche Öffentlichkeit fast unisono behauptet hatte, lag Israels Ministerpräsident jedenfalls nicht.

Geschichtspolitisch begegnete fortan nicht nur die Bundesregierung, sondern auch die deutsche Öffentlichkeit der israelischen und bald auch allgemeinjüdischen Kritik gegenüber selbstbewusster denn je. »Die Deutschen« empfanden sich nicht mehr als Drückeberger oder Verweigerer von »Vergangenheitsbewältigung«, sondern gerade »den Juden« gegenüber als geschichtspolitisch Überzeugte und der Überzeugung gemäß Handelnde. Sie sehen und präsentieren sich seitdem als Neudeutsche. Umso störender und schädlicher ist nach innen und außen das unbestreitbare Erstarken der Neuen Rechten; sichtbar seit dem Vormarsch von Pegida und AfD seit 2016/17. Ein Faktum bietet Trost: Eine Neue Rechte gebe es »nicht nur« in Deutschland, sondern fast in ganz Europa, und auch US-Präsident Trump gehöre in diese Kategorie. Mag sein, doch wirklich tröstlich ist dieser Trost nicht, denn die Ära des Faschismus seit den 1920er Jahren bis 1945 beziehungsweise 1974 (Portugal) und 1975 (Spanien) war ebenfalls ein fast gesamteuropäisches Phänomen.

Jenes neudeutsche Gefühl lässt sich empirisch belegen: durch die Allgemeine ebenso wie die Historische Demoskopie. Seit den späten 1970er Jahren favorisieren »die Deutschen« elementar Jüdisches so sehr, das sie sogar ihren Kindern massenweise jüdische Vornamen geben.[176] Guten Gewissens setzten sich immer mehr Deutsche den von Begin, anderen Israelis und Juden ihnen zugedachten NS-Hut nicht mehr auf. Wie gesagt, diese Argumentation schwächelt seit dem Aufstieg der Neuen Rechten.

Schmidts Nachfolger, Kanzler Kohl, verzichtete schnell auf den Leopard-Export an die Saudis und bemühte sich, anders als sein Vorgänger, offensiv und intensiv um die Verbesserung der Beziehungen zu Jerusalem. Auch der tagespolitischen. Er geriet an anderen geschichtspolitischen Fronten in Schwierigkeiten, die ihrerseits die deutsche Gesellschaft (be)trafen.

Im Juni 1984 gedachten die West-Alliierten ihrer Landung in der Normandie. 40 Jahre »danach« wollte auch Helmut Kohl für Deutschland, als Repräsentant Deutschlands, dabei sein. Alle sollten sehen, dass der Zweite Weltkrieg Geschichte und Deutschland nun zur Wertegemeinschaft der führenden Anti-Hitler-Völker gehörte. Man ließ ihn draußen vor der Tür.

Das Tempo der Geschichtspolitik aus, in und um Deutschland stieg in den folgenden sechs Jahren bis zur Wiedervereinigung dramatisch.

Der »Kampf um Bitburg«, April 1985: Durfte, sollte, konnte Kohl mit Reagan gemeinsam auf den Bitburger Soldatenfriedhof gehen, um sich, wie zuvor, am 22. September 1984, mit Mitterand auf dem Schlachtfeld von Verdun, stellvertretend für die Völker optisch zu versöhnen, sozusagen vom Auge ins Herz und Hirn? Kohl konnte, er ging – und wurde gescholten. Als grundsätzliche Symbolpolitik eingeleitet, wurde Geschichtspolitik Tagespolitik, statt Versöhnung Verhöhnung und Polemik. Wie auch immer, die deutsche Geschichte war mehr als zuvor auch deutsche Innenpolitik.

Elementare Geschichts- als deutsche Identitätspolitik über innenpolitische Gräben hinweg gelang wenige Tage später, am 8. Mai 1985, Bundespräsident Richard von Weizsäcker in seiner längst legendären Ansprache zum 40. Jahrestag der Befreiung von der nationalsozialistischen Diktatur. Kein Streit.

Wieder Streit: Auftritt Ernst Nolte in der *Frankfurter Allgemeinen Zeitung* vom 6. Juni 1986. Geschichtspolitische Auseinandersetzungen sind grundsätzlich, politisch, persönlich, häufiger pseudo- als wirklich wissenschaftlich, und sie sind national ebenso wie international. Selbst Weltmedien berichteten aus dem Labyrinth der deutschen Historikerzunft und all ihren Vernetzungen plus selbst zugefügter Verletzungen. Kaum ein Stammtisch, eine Abendgesellschaft der Klugen, Schönen, Reichen und Einflussreichen, Armen und Einflusslosen, wo nicht über den »Historikerstreit« gestritten wurde. Ähnlich heftig gestritten wurde, wenn ich es recht sehe, ab 2010 nur noch über Thilo Sarrazins Buch »Deutschland schafft sich ab«. Es empörte auch diejenigen, die es nicht gelesen hatten. Zu ihnen zählte Bundeskanzlerin Angela Merkel, was sie nicht davon abhielt, das Buch, ungelesen, heftig zu disqualifizieren. »Die« Juden konnten (zeitweilig) aufatmen. Da ging es nicht um sie, sondern um ihre orientalisch-islamischen »Vettern und Cousinen«.

Nie vor 1986 (und wieder ab 2010) war in Deutschland so viel Geschichte; freiwillig, ohne »Umerziehung von außen«, ins Innerste des deutschen Seins und Geschichtsbewusstseins stoßend.

Ebenfalls 1986 wurde deutsche Geschichtspolitik »großdeutsch«. Kurt Waldheim, der sich als UNO-Generalsekretär von 1972 bis 1981 israelische und diaspora-jüdische Antipathien redlich erarbeitet hatte, wurde als Kandidat der Österreichischen Volkspartei Bundespräsident. Durch Recherchen des Nachrichtenmagazins *profil* wurde bekannt, dass Waldheim in seiner kurz zuvor erschienenen

Autobiographie »Im Glaspalast der Weltpolitik« bezüglich seines Verhaltens während der Zeit des Nationalsozialismus und des Zweiten Weltkriegs gelogen hatte.[177] Wieder redete die ganze Welt über Geschichte, und Geschichtspolitik war Tagespolitik.

Im Sommer 1988 füllte der Historikerstreit zwar weniger Schlagzeilen, doch bei Geschichtsbewussten in Gesellschaft, Politik und Publizistik hallte er nach, denn er war nicht nur Ereignis, sondern Teil neudeutscher Geschichtsstrukturen. Er versprach außerdem Aufmerksamkeit. Der Historikerstreit versprach der Anti-Nolte-Mehrheit auch berufliche Sicherheit, denn sie konnte sich gesinnungs- und damit karrierepolitisch positionieren.

Zu dieser Zeit und unter diesen geschichtspolitischen Umständen gründete die Journalistin Lea Rosh mit Gleichgesinnten den »Förderverein« zur Errichtung eines, »des« Denkmals für die ermordeten Juden Europas. Die Zentralität dieses öffentlichen Themas rief förmlich nach einem zentralen Holocaust-Mahnmal nahe der einstigen NS-Mörderzentrale. Der Gedanke »lag in der Luft«, zumal Geschichtspolitik wenige Wochen später wieder tagespolitisch für nationalen und internationalen Wirbel sorgte: Zum und am 9. November 1988, 50 Jahre nach der »Reichskristallnacht«, die Deutsche in Ost und West (programmiert von Ost) fortan »Reichspogromnacht« nannten, hielt Bundestagspräsident Philipp Jenninger eine aufsehenerregende Rede, die ihn sein Amt kostete. Sein Hauptfehler war nicht das Was, sondern das Wie der Rede, was Jahre später auch Ignatz Bubis, Deutschlands »Hauptamtsjude«, einräumte: Der tumb vortragende Jenninger hatte hier und da die seinen Worten hinzuzudenkenden, notwendigen Anführungszeichen nicht ausgesprochen. Anführungszeichen als Ursache eines Karriereabsturzes.

Diesen Fehler begeht seitdem kein politisch Korrekter in Deutschland, und die meisten Deutschen sind, gottlob, politisch korrekt.

Weil Geschichtspolitik immer mehr Teil deutscher und internationaler Politik geworden war, klaffte 1987/88 im Bonner Protokoll eine peinliche Lücke: Wo sollten ausländische Gäste Kränze zum Gedenken an die Holocaustopfer niederlegen? Diese Frage war zum Beispiel im April 1987 bedeutsam, denn Chaim Herzog besuchte als erster amtierender Präsident Israels die Bundesrepublik. Meistens flogen die Staatsgäste quer durch die Republik von Bonn nach Bergen-Belsen oder Dachau und zurück nach Bonn. Gesucht war also das, was der kesse Berliner Volksmund etwas später (im Zusammenhang mit dem Holocaust-Mahnmal) als »Kranzabwurfstelle« bezeichnete. Einige der Verantwortlichen hatten hierfür ein Plätzchen im Bonner Hofgarten erspäht und erwählt. Ortskundigen war jenes Eck etwas heikel, denn dort trafen sich damals nicht die allerfeinsten Bonner Kreise: der Schwulen-Strich.

Die Lea-Rosh-Mahnmal-Initiative kannte man natürlich auch in der provisorischen Bundeshauptstadt, doch Berlin war von Bonn damals noch viel weiter weg als Bergen-Belsen, und auf der Westseite der damals noch geteilten Stadt wäre das Mahnmal nicht wirklich authentisch, weil nicht am unmittelbaren politischen Zentrum der Vernichtungsplanung gelegen. Das lag in Ost-Berlin – Reichskanzlei. Dieser mangelnden Authentizität wegen waren die authentischen Konzentrationslager inhaltlich und protokollarisch immer noch geeigneter als ein historischer Ort im Westen der geteilten Stadt.

Am 9. November 1989 fiel die Mauer, und am 3. Oktober 1990 folgte die Wiedervereinigung. Nun war beides denkbar und möglich: »Gedenken am authentischen Ort« und »Kranzabwurfstelle«. Undenkbar wäre nach 20 Jahren intensiver, weltweiter Geschichtspolitik und Welt-Diskussionen über ein vereinigungsbedingtes »Viertes Reich« der Verzicht auf ein, auf das Mahnmal gewesen. »Die Deutschen« und »die Welt« hatten – das legten Lautstärke und Häufigkeit dieser Behauptung nahe – »Angst vor Deutschland«.

Leiser waren die Stimmen derer, die »Keine Angst vor Deutschland« hatten. Zu den Nicht-Alarmisten zählte auch ich.[178]

Die Entscheidung für das Mahnmal war faktisch längst gefallen. Die deutsche Politik brauchte ein Symbol, um der Welt zu zeigen, dass man »Keine Angst vor Deutschland!« hegen musste.

Die Entscheidung nach der Entscheidung

Wir überspringen das Kapitel »Neue Wache« in Berlin. Sie wurde 1993 »Zentrale Gedenkstätte der Bundesrepublik Deutschland« mit der trauernden Mutterfigur von Käthe Kollwitz im rekonstruierten »monumental-leeren Innenraum« Tessenows.[179] Ursprünglich, so wollte es Bundeskanzler Helmut Kohl, sollte hier aller NS-Opfer gedacht werden. Einer war in dieser Frage noch mächtiger als der Kanzler: Ignatz Bubis, der Präsident des Zentralrates der Juden in Deutschland. Im Oktober 1993 hatte er der »zentralen Gedenkstätte« Neue Wache unter einer Bedingung zugestimmt: Ein, das Mahnmal zur Erinnerung an die Vernichtung des europäischen Judentums müsse errichtet werden.

Es überrascht, wie zahm die bundesdeutsche Öffentlichkeit – seit 1968/69 auf »Partizipation« sowie das »Wagnis« von »Mehr Demokratie« gestimmt und getrimmt – das Aussetzen demokratisch-institutioneller Spielregeln hinnahm. Das war sicher gut gemeint, dürfte aber die Legende Ewiggestriger von der »All- und Weltmacht der Juden« nicht gerade entkräftet haben.

Der »Einzigartigkeit« des Holocaust, so die korrekte Deutsch-Vokabel seit dem Historikerstreit, sollte und musste ein eigenes, seinerseits einzigartiges Mahnmal entsprechen. Dafür gab und gibt es gute Gründe. Sie sind bekannt und bestens dokumentiert,[180] ich möchte sie weder wiederholen noch kommentieren. Wiederholt sei nur die Tatsache, dass es 1994/95 nur einen einzigen künstlerischen

Wettbewerb geben sollte. Dabei blieb es nicht, es gab zwei. Den Übergang vom ersten zum zweiten Wettbewerb, dessen »Genesis«, wollen wir kurz darstellen und interpretieren.

»Der künstlerische Wettbewerb für das ›Denkmal für die ermordeten Juden Europas‹ ist entschieden«, meldete die Berliner Senatsverwaltung für Bau- und Wohnungswesen am 17. März 1995.[181] »Entschieden«? Von wegen. Zwei erste Preise gab es. Unverzüglich begann das öffentliche Ping und Pong: War die Entscheidung gut, richtig? Welcher der beiden Gewinner sollte Platz 1, also den Zuschlag erhalten: die Berliner Architektin Christine Jackob-Marks oder Simon Ungers, ebenfalls Architekt, in New York lebend und als ewiger Sohn des Kölner »Starbaumeisters« Oswald Mathias Ungers im Schatten des Vaters stehend und daran, am 6. März 2006, im Selbstmord endend, zerbrechend?

Das aus Künstlern und Nichtkünstlern zusammengesetzte Preisgericht hatte ausgewählt, doch nicht wirklich entschieden. Die eigentliche Entscheidung blieb den »drei verantwortlichen Gruppen«[182] – Bund, Land, Förderkreis – vorbehalten. Wozu hatte man das Preisgericht eingesetzt? Alibi, Zeitraub, Selbstzweck?

Entscheidungsablauf und -hierarchie verdeutlichen schnörkellos das Primat der Politik vor der Kunst. Sechs Personen – je zwei Vertreter des Bundes, Berlins und des Förderkreises, kein Künstler weit und breit – setzten Ende März 1995 dem Entwurf von Christine Jackob-Marks die Krone auf.[183]

»Geschmackloser geht es nicht«, hatte kurz zuvor, am 7. Juni, Zentralratspräsident Ignatz Bubis diesen Vorschlag genannt.[184] Simon Ungers sei »das beste«.[185] Ignatz Bubis, ein Verbandspolitiker, als oberste ästhetische Instanz? Gerade der demonstrative Verzicht auf Ästhetisches war Teil der eindrucksvollen inneren und äußeren Souveränität von Bubis.

Wieder, nun am 28. Juni 1995, verkündete die Senatsverwaltung für Bau- und Wohnungswesen: »Der künstlerische Wettbewerb … ist entschieden.«[186] Pustekuchen. Am nächsten Tag legte Ignatz Bubis im Feuilleton der *FAZ* nach. Erneut favorisierte er die Simon-Ungers-Variante und disqualifizierte die ausgewählte, wenngleich er sich »nicht zum ›Oberschiedsrichter‹ aufschwingen« wollte, denn: »Dazu fehlt mir auch die Qualifikation.«[187]

Klar wie keiner beschrieb Bubis, dass künstlerische Kriterien beim Entscheidungsvorgang ohnehin kein Gewicht haben sollten: »Die meisten Auslober – mit Ausnahme vielleicht von Lea Rosh – hätten mich am liebsten alles machen lassen und mir so den Schwarzen Peter zugeschoben«[188] – den er nun freiwillig aufgriff.

Der Sprecher der Bundesregierung, Peter Hausmann, ließ kurz und bündig, einen Tag nach dem *FAZ*-Interview mit Bubis, mitteilen: »Die Bundesregierung ist für die Errichtung eines Denkmals in Berlin für die ermordeten Juden Europas in Berlin … und stellt dort das Grundstück zur Verfügung. Sie leistet den vorgesehen Kostenbeitrag.[189] Die Bundesregierung unterstützt aber nicht das in der Diskussion vorgesehene Modell von Frau Jackob-Marks«, die »Diskussion über die Gestaltung des Denkmals« sei fortzuführen.[190]

»Die Bundesregierung«, das war Bundeskanzler Helmut Kohl. Er sprach gegenüber Berlins Regierendem Bürgermeister, Eberhard Diepgen, das Machtwort. Unpassend monumental sei der prämierte Entwurf, befand der kunstverständige Kanzler.[191] Natürlich, denn der von ihm selbst großzügig gewährte Platz ist groß, ja »monumental«. Pseudo-ästhetische, unfachmännische Kriterien für eine rein politische Entscheidung.

Bewusst tautologisch formuliert: Über Deutschlands »monumentalstes« Monument im Zentrum der deutschen Hauptstadt entschieden zunächst zwei Männer: der eine Spitzenrepräsentant einer Interessenorganisation, der andere die politische Staatsspitze. Zwei? Einer! Ignatz Bubis. In seiner Rede zur Eröffnung des Einführungskolloquiums für den Wettbewerb am 11. Mai 1995: »Ich begrüße es besonders, dass es eine nicht-jüdische Seite war, dass es

Nicht-Juden waren, die hier die Initiative ergriffen haben, um die Errichtung einer solchen Gedenkstätte zu realisieren.«[192] Dann war er faktisch doch der »Oberschiedsrichter«, der er vorgeblich nicht sein wollte.

Nun aber erinnerten sich die oppositionellen Sozialdemokraten und Grünen an die partizipatorische Tradition der guten alten 68er und der Wendezeit von 1989/90: Der Bundestag müsse am Entscheidungsvorgang beteiligt werden, verlangte Peter Conradi (SPD), und die Grünen priesen den Runden Tisch der End-DDR. Vorhang auf für »Colloquien zur Realisierung des Denkmals«. Darauf verständigten sich die drei Auslober am 30. August 1996.[193] Drei Auslober, drei Colloquien.[194]

Anders als von Bubis und Kohl gewollt, wurde doch ein zweiter Wettbewerb ausgeschrieben, eine »Findungskommission« eingesetzt, weiter diskutiert, wieder ausgestellt und diskutiert und gestritten. Ganz viele hatten nun mitgedacht, mitgemacht und mitgeredet.

Im Januar 1998 redete wieder nur einer: Helmut Kohl. Er votierte für den Entwurf von Eisenman und Serra, die von den Auftraggebern, also wieder der reinen Politik, um Überarbeitungen gebeten wurden.[195]

Mittlerweile haderte fast jeder mit jedem, in und zwischen den Parteien. Das Machtwort des einst so Mächtigen verhallte, zumal sich nun auch Berlins damals Regierender, Eberhard Diepgen, zunehmend und grundsätzlich vom Projekt distanzierte, ebenso wie der designierte Kulturminister der SPD, Michael Naumann. Chaos. »Possenspiel«, sagte Ignatz Bubis im März 1998.[196]

Dann der Minimalkonsens: Die Entscheidung fiel im Bundestag, am 25. Juni 1999: Eisenman (ohne Serra, die beiden waren im Zorn geschieden), überarbeitet und – ein zusätzlicher, neuer Gedanke – ein »Ort der Information«, eine Idee von Michael Naumann, der nun doch mitmachte. Das Monopol der Exekutive war gebrochen. Das Ergebnis ist bekannt und inzwischen bewundert, allein im ersten Jahr 3,5-millionenfach besucht.[197]

Sind die Besucher dieser Gedenkstätte auch Gedenkende? Zweifel sind erlaubt. Am 1. Juni 2006 wurde – gegen den erklärten Willen des Förderkreises[198] – neben dem Stelenfeld eine Ladenzeile eröffnet, wo man Geschmackvolles kaufen konnte. Plüschbären und andere Souvenirs, Würstchen, Leberkäs und natürlich Bier. Liegestühle, so die Erwartungen der Betreiber, würden der eigentliche »Knüller«.[199]

Gedenkt man (wenn man gedenkt) der verbrecherischen Geschichte und distanziert sich auch deshalb tagespolitisch, durchaus grundsätzlich, von Israel, das in der deutschen Öffentlichkeit zu den unbeliebtesten Staaten zählt?[200] Kann man auf Israel besten Gewissens herumtrampeln, weil man geschichtspolitisch (nach Brandts Warschauer Kniefall) symbolisch niederkniet, eine neue Synagoge nach der anderen baut (die meistens leer bleiben wie die Kirchen), zum Mahnmal pilgert, »den« Juden für ihre Rückkehr nach Deutschland dankt und nur unzureichend in der Lage ist, sie physisch zu schützen?

Noch eine ketzerische Frage: Ist Israels Tagespolitik vielleicht nicht auch ein Ergebnis der Geschichte? Geschichtspolitik als Absolution für Tagespolitik? So hatten sich das die Initiatoren des Mahnmals nicht vorgestellt.

*

Der geneigte Leser sei beruhigt: Ich wollte keine alten Schlachten schlagen und nachträglich die Entwürfe von Jackob-Marks oder Simon Unger durchboxen. »Das sei ferne«, zumal ich allein den Entwurf von Fritz Koenig, der im Ersten Wettbewerb den dritten Platz errang, für einen wirklich großen Wurf halte. Anders als die Auch-

Nicht-Künstler Bubis und Kohl maße ich aber mir kein Urteil über Kunst, große Kunst oder gar Geschmack an.

Am Gesellschaftsspiel »Schlagt den Kohl« habe ich mich nie beteiligt. Ganz im Gegenteil, ich zählte sogar noch 1998 zu den »Letzten Mohikanern«, die wegen der historischen Größe dieses Bundeskanzlers – vergeblich – öffentlich seine Wiederwahl empfahlen. Ich war bis 1999 »Kohlianer«. Gerade deshalb rügte ich später sein Verhalten in der »Spendenaffäre«; ebenfalls öffentlich. Weshalb? Weil sowohl in der Spendenaffäre als auch auf dem Weg zur Mahnmal-Entscheidung einzelne Personen losgelöst von Institutionen und Gesetzen handelten; »legibus solutus«. Das ist eine Maxime absolutistischer, nicht demokratischer Politik. Demokratische Politik und demokratische Politiker stehen weder über den Gesetzen noch über den Institutionen, selbst dann oder gerade dann nicht, wenn sie Gutes, Richtiges, Notwendiges wollen: zum Beispiel nach der Vernichtung des europäischen Judentums wenigstens die Erinnerung daran zu sichern. Der Weg zum Holocaust-Mahnmal führte von den absolutistischen Praktiken des 18. in die Welt des 21. Jahrhunderts, vom Post- oder gar Neo-»Absolutismus« zur Demokratie.

MISSION ERFÜLLT – EIN NACHRUF AUF DIE SPD

Die SPD hat ihre historische Mission erfüllt. Deshalb stirbt sie ab. Sozialdemokratismus, verstanden als verwirklichter und sich ständig weiterentwickelnder Wohlfahrtsstaat (nicht zu verwechseln mit dem Paradies), ist nämlich in Deutschland sowie im politisch westlichen Europa gelebter Alltag und gehört zur unumstrittenen Basis fast aller Parteien. Sogar der sozialpolitische Anspruch der Anti-System-Partei AfD und vergleichbarer »Rechtspopulisten« Europas ist nicht wirklich bestreitbar. Auch das ist ein Grund, weswegen den sozialdemokratischen und sozialistischen Parteien ihre traditionellen Wähler scharenweise davonlaufen.

Das Zeitalter des Materiellen

Seit jeher konzentrierte sich die Sozialdemokratie aufs materielle Wohl der Menschen. Das war sozusagen ihre politische DNA. Ihr Ursprung, Seinsgrund, Werden und Wachsen sowie das der Arbeiterbewegung insgesamt war das Elend der Arbeiterschaft.

Wie fürs Entstehen von Parteien überhaupt bedurfte (und bedarf) es einer gesellschaftlichen Veränderung, deren Akteure oder Opfer über keine organisierte, institutionalisierte Vertretung ihrer Teilinteressen (*pars*, lateinisch: der Teil, »Partei«) verfügen. Erst die Industrielle Revolution und das Elend der Arbeiterschaft, dann die Arbeiterbewegung. Im Laufe jeder Entwicklung kommt es oft (nicht immer) zu Spaltungen. Erst die Arbeiterbewegung insgesamt, dann ihre sozialistischen, kommunistischen und sozialdemokratischen Varianten. Erst Vorherrschaft des Adels, dann Mitsprache des Bürgertums in der und später den liberalen Parteien. Erst die Französische Revolution, dann der Konservatismus und später dessen Spaltung in ideologisierte, legitimistische Alt- und machtpolitisch pragmatische Neukonservative wie Bismarck. Erst der Antiklerikalismus der Bürgerlichen Revolutionen, dann die allmähliche Entstehung des politischen Christentums. Katholisch, lutherisch, reformiert, schließlich der »Union« Christlicher Demokraten. Erst die für jedermann sichtbare Umweltzerstörung, dann die ökologische Bewegung und ihre Grün-Partei(en). Aus den Vergangenheiten kann man durchaus auf die Zukunft schließen, obwohl das Zeitalter der Propheten (auch für jüdische Prognosen) definitiv vorbei ist: Erst Massenmigration von Muslimen nach Europa, dann, irgendwann in absehbarer Zukunft, wie in den Niederlanden, muslimische Migrantenparteien und, als Kontrapunkt, Anti-Migrantenparteien wie die AfD und andere Neue Rechte. Letztere bestehen bereits. Sie sind nicht zuletzt als Reaktion auf jene jüngere Migration zu verstehen. Sie als »reaktionär« abzustempeln, führt allein schon deshalb in die Irre, weil diese Neue Rechte auf eine neue Situation reagiert. Unbestreitbar bedient sie sich dabei auch, doch eben nicht nur, altrechter, überholter und nicht zuletzt den gesellschaftlichen Frieden gefährdender »Denk«schablonen und Sprachbilder.

Zurück vom Allgemeinen zum Besonderen. Zunächst, vom 19. bis zur Mitte des 20. Jahrhunderts, nahm sich die deutsche ebenso wie die Sozialdemokratie ganz allgemein, der Menschen »ganz unten« an, des »Proletariats«; dann, seit der Mitte des 20. Jahrhunderts, als Volkspartei, »der« Gesellschaft und dort der Schwachen und weniger gut Versorgten. Aus gutem Grund gehörte zum sozialdemokratischen (und allgemein linken) Auftreten seit jeher eine gehörige Portion moralischer Selbstsicherheit, manche würden weniger freundlich sagen: moralischer Selbstüberhöhung. Wer, wenn nicht der, der sich für »die« Schwachen und Armen, also für die »Gerechtigkeit«, einsetzt, hat »die« Moral auf seiner Seite – und kann sie der Gegenseite, zumal »den« Starken und Reichen, absprechen?

Die deutsche Sozialdemokratie konnte zudem und ebenfalls zu Recht von sich sagen: Wir waren die einzige Reichstagspartei, die im März 1933 gegen die Ermächtigung der Nationalsozialisten gestimmt hatten. Richtig, aber weder die allgemein deutsche noch die sozialdemokratisch deutsche Geschichte endete im März 1933. Das ist ein anderes Thema. Unbestreitbar konnten Sozialdemokraten sich traditionell als Vertretung der »kleinen Leute« verstehen und darstellen. Sie waren es wahrlich.

Seit den späten 1960er Jahren sind die meisten westeuropäischen Gesellschaften materiell weitgehend zufriedengestellt. Kleine Leute gab und gibt es weiterhin, doch auch deren Geldbörse wurde größer und dicker. Andere, neue Sorgen und Nöte plagten sie, nicht mehr die Angst ums nackte materielle Überleben. Postmaterialistisches bekam immer größeres Gewicht, und diese Entwicklung entzog der Sozialdemokratie strukturell den Boden unter den Füßen. Den Boden, auf dem sie stand.

Personen und Programmatik

Am Anfang der deutschen Sozialdemokratie stand ein ebenso begabter wie hitzköpfiger, idealistischer und doch pragmatischer deutscher Jude gutbürgerlicher Herkunft: Ferdinand Lassalle. Anders als (vor allem in der Revolution von 1848) der Großteil der deutschen und europäischen Bourgeoisie wollte er das *materielle Los* der Arbeiterschaft lindern. Dafür war er sogar bereit, mit Königen und Adel, allen voran mit Bismarck, ein »Soziales Königtum« zu errichten. Das widersprach natürlich der vermeintlich reinen Marx'schen (Heils-)Lehre, die ein Bündnis mit Monarchie, Aristokratie und natürlich auch der Bourgeoisie kategorisch ausschloss. Wie Marx wollte Lassalle das Los der Arbeiter beziehungsweise des Proletariats verbessern. Einig im Ziel, uneins im Weg.

Sowohl Lassalle als auch Marx waren – wie mit und nach ihnen viele andere Kommunisten, Sozialisten oder Sozialdemokraten –

Bourgeois, die ihre »Klassenherkunft« zugunsten des »Proletariats« einsetzten. Anders als Marx und die Kommunisten riss die SPD, wie Lassalle, im Kampf fürs *materielle* Wohlergehen des Proletariats von sich aus nie die Brücken zur Bourgeoisie, Aristokratie oder Monarchie ein. Das war von Anfang an bis zu ihrem Ende sowohl die Stärke als auch die Schwäche der Sozialdemokratie.

Von Lassalle bis zu den heutigen Sozialdemokraten – also nicht Sozialisten – befand sich die SPD gegenüber den »wahren Linken« einerseits in der ideologischen Dauer-Defensive und andererseits wegen der breiteren Wählerbasis im soziologischen Vorteil. Der kollektive Verstand der Mehrheitssozialdemokraten gebot, angesichts des relativ größeren Wählerpotentials, Pragmatismus. Das kollektive Bauchgefühl verlangte mehr linke, klassenkämpferische Ideologie. Weil nicht die reine Lehre vertretend, war ein Großteil der SPD ideologisch nie mit sich im Reinen. Im Kaiserreich: ja oder nein zur Monarchie; Kooperation oder Konfrontation mit der Bourgeoisie? In der Weimarer Republik: Reform oder Revolution; Parlamentarismus oder Räterepublik; Koalition, gar Große Koalition oder Opposition? Im Dritten Reich: Eindeutig war im März 1933, wie erwähnt, das Nein zur antiparlamentarischen Ermächtigung der NSDAP. Als erstmals ab 1933 der 1. Mai Arbeiterfeiertag wurde, ließen sich auch zahlreiche sozialdemokratische Arbeiter vom NS-Zuckerbrot korrumpieren. Erst recht als Mitte der 1930er Jahre quasi Vollbeschäftigung erreicht war. In der frühen Bundesrepublik, im Kalten Krieg: ja oder nein zur Westbindung, also zur Partnerschaft mit den »Mächten des Kapitals«, oder – wie die gar nicht nur sowjetisch erpresste Antwort der ostdeutschen Genossen – Fusion mit den Kommunisten, und wenn nicht diese, dann den »Dritten Weg« zwischen den Blöcken? Nach elf Jahren BRD, ab 1959, verstand und präsentierte sich die SPD im Godesberger Programm als Bürger- beziehungsweise Volkspartei, und erst 1960 bekannte sie sich zur Westbindung, die Konrad Adenauer (CDU) durchgeboxt hatte, wofür ihn SPD-Chef Kurt Schumacher 1949 als »Kanzler der Alliierten« beschimpft hatte. Früher als die anderen »Altparteien«, ausschließlich Rechtsextreme und Kommunisten, ging die SPD vor allem zu den USA auf proklamierte und dann auch politisch realisierte Distanz. Trotzdem betrieb Kanzler Helmut Schmidt seit 1979 die NATO-Nachrüstung. Widerwillig folgte ihm die Partei, um an der Macht zu bleiben. Nachdem sie im Oktober 1982 verloren war, ohrfeigte der SPD-Parteitag im November 1983 den nun ehemaligen Kanzler: Nur noch 13 Getreue stimmen mit Schmidt für die NATO-Nachrüstung, die, wie sich 1989/90 zeigte, der Grundstein für die Wiedervereinigung und Freiheit Osteuropas wurde. Als Ökologie in den 1980er Jahren ein und ab Fukushima (2011) »das« Thema wurde, hechelte die SPD (wie die anderen Parteien) als Grün-Kopie hinterher. Die SPD-Mehrheit, allen voran Willy Brandt, glühte 1989/90 für die Wiedervereinigung, doch der Kanzlerkandidat von 1990, Oskar Lafontaine, und seine keineswegs kleine, von Literatur-Nobelpreisträger Günter Grass bedichtete Anhängerschaft wollten sie nicht. Zur scheinneuen Frage »Mit den Sozialisten (im Bund) koalieren?« sagt heute die SPD-Mehrheit (noch) nein, ja sagen vor allem die jungen Wilden um Kevin Kühnert – wie 1918–23 viele der ganz Alten. Von Lassalle bis zur jetzigen Übergangs-Troika blieb die SPD in Kernfragen eine Halb-und-Halb-Partei. Halb pro, halb anti. Sowohl fürs Pro als auch das Anti gibt es jedoch andere Parteien, die das jeweils Eine ganz und eben nicht nur halb wollen.

Die SPD war von Anfang an eine Partei fürs und nicht durchs oder vom Proletariat. Sie verbürgerlichte sich allmählich und zaghaft in der Weimarer Zeit und immer flotter in der Bundesrepublik. Nach 1945 nicht zu vergessen: der Zustrom aus dem Adel. Das Proletariat? Immer weiter weg, und allmählich war das Proletariat als »Proletariat« weg. Aus Proletariern waren nämlich längst Arbeiter, dann Arbeitnehmer und schließlich (im besten Sinne) Klein-

und Mittelbürger geworden, die der quasi-messianischen Visionen und ideologischen Streitereien ihres Führungspersonals überdrüssig wurden und ihren Besitzstand nicht durch Experimente gefährden lassen wollte.

Das bedeutet: Im sozialdemokratisierten Wohlfahrtsstaat hat die Sozialdemokratie ihre historische Mission erfüllt. Sozialdemokratisches ist längst nicht mehr das Monopol der Sozialdemokratie. Es ist Allgemeingut. Das freilich ist das Verdienst der Sozialdemokratie, sprich: ihres Führungspersonals.

Zum Führungspersonal zählten durchaus Männer und Frauen »von unten«, etwa August Bebel, Friedrich Ebert, Philipp Scheidemann und später Willy Brandt, Gerhard Schröder, oder, ja, auch die Maurertochter Andrea Nahles. Jenes Ganz-Unten der frühen Altvorderen stammte allerdings eher aus dem Bereich des Handwerks und weniger der Fabrikarbeiter beziehungsweise des Proletariats. Was sozioökonomisch »unten« bedeutet, kennen behütete Juso-Beamtenkinder, wie Kevin Kühnert, nur noch aus den Lehrbüchern ihres (bestenfalls) abgeschlossenen Studiums.

Sozialdemokratische Farbenlehre

Als einzige Partei, die im März 1933 gegen die Ermächtigung Hitlers gestimmt hatte, wurde die Nachkriegs-SPD zunächst ganz selbstverständlich die Heimat der wenigen *jüdischen Rückkehrer* wie Richard Löwenthal oder Jeanette Wolff. Natürlich auch der sozialistischen Ex-Exilanten wie Willy Brandt und sogar der sozialdemokratisch gewendeten Altkommunisten wie Herbert Wehner, der im Moskauer Exil so manchen Genossen an Stalins Messer geliefert hatte.

Zur SPD strömten verständlicherweise Nachfahren des *aristokratischen* Widerstands wie Klaus von Dohnanyi. Adelig-blaues Blut kam zur SPD nach 1945 aber auch aus ganz anderen politischen

Ecken: Der Soziologieprofessor Ludwig von Friedeburg überdeckte mit linker SPD-Bildungspolitik die NS-Sünden seines Vaters. Jürgen Girgensohn, 13 Jahre Kultusminister von Nordrhein-Westfalen, war »Rottenführer« der an Kriegsverbrechen beteiligten SS-Division »Wiking«. Seine linke Bildungspolitik regte seine Gegner so auf und seine Parteifreunde so an, dass sich niemand die braune NS-SS-Vergangenheit des nun roten Genossen Jürgen anschaute. Andreas von Bülow lüftete den Stallgeruch des Mecklenburgischen Uradels mit SPD-Frischluft. Dem mecklenburgischen Landadel entstammte Peter von Oertzen. Wollte er mit linker SPD-Politik die schlimmen Erinnerungen an seinen Vater wegblasen? Der war 1919 als Freikorps-Kämpfer an der Ermordung von Karl Liebknecht und Rosa Luxemburg nicht unbeteiligt und gehörte beim Kampf um Oberschlesien dem deutschen »Selbstschutz« an.

Nicht nur unbelastet waren auch und zumindest die Vorfahren mancher bundesdeutsch *bürgerlicher Sozialdemokraten.* Zu nennen wäre zum Beispiel Sigmar Gabriel. Die Sünden des Vaters, der, so der Sohn, »ein unverbesserlicher Nazi und Holocaust-Leugner« war, sind natürlich nicht seine. Dass der Filius sozialdemokratische NS-Opfer mit jüdischen und Israels Palästinenser-Politik mit der einstigen Apartheid in Südafrika gleichsetzte – bis er Gegenwind bekam –, lässt mehr als nur Wissenslücken ahnen.

Auch *ehemalige Jung-Nazis* fanden in der SPD ihre neue politische Heimat: der (später) »Rote Rudi« Arndt, Frankfurts legendärer Oberbürgermeister. Horst Ehmke, Willy Brandts rechte Hand im Kanzleramt, zuvor hochangesehener Jura-Professor, um dessen braune »Jugendsünden« sich seine Freiburger Universität so wenig wie andere Personen oder Institutionen der akademischen oder politischen Welt kümmerte. So wenig wie die Münchener Ludwig-Maximilians-Universität, die CSU, die Zunft bundesdeutscher Juristen sowie der C. H. Beck-Verlag, der »den« von Theodor Maunz federführend herausgegebenen, quasi verbindlichen Grundgesetz-

Kommentar veröffentlichte. Maunz »diente« (Vorsicht, Ironie) Deutschland auch nach seiner Zeit als einer der Quasi-NS-Hofjuristen in Bayern von 1957 bis 1964 als Kultusminister. Als seine NS-Vergangenheit bekannt wurde, musste er zurücktreten und verfasste fortan anonym auch Artikel in der Alt-Neu-Nazisten Postille *National-Zeitung*. Wer blickte auf die NS-Jahre vom braunjugendlichen (O-Ton Herbert Wehner) »Pietcong«, des nun rötlichen Erhard Eppler und/oder des SPD-Super-Ökonomen Karl Schiller, der im Dritten Reich mehr als nur stramm mitlief? Am 15. Juli 1969 schrieb der Schriftsteller Günter Grass, damals aktiver SPD-Wahlwerber, dem einstigen SA- und NSDAP-Mitglied Schiller einen Brief. Er wolle ihn »unumwunden bitten, bei nächster Gelegenheit, und zwar in aller Öffentlichkeit, über Ihre politische Vergangenheit während der Zeit des Nationalsozialismus zu sprechen … Ich hielte es für gut, wenn Sie sich offen zu Ihrem Irrtum bekennen wollten. Es wäre für Sie eine Erleichterung und gleichfalls für die Öffentlichkeit so etwas wie ein reinigendes Gewitter.«[201] Grass' Aufforderung Schillers zur Nazi-Beichte entbehrt nicht einer gewissen Peinlichkeit. Seine eigene NS-Waffen-SS-Vergangenheit enthüllte der Literatur-Nobelpreisträger Grass selbst erst im Jahre 2006. Manche trinken eben gerne Wein, obwohl sie Wasser predigen. Bestenfalls umstritten ist Helmut Schmidts Haltung im Dritten Reich.[202] Das hinderte ihn nicht daran, am 30. April 1981 in der ARD zu verkünden, dass deutsche Politik künftig nicht mehr von Auschwitz überschattet werden dürfe. Helmut Schmidts Freund, der Schriftsteller Siegfried Lenz, hat mit seiner »Deutschstunde« das Braun des Malers Emil Nolde geweißt.

Ob Noch-Proletarier, auch klein- oder großbürgerlich, adelig, aus dem Milieu des Widerstands, der Mitmacher, Mittäter, Mitläufer oder Juden – unter dem Dach der Nachkriegs-SPD gehörte man dank der Otto-Wels-SPD, die im März 1933 mutig gegen das Ermächtigungsgesetz gestimmt hatte, automatisch zu den anständigen Deutschen. Alle »Sozis« wurden Brüder und als SPD-»Genossen«, unabhängig von der eigenen oder elterlichen Vergangenheit, schlicht Sozialdemokraten. So gesehen war die SPD bereits vor dem Godesberger Programm eine echte deutsche Volkspartei.

Jedoch: Von der Pest des liquidatorischen Antisemitismus war die SPD als Ganzes tatsächlich nie befallen – sehr wohl allerdings vom »klassisch«-diskriminatorischen. Auch in der Weimarer Republik und ebenfalls in der Exil-SPD während des Dritten Reiches. Diese Judenpolitik fand ihre bundesdeutsche Fortsetzung in Antizionismen und Antiisraelismen der SPD von Willy Brandt über Helmut Schmidt und Gerhard Schröder bis zu Sigmar Gabriel und Martin Schulz sowie frühere und heutige Juso-Mehrheiten. Basierend auf (in Deutschland nie veröffentlichten) Studien des israelischen Historikers David Bankier sowie eigenen Forschungen finden interessierte Leser hierfür zahlreiche Belege in meinem Buch »Friedenskanzler? Willy Brandt zwischen Krieg und Terror« (2018).

Die seit ihren Anfängen und besonders in Bundesdeutschland zunächst immer breiter gewordene Soziologie und Ideologie der SPD wurde durch die Biologie und die Ökonomie erst ausgehöhlt und schließlich aufgelöst. Ökonomisch, materiell, wurden aus dem einstigen Proletariat Klein- und Mittelbürger. Und biologisch? Fast alle Exilanten, Widerständler, deren Nachfahren und die sozialdemokratisch gewendeten oder gereinigten Jung-Nazis sind tot. Nach 70 Jahren erfolgreicher Demokratie verfügt die SPD zudem längst nicht mehr über das von ihr lange allein beanspruchte Anti-NS-Gütesiegel.

Das seit Willy Brandts Ostpolitik (1969–1972/73) reklamierte *Monopol der Friedenspolitik* verlor die SPD unter Gerhard Schröders (und des Grünen Joschka Fischer) Regie vollends. Zuerst im Kosovokrieg 1999 und endgültig ab 2002, als sie, so SPD-Verteidigungsminister Peter Struck (SPD), Deutschlands Freiheit am Hindukusch, also in Afghanistan, zu »verteidigen« begann.

Ihren sozial- und »gerechtigkeits«-politischen Vorsprung opferte sie, ebenfalls unter Gerhard Schröder, zugunsten *wirtschaftspolitischer Kompetenz* durch die Hartz-Reformen der Jahre 2003 bis 2005, ohne Wirtschaftspartei zu werden. Da half auch der »Kanzler der Bosse« nicht. Schon gar nicht, nachdem dieser nach seinem Rücktritt von 2005 der hochbelohnte Gehilfe eines anderen Bosses wurde: Wladimir Putin. Nicht zuletzt verlor die SPD seit dem nicht nur durch den vom DDR-Spion Guillaume bedingten, sondern auch von Herbert Wehner und Helmut Schmidt forcierten Sturz Willy Brandts (1974) sowie die immer brutaleren und häufigeren »Palastintrigen« den Nimbus von Anstand und Solidarität.

Parteien sind, wie alle Menschen, fehlbar und nie fehlerfrei. So auch die SPD. Fest steht: Die SPD, die Sozialdemokratie ganz allgemein, hat ihre historische Mission erfüllt: »Die da unten« ohne Blutvergießen nach oben gebracht und Sozialdemokratismus, im Sinne überparteilicher und axiomatischer Wohlfahrtsstaatlichkeit, fest etabliert zu haben. Gleiches zu wollen, gaben »die« Kommunistischen Parteien vor. Das war bekanntlich blutiger Betrug. Er kostete weltweit rund 60 Millionen Menschen das Leben. Daraus folgt bilanzierend: Die Menschheit verdankt der Sozialdemokratie unendlich viel Menschlichkeit, auch wenn es dort, wie überall, menschelt. Reiche kommen, und Reiche vergehen. Parteien kommen, und Parteien verschwinden. »Alles hat seine Zeit …«

DEUTSCHE VOLKSTRAUER: WER TRAUERT HIER UND WOZU?

Am Volkstrauertag sollten Deutsche zwei Fragen stellen:

1) Wer ist das deutsche Volk?
2) Wer trauert in Deutschland worüber und wozu?

Wer ist das das deutsche Volk?

Das deutsche Volk ist, wie jedes andere Volk, vor allem eine *Lebensgemeinschaft*, eine *Kommunikationsgemeinschaft*, und eine *Haftungsgemeinschaft*. Die Kinder von Türken oder anderen Ausländern, die seit Jahrzehnten in Deutschland leben, sind zwar im Allgemeinen keine deutschen Staatsbürger, aber sie gehören zweifellos zur Kommunikationsgemeinschaft der Deutschen, weil sie mit und bei uns leben.

Herkunft, Sprache oder auch die gemeinsame Geschichte gehören heute in Deutschland, wie in anderen Staaten Europas, eben nicht mehr unbedingt zu den Kennzeichen der jeweiligen Gemeinschaft im Staat. Doch dieser Staat bleibt trotz aller internationalen Verflechtungen der entscheidende Bezugspunkt der Kommunikation.

Jede staatlich-nationale Kommunikations- und Lebensgemeinschaft, jedes Volk, ist zugleich auch eine *Haftungsgemeinschaft*. Bei Erfreulichem stößt sich keiner daran. Wenn die Nationalmannschaft im Fußball gewinnt, haben »wir« gewonnen. Mit der geschichtlichen Haftung tut sich jedes Volk schwerer, auch das deutsche Volk.

Auf meine These von der Haftungsgemeinschaft entgegnete mir ein Lehrer: »Wie kann ich einem deutschen Schüler türkischer Herkunft oder auch einem jüdischen Schüler erklären, dass er als deutscher Staatsbürger Teil der deutschen Haftungsgemeinschaft sei?« Die Antwort ist einfach: Geistes-, familien- und herkunftsgeschichtlich haftet der Deutsche türkischer Herkunft oder der in Deutschland lebende Jude natürlich nicht für den millionenfachen Judenmord. Doch als deutsche Staatsbürger gehören Deutschtürken und Juden *politisch* der deutschen *Haftungsgemeinschaft* an.

Ein Beispiel: Deutsche Juden zahlen Steuern in Deutschland. Ihr Geld fließt deshalb wie das Geld aller deutschen Staatsangehörigen auch in die finanzielle Wiedergutmachung und Entschädigung von Juden außerhalb Deutschlands.

Die heutige Gemeinschaft in Deutschland, das deutsche Volk, ist (unabhängig von der Wiedervereinigung) inzwischen noch weniger einheitlich, als es je war. Das deutsche Volk ist heute so wenig einheitlich wie das französische und das US-amerikanische; national, konfessionell, kulturell und ethnisch. Wer dies nicht erkennt, ist blind für die gesellschaftlich-geschichtliche Wirklichkeit.

Was tun? Das deutsche Volk muss, wie viele andere westeuropäische Völker, seine neue Multiidentität als Realität wahrnehmen, also zunächst erkennen, beschreiben und bestimmen. Wie viel bleibt dann vom Alten erhalten? Kulturell und konfessionell zum Beispiel. Wie viel Neues wird die neue Identität prägen: Deutsches, Europäisches, Kosmopolitisches? Brauchen wir neue Bezugspunkte und Symbole oder kann es bei den alten bleiben, zum Beispiel beim Volkstrauertag? Das sind zentrale Fragen.

Innere Bindemittel müssen teilweise, freilich nicht für alles und jedes entwickelt werden. Sie schaffen und stärken die innere Verbindung im Volk sowie zwischen Volk und Staat und Nachbarstaaten. Ohne diese inneren Bindemittel zerbröselt die Gemeinschaft eines jeden Volkes. Dabei müssen diejenigen mit traditioneller deutscher Herkunft wissen, was ihr geschichtliches, konfessionelles und kulturelles Erbe ist; was sie bewahren und was sie verändern wollen.

Im Klartext: Sie müssen ihre Wurzeln kennen, nicht zuletzt ihre Geschichte; Licht und Schatten ihrer Geschichte; beides gibt es.

Auch ohne die Entwicklung zur multinationalen und multikonfessionellen Gesellschaft droht der traditionelle geistig-geistliche Kern des deutschen Volkes zu zerbröseln. Das gilt zumindest in Bezug auf die konfessionell-christlichen Grundlagen. Konfessionelle Fragen sind moralische Seinsfragen, sie geben dem Dasein Sinn und sind der zivilisatorische Kitt einer Gesellschaft.

Sie verstehen, dass ich als bewusster Jude die Entchristlichung des deutschen Volkes und den Streit um Kruzifixe in der Schule lediglich als interessierter Zuschauer beobachte. Um Ihre Sache geht es, nicht um meine, nicht um unsere gemeinsame. Oder doch?

Nur wer Wurzeln hat (und das Christentum zählt zu den Wurzeln dieses Volkes), kann sich selbst annehmen, persönlich und kollektiv, national und konfessionell. »Liebe deinen Nächsten wie dich selbst.« Eben: »wie dich selbst«. Erst wenn du dich selbst liebst, kannst du deinen Nächsten lieben. Wer sein geistiges und geistliches Erbe vernachlässigt und lässig verspielt, schafft sich selbst die eigene Leere und hat keine Wurzeln. Wie ein wurzelloser Baum fällt auch jeder wurzellose Mensch – jede wurzellose Gesellschaft. Es bedarf dazu keines Sturmes, ein Windhauch genügt.

Wer sich selbst und sein inneres Erbe nicht annimmt, ist weder innen- noch außenpolitisch friedensfähig. Wie soll und kann man andere lieben, wenn man schon sich selbst nicht liebt oder gar verabscheut? Damit die Gruppen gerade einer zunehmend multinationalen Gesellschaft zueinander finden, muss jede Gruppe zunächst zu sich selbst gefunden und sich selbst angenommen haben. Gewiss, viele sind in Deutschland und in anderen modernen Gesellschaften der Religion entfremdet, sie bürsten ihr religiöses Erbe wie einen Dreckfussel von ihrer geistigen Kleidung ab. Wer garantiert aber, dass andere und spätere Deutsche nicht auch ganz andere Teile ihres geschichtlichen Erbes sozusagen abbürsten: zum Beispiel die Haftung für den millionenfachen Judenmord, Adolf Hitler, die Torheiten wilhelminischer Außenpolitik, den Ersten und Zweiten Weltkrieg, die Maueropfer und die Opfer der DDR-Todesstreifen?

Wenn christliche Deutsche heute so lässig über ihre Religion, also über ihre persönliche Erlösung reden, wie werden sie morgen über die »Endlösung« sprechen?

Wenn das deutsche Volk inzwischen mehr denn je multinational, multikulturell und multikonfessionell sowie teilweise unkonfessionell ist, wird die Vermittlung der historischen Trauerbezüge der Deutschen den Deutschen immer schwerer zu vermitteln sein. Wie also können wir diese Trauerbezüge vermitteln? Zum Beispiel die Trauer über beide Weltkriege, den Holocaust oder die deutsche Teilung und deren Opfer?

Ich habe keine Antworten, aber ich höre diese Frage zu selten. Und wer diese unbequeme, doch wichtige Frage nicht stellt, wird keine Antworten und damit keine Lösungen für die künftigen Probleme des deutschen Volkes finden.

Wer trauert heute in Deutschland worüber und wozu?

Die »Unfähigkeit, zu trauern«, ist »den Deutschen« nach 1945 immer wieder vorgeworfen worden. Das sind kollektive und deshalb wertlose Schablonen.

Gerade in diesem Jahr, 50 Jahre nach dem Ende des Zweiten Weltkrieges, der mehr als 50 Millionen Menschen das Leben kostete, hat die deutsche Öffentlichkeit der Welt und sich selbst bewiesen, einmal mehr bewiesen, dass sie sehr wohl willens und fähig ist, zu trauern.

Kann ich als deutscher Jude mit Ihnen allen über dieselben Opfer trauern? Sie werden verstehen, dass es in dieser Allgemeinheit nicht möglich ist. Aber mit Ihnen kann ich sehr wohl um den einzelnen deutschen Soldaten trauern; um Menschen, die kaum einer kennt oder nennt: um einen Mann wie Guido Reiss aus dem Saarland. Er war stets ein gläubiger Mensch, ein praktizierender Christ, hatte mit den Nazis nichts, aber auch gar nichts gemein, musste in die Wehrmacht und fiel im April 1945. Mit Ihnen kann ich sehr wohl über deutsche Soldaten wie den Maler Alfred Reeder aus Stuttgart trauern, den Freund und Kollegen meines Schwiegervaters. Wie mein Schwiegervater war Alfred Reeder ein junger expressionistischer Maler, bis zum Januar 1933 ein aufsteigender Stern am deutschen Malerhimmel. Seit dem Frühjahr 1933 durfte Reeder (ebenso wie mein Schwiegervater) seine Bilder nicht mehr ausstellen, weil die Nationalsozialisten sie als »entartet« einstuften. Die Bezeichnung war 1933 noch nicht amtlich, aber sie war schon politisch wirksam. Alfred Reeder fiel in Norwegen. Er hatte sich, weil unverheiratet, freiwillig zu einer Art Selbstmordkommando gemeldet, um einen verheirateten Kameraden, unschuldig wie er selbst, zu retten. Um all diejenigen, die für Hitler kämpfen mussten, aber nicht wollten und dabei fielen, kann ich auf der rein mitmenschlichen Ebene mit jedem Deutschen über diese Toten trauern.

Auf der politisch-geschichtlichen Ebene gilt meine Sympathie freilich denen, die gegen Hitler Krieg geführt haben und dabei Deutsche, viele, sehr viele unschuldige Deutsche töten mussten. Subjektiv haben auch die unschuldigen Deutschen gelitten, sie wurden geschunden, missbraucht und getötet. Objektiv haben diese Schuldlosen ein verbrecherisches Regime gestützt, das nicht zuletzt meine Familie und meine jüdischen Glaubensgenossen verfolgte, vernichtete und vergaste.

Diese vielschichtige Trauer über die Vergangenheit verbindet uns, und sie trennt uns zugleich. Die Aufgabe der Gegenwart und Zukunft verbindet uns aber. Sie lautet: Wir bauen gemeinsam eine demokratische und menschliche Bundesrepublik Deutschland in Europa.

Ich frage ketzerisch: Ist es nicht einfach, über die Toten zu trauern? Je länger sie tot sind, desto leichter die Trauer.

Ja, aber auf die Lehren der Todesursache, also auf die Lehren der Geschichte komme es an, werden mir manche entgegenhalten.

Richtig. Diese Lehre heißt: Das Leben der Lebenden muss geschützt werden, Tränen über die Toten reichen nicht aus. Die Funktion der Trauer ist, das Leben zu sichern.

Das bedeutet politisch: Nie wieder Aggression und Völkermord hinnehmen, nie wieder Appeasement, also Beschwichtigung, gegenüber Aggressoren und Völkermördern.

Haben wir in Deutschland, in Europa, in der Welt diese Lehren wirklich gezogen? Nein. Fernsehend haben das deutsche Volk und andere Völker in den letzten Jahren weggesehen, wie zum Beispiel in Bosnien Aggression und Völkermord zu lange belohnt wurden. Trotzdem hatten viele ein gutes Gewissen. Recht besehen war es gewissenlos. Denn wie kann man ein gutes Gewissen behalten, wenn man vom Völkermord in Bosnien, Ruanda, Burundi, Sudan oder Tschetschenien fernsehend wegsieht und untätig bleibt? Wie kann man das Wegsehen der fernsehlosen Eltern und Großeltern im Dritten Reich anprangern, während man selbst fernsehend wegsieht und untätig bleibt?

Man entlastet das schlechte Gewissen durch Ersatzhandlungen: Man organisiert wegen der Meeresverschmutzung durch eine Bohrinsel den Boykott von Tankstellen und wegen der französischen Atomversuche den Boykott von Champagner. Empörung über Meeresverseuchung und Atomversuche? Ja. Aber bitte keine Empörung ohne Gewichtung.

Am Volkstrauertag sei nicht nur den Deutschen gesagt: Ihr Völker der Welt, schaut auf Völkermorde und verhindert sie. Bevor ihr Tankstellen und Champagner boykottiert, rettet bedrohte Menschen. Trauer verpflichtet, denn Völker trauern, um menschenwürdig zu leben. Das ist der Sinn jeder Volkstrauer: Trauern, um menschenwürdig zu leben.

6 X DEUTSCHLAND. ZUR DEUTSCHEN GESCHICHTE IM 20. JAHRHUNDERT

Den Rhein, Deutschland und die Deutschen verbindet vieles, nicht zuletzt eines: Der Rhein ist und bleibt der Rhein. Ein Fluss. Deutschland bleibt ein Land beziehungsweise Staat, auch wenn sich die Grenzen nicht nur im 20. Jahrhundert änderten. Staatsbürger Deutschlands sind seit jeher die Deutschen.

Der Rhein ist stets derselbe Fluss, aber er führt nie dasselbe Wasser. Deutschland ist als Staatsbegriff stets der Staat Deutschland, aber allein im 20. Jahrhundert gab es sechs verschiedene Deutschlands. Deutschland ist Deutschland, aber nicht dasselbe. Stets blieben die Deutschen die Staatsbürger Deutschlands, aber vom Anfang bis Ende des 20. Jahrhunderts waren es oft und lange eben nicht immer dieselben. Nicht immer, aber oft waren es dieselben Deutschen.

Die Deutschen, diese Deutschen – das waren natürlich auch im 20. Jahrhundert die Menschen, die Deutschland hatte. »And're jab et nich'«, pflegte Konrad Adenauer nach 1945 zu sagen.

Wenn er oder sie überlebte, erlebte dieselbe oder derselbe Deutsche im 20. Jahrhundert sechs Deutschlands: Erstens das Kaiserreich. Zweitens die Weimarer Republik. Drittens das Dritte Reich der NS-Verbrecher. Viertens die Bundesrepublik Deutschland als Westdeutschland. Fünftens die DDR als Ostdeutschland und schließlich sechstens seit 1990 die Berliner Republik als Addition von West- und Ostdeutschland.

Nehmen wir als Beispiel meinen Schwiegervater, Wilhelm Braun-Feldweg. Geboren 1908, gestorben 1998. Expressionistischer Maler, Ausstellungsverbot ab 1933, wirklich (!) nie Nazi, 1939 bis 1945 Offizier der Wehrmacht, 1945 bis 1948 britische Kriegsgefangenschaft in Ägypten, danach einer der Pioniere des bundesdeutschen Designs, des – Fachleute legen Wert auf diesen Begriff – »demokratischen Designs«. Alle sechs Deutschlands hat er durchaus bewusst erlebt, erlitten und bis ans natürliche Ende seiner langen Tage überlebt. Anders als der Fluss und sein Wasser blieb er er selbst. Er war zu jung, um Monarchist zu sein, aber das Knäblein trug brav, wie so viele, einen Marineanzug. Gleichgeschaltet nach außen. Innen Lichtjahre vom kaiserlichen Flotten-Humbug entfernt. Er trug die Uniform der Wehrmacht, kämpfte für sie und hasste den Nationalsozialismus. Und so weiter und so weiter. Äußerlich vollzog er jeden Wechsel mit. In seinem Innern blieb er gleich, sich gleich. In welche Kategorie »der« Deutschen im 20. Jahrhundert fällt er?

Sicher haben andere Deutsche der gleichen Lebenszeit sich dem jeweiligen Deutschland besser angepasst oder, je nachdem, widersetzt. Für unsere Analyse ist entscheidend, und da hatte »Der Alte aus Rhöndorf« ja so Recht: Das waren die Menschen, »And're jab et nich'«. Das waren »die« Deutschen, andere gab es nicht. Es gab solche Deutsche, und es gab solche Deutsche. Monarchisten und Antimonarchisten, Republikaner und Antirepublikaner, Nazis, Nicht-Nazis, Mitläufer, Nachläufer, Widerstandskämpfer.

Wenn wir den Begriff »Deutscher«/»Deutsche« nicht nur im engen Sinne als Passdeutsche, sondern, gemäß Artikel 116 Grundgesetz, auch »Volksdeutsche« in die Kategorie »Deutsche« miteinbeziehen, wird die Betrachtung von Kontinuität und Wandel der »Deutschen Geschichte im 20. Jahrhundert« noch vielschichtiger. Ich belasse es bei den Passdeutschen, muss aber – es gefalle oder nicht – auf das Nebenthema »Volksdeutsche« hingewiesen haben.

Mein Ansatz fokussiert die Menschen in Deutschland, die breite Öffentlichkeit und nicht die Positionseliten, also nicht Ministerium oder Behörde A, B, C und so weiter, sondern Lieschen Müller und Fritz Schulze. Allerdings Lieschen Müller und Fritz Schulze auf der empirischen und repräsentativen Makroebene, nicht auf der individuellen Mikroebene. Welche Indikatoren benutze ich, um empirisch-repräsentative Aussagen über »die« Deutschen zu treffen, also über die öffentliche Meinung der Deutschen in Deutschland?

Umfragen sind das beste Instrument. Oft sind sie nicht gut, aber es gibt kein besseres Instrumentarium. Doch Umfragen in und für Deutschland gibt es erst nach dem Zweiten Weltkrieg.

Wir benötigen für die Zeit bis 1945 eine andere Methode, um die öffentliche Meinung in vordemoskopischer Zeit (also vor der Ära der Umfragen) zu ermitteln. Oft wird über öffentliche Meinung in vordemoskopischer Zeit gesprochen und geschrieben. Bei genauem Hinsehen stellt man freilich fest, dass dabei meistens öffentliche und veröffentlichte Meinung oder gar subjektive Beobachtungen sowie Zeugnisse als öffentliche Meinung dargeboten werden. Ein krasser methodischer Mangel, nein, Fehler ist das. Inakzeptabel.

Vornamen sind ein vortrefflicher Indikator für öffentliche Meinung in vordemoskopischer Zeit. Wer einen Vornamen zum Zeitpunkt 1 vergibt, gibt zum Zeitpunkt 1 ein Zeichen von innen nach außen. Von dem, was ihm/ihr gefällt oder missfällt, mit wem oder was er/sie sich identifiziert und so weiter und so weiter. Dabei gibt es durchaus Moden. Doch was sind Moden anderes als öffentliche Meinung? Die große Elisabeth Noelle-Neumann hat das überzeugend in ihrem Klassiker »Die Schweigespirale« erläutert und bewiesen.

Natürlich war es in der Kaiserzeit modisch, den Sohn Wilhelm oder Friedrich zu nennen. Ab 1930 wurde es bei manchen – entscheidende Frage: bei wie vielen? – Mode, den Sohn Adolf zu nennen oder Horst nach Horst Wessel. Erst recht ab 1933. Ab wann aber war Schluss mit dieser Mode? War Schluss? Ab wann genau und bei wie vielen und wie lange und dauerhaft? Orientierten sich »die« Deutschen – sprich ihre Mehrheit oder wie viele anteilig? – an der jeweiligen Obrigkeit? An der Tradition? Der Religion? Dem Deutschtum, was immer es sein sollte? Am Ausland? An welchem Ausland? Ausführlich habe ich diese Fragen, gemeinsam mit meinem Kollegen Thomas Brechenmacher von der Universität Potsdam, beantwortet. In zwei Büchern. Erstens in »Die Deutschen und ihre

Vornamen. 200 Jahre Politik und öffentliche Meinung« (München 1999) sowie zweitens, bezogen auf die (ja »die«) deutschen Juden in »Deutschland, jüdisch Heimatland. Die Geschichte der deutschen Juden vom Kaiserreich bis heute« (München 2008).

Ich fasse vor allem die Ergebnisse von »Die Deutschen« in Thesen zusammen und verweise zur Methode ebenso wie bezogen auf die Ein- und Zuordnung einzelner Namen in Namenskategorien auf beide Veröffentlichungen. Dort wird beides ausführlich beschrieben.

Für die Zeit nach 1945 gibt es, wie gesagt, Umfragen. Vergleiche mit den vorherigen Perioden sind freilich nur möglich, wenn man die gleichen Indikatoren verwendet, also wieder Vornamen. Um unsere Messschärfe zu überprüfen, haben wir unsere Ergebnisse mit Umfragedaten ab 1945 verglichen. Auch mit der großen Alten Dame der deutschen Demoskopie, Elisabeth Noelle-Neumann, der wir das Buch »Die Deutschen« gewidmet hatten. Das Ergebnis: Trends und Proportionen unserer Indikatoren und der Umfragen stimmten überein.

Dass auch andere Aspekte der Deutschen Geschichte im 20. Jahrhundert hervorzuheben wären, versteht sich von selbst.

I. Thesen über »die« Deutschen im 20. Jahrhundert

Dramatisch ist, nicht unerwartet, der Traditionsbruch im 20. Jahrhundert. Auch das 19. Jahrhundert war nicht gerade arm an politischen, wirtschaftlichen, militärischen, gesellschaftlichen, religiösen oder kulturellen Brüchen beziehungsweise Veränderungen. Doch zwischen 80 und 90 Prozent der Deutschen hielten ungebrochen auch angesichts der Brüche an herkömmlichen Identifikationen fest.

Wie kann man Identifikationen messen? Indem man die in einem bestimmten Zeitraum oder zu einem bestimmten Zeitpunkt vor- oder nichtdemoskopischer Zeiten vergebenen Vornamen »misst«; auf der (nationalen) Makroebene misst. Wenn Eltern zum Beispiel im Jahre 1933 für ihren Neugeborenen den Vornamen »Adolf« wählten, so war dies von innen (also ihrer Gesinnung) nach außen, an die Um- und Mitwelt, ein ganz und gar anderes Zeichen als etwa im Jahre 1910 oder zu einem anderen Zeitpunkt vor Aufstieg und »Triumph« des »Führers«.

Die Tradition

Zwischen 1900 und 1918 sinkt der Anteil der Traditionalisten allmählich, und zwar von 55 Prozent auf knapp 50 Prozent im Jahre 1918.

In den Weimarer Jahren sank der Anteil der Traditionalisten von 50 Prozent auf 38 Prozent, in der NS-Zeit auf 29 Prozent, in der Alt-BRD bis 1990 auf 15 Prozent.

In der DDR suchten 1960 knapp 15 Prozent deutsche Tradition, 1975 nur zehn Prozent, doch bis 1990 stieg der Anteil auf 20 Prozent.

Die Deutschen und ihre Obrigkeit

Glichen die Deutschen dem »Untertan«, den Heinrich Mann in seinem gleichnamigen Roman gnadenlos karikiert hatte? Karikaturen enthalten Wirklichkeit, sie sind aber keine Wirklichkeit.

Die jeweils folgenden Identifikationsbereiche der Deutschen müssen stets vor allem mit der Traditionsidentifikation verglichen werden. Wir können hier methodisch nur unterschiedliche Intensitäten der Identifizierung messen. Konkret: Ob A oder B sich stärker mit der Tradition oder der Obrigkeit identifizierte, oder umgekehrt. Wir haben es mit einer Rangfolge der Identifikationen zu tun, mit Prioritäten. Sie geben weniger genaue Proportionen, dafür eher

Trends beziehungsweise Richtungen an, denn die jeweiligen Identifikationsfelder schließen einander oft nicht aus.

Vom frühen 19. Jahrhundert bis zur Reichsgründung identifizierten sich 1809 mit der Obrigkeit 53 Prozent, 1869 waren es rund 30 Prozent. (Diese Zahlen beziehen sich nur auf München.)

Ein ganz anderes Bild von 1903 bis 1918. Nur noch zwischen sechs und sieben Prozent identifizierten sich mit der kaiserlichen oder königlichen Obrigkeit.

Die Legende besagt: Die Deutschen hätten in der Weimarer Republik eine starke Kaisernostalgie verspürt. Davon ist in der repräsentativen Empirie nicht viel zu verspüren, sprich: zu erkennen.

Der Anteil derer, die sich mit der kaiserlich-königlichen Obrigkeit identifizierten, sank von sechs auf fünf Prozent und im Dritten Reich auf etwas über vier Prozent.

Was erfahren wir über die Deutschen im Dritten Reich? Wann identifizierten sie sich wie stark mit dem NS-ideologischen Paket? Die germanisch-nordische Ideologieballung zog um 1900 rund 20 Prozent der Deutschen an. 1919 waren es bereits knapp 30 Prozent, 1933 etwas über 40 Prozent (Man beachte: Bei den Wahlen vom 5. März 1933 erhielt die NSDAP rund 44 Prozent).

Höhe- und Wendepunkt der Identifizierung war die Jahreswende 1942/43. Stichworte sind El Alamein am 23. Oktober 1942, die Landung der US-Truppen in Marokko am 7. November 1942 und natürlich Stalingrad (2. Februar 1943). Noch 1942 identifizierten sich 52 Prozent der Deutschen mit dem NS-Ideologie-Paket. Zum Vergleich und zur Erinnerung: Bei den Wahlen vom 5. März 1933 bekamen NSDAP plus Deutschnationale 52 Prozent.

1950 identifizierten sich noch rund 35 Prozent mit jenem NS-Wust und 1968 nur 15 Prozent und seit 1980 rund fünf Prozent.

Das bedeutet: Anders als die Legende besagt, war nicht 1968 der Wendepunkt zur freiwilligen Aufarbeitung des Nationalsozialismus, sondern die Wende von Stalingrad – aus Opportunismus.

Mit dem NS-Paket identifizierten sich noch 1960 rund 40 Prozent der Ostdeutschen. Bis 1990 sank der Anteil auf 15 Prozent. Das war und blieb weit mehr als in der Alt-BRD. Die Folgen (er)-kennen wir noch heute.

Weder in der BRD noch in der DDR identifizierten sich die Deutschen mit der Obrigkeit so sehr, dass sie ihre Namenswahl an ihr orientierten, sich also auf Gedeih und Verderb, für jedermann sichtbar, identifizierten.

Die neuen Deutschen – Weltoffen

Die Westdeutschen öffneten sich früher als die Ostdeutschen der Welt. Die Öffnung betraf unterschiedliche Kulturen beziehungsweise Staaten zeitlich unterschiedlich.

Der *anglo-amerikanischen Welt* gegenüber öffneten sich die Westdeutschen folgendermaßen: 1950 rund drei Prozent, 1990 sieben Prozent.

Die Ostdeutschen blickten stärker nach Westen als die Westdeutschen. Ihre Westorientierung betrug 1960 zehn Prozent und stieg bis 1975 auf 30 Prozent. Auf diesem Niveau stabilisierte sich der Westanteil der Ostdeutschen.

Die Öffnung Frankreich gegenüber stieg von zwei Prozent im Jahre 1950 auf sechs Prozent 1975 und fünf Prozent 1990. Der Aufschwung gegenüber Frankreich begann in West- und Ostdeutschland – wen wundert's? – unter Adenauer und de Gaulle.

Die Öffnung zur slawisch-russischen Welt erfolgte erst mit der Ostpolitik der sozialliberalen Koalition. Vorher dümpelte die Identifizierung bereits seit dem 19. Jahrhundert unverändert zwischen einem bis zwei Prozent. 1970 waren es vier Prozent, 1975 knapp sechs Prozent. Die Werte stabilisierten sich auf diesem Niveau.

Vom Osten, der *russisch-slawischen Welt,* wollten die Ostdeutschen weit weniger wissen, und wenn, dann später und dann auch nur durch den Westen legitimiert, sprich: durch die Ostpolitik von Brandt und Scheel.

1960 identifizierten sich zwei Prozent der Ostdeutschen mit dem großen Bruder im Osten, 1975 waren es sechs Prozent und 1990 kümmerliche drei Prozent.

Und die Öffnung zur *jüdischen Welt*? Wann öffneten die Deutschen Herz und Verstand dem Jüdischen? Der Durchbruch erfolgte 1979, dem Jahr der Ausstrahlung des US-amerikanischen Fernsehdreiteilers »Holocaust«.

Mit der hebräisch-jüdischen Welt identifizierten sich 1950 etwas mehr als zwei Prozent, 1970 schon sechs Prozent, 1979 zwölf Prozent und 1990 13 Prozent. (Inzwischen dürften Eltern und Großeltern auf den Kinderspielplätzen weniger jüdische als arabisch-islamische Vornamen hören. Das hat eindeutige demografische Gründe und leider auch ideologische. Stichwort: Verstärkter Antijudaismus und Antizionismus.)

In der DDR musste man Hebräisch-Jüdisches mit der Lupe suchen. Man fand es nicht oder kaum. Auch das erklärt so manches in der Gegenwart.

II. Thesen über Positionseliten und »die« deutsche Gesellschaft

These 1: Diese lange so beliebte These ist ebenso unsinnig wie letztlich unmenschlich: Dass die Weimarer Republik nicht zuletzt daran gescheitert wäre, die alten Eliten, vor allem das Verwaltungs- und Lehrpersonal, nicht ausgetauscht zu haben. Welche Schuld, welche Verbrechen hätten diese Personen begangen? Wofür sie bestrafen? Für ihre Gesinnung, Meinung? In einer Demokratie? Absurdes, dummes, undemokratisches, unmenschliches Geschwätz.

Die Revolution sei nicht zu Ende geführt worden, heißt es weiter. Aha, hätte die Guillotine klappern, Massenliquidationen stattfinden sollen? Schöne Grüße von der bolschewistischen Revolution. Genau die wollten die meisten Deutschen eben nicht.

Gesetzt den Fall, es wäre »menschlich« gewesen, also »moralisch«, sie zu liquidieren, wie hätte der Staat funktionieren sollen? So gut wie in der großen Hungerkatastrophe nach dem Bürgerkrieg in Russland, in den frühen 1920er Jahren oder der Ukraine von 1929 bis 1933?

Auch die Nationalsozialisten haben ab 1933 gezeigt, wie man Personal »auswechselt«: legal durch Unrechtsgesetze, aber eben legal (siehe Beamtengesetz April 1933) ebenso wie liquidatorisch. Wer kann das ernsthaft wollen?

Aus eben diesem Grund sind Millionen Mitmacher und Mitläufer weder nach 1945 noch nach 1989/90 »ausgetauscht« worden; weder legal noch liquidatorisch. Das war oft schmerzhaft, aber menschlich alternativlos.

These 2: Die NS-Geschichte wurde in der Bundesrepublik bis heute ungenügend aufgearbeitet. Politisch, juristisch, kulturell, materiell-ökonomisch. Große Lücken klaffen. Diese Aussage gilt nicht zuletzt bezogen auf Bundesbehörden, zum Beispiel die Bundesministerien für Justiz, Finanzen oder Wirtschaft, den BND, Verfassungsschutz und so weiter. Das wird seit einigen Jahren nach- und aufgeholt. Ein Schelm, wer da Modisches, Opportunistisches oder eine Mitläufer-Variante vermutet.

Persönliche Prämisse: Von der unzureichenden beziehungsweise ungenügenden Aufarbeitung der NS-Verbrechen ist meine deutschjüdische Familie direkt betroffen. Meine Großeltern und Eltern existentiell, ideell und materiell; ich zumindest materiell. Bewältigungsbelehrungen durch nicht direkt Betroffene werden daher nicht angenommen (vgl. Michael Wolffsohn, »Deutschjüdische

Glückskinder. Eine Weltgeschichte meiner Familie« [München, 3. Auflage 2017]).

Gegenthese zu These 2 von der unzureichenden Aufarbeitung der NS-deutschen Vergangenheit: Die Intensität bundesdeutscher NS-Aufarbeitung sucht welt- und wissenschaftshistorisch ihresgleichen. Wirklich Neues über die NS-Zeit dürfte wohl nicht entdeckt, die NS-Geschichte muss nicht umgeschrieben werden, obwohl jeden zweiten Tag hierüber neue Studien erscheinen.

In der Regel galt nach normativen und politischen Regimewechseln – jenseits der individuellen Mikroebene – auf der kollektiven Makroebene ungefähr dieser Satz: »Was war, ist, wenn von Nachfahren nacherzählt, unwahr. Es ist anders gewesen. Es war und ist nicht mehr, und nach dem Schluss ist alles Anfang. Deshalb: vergeben und vergessen.« Der polnische Schriftsteller Andrzej Szczypiorski hat es 1971 in »Eine Messe für die Stadt Arras« auf den Punkt gebracht, indem er Bischof David sagen lässt: »Was geschehen ist, ist nicht geschehen, und was gewesen ist, ist nicht gewesen.« Der Pferdefuß »folgt sogleich«: Szczypiorski hat seit 1955 mit der polnischen Staatssicherheit zusammengearbeitet und wohl auf diese, seine Weise »aufgearbeitet«.

Klassisch-politisch zum Modell des Vergessens wurde die »Amnestie« (= vergessen) im antiken Athen um 400 vor unserer Zeitrechnung. »Modell«? Klassisch-zeitlos-literarisch und -gedanklich ist der Schluss von Aischylos' »Orestie«-Trilogie (458 vor Christus): Orest, Sohn des Agamemnon und der Klytaimnestra, wurde als Mörder angeklagt. Ja, er hatte den Mörder seines Vaters, den Geliebten seiner Mutter, Aigisthos, ermordet. Die Richter entschieden: Stimmengleichheit zwischen pro und contra Orest. Die Göttin Athena entscheidet sich für ihn. Freispruch. These. Entsetzen beim Chor, »Volkes Stimme«. Antithese. Am Ende verordnete Versöhnung. Unbefriedigend? Unbefriedigend! War Aischylos dümmer oder unmoralischer als wir? Nie wurde, nie wird Vergangenheit »bewältigt«. Sie überwältigt uns. Altertum, Gegenwart, Zukunft. Gut? Nein. Was ist die Alternative?

Der großartige Nelson Mandela handelte nicht anders und auch »wir« – nach der Wiedervereinigung – nicht. Erich Honecker und Erich Mielke starben eines natürlichen Todes. Die bundesdeutsche »Aufarbeitung« vergangenen Unrechts – trotz aller Unzulänglichkeiten bei der Aufarbeitung der NS-Verbrechen (und der DDR-Geschichte) – sucht welthistorisch ihresgleichen. Sie wurde, wenngleich variiert, international als Modell exportiert, das heißt: gerne von Nichtdeutschen importiert. »Deutsche Wertarbeit«, um nicht zu sagen »Am deutschen Wesen …« O je, das war die falsche Rille. Oder doch nicht?

Einschränkende These zur Gegenthese: Die Verbrechen unter dem deutschen Nationalsozialismus waren welthistorisch einzigartig. Deshalb bedurfte es einer welthistorisch einzigartigen Aufarbeitung. Sie muss uns nicht rühren.

Üblicherweise folgt seit nunmehr 30 Jahren (»Historikerstreit«) die Frage nach der Einzigartig- oder Einmaligkeit der NS-deutschen Millionenmorde. Dieses normativ-welthistorische Tabellendenken ist heute nicht unser Thema. Aber nicht nur nebenbei: Der Historikerstreit bot Anschauungsunterricht, wie Menschen nicht mit Menschen umgehen sollten. Einmal mehr hat uns dieser keineswegs nur von Historikern geführte »Historiker«streit dies gezeigt: Mehr Bildung bedeutet nicht unbedingt mehr Menschlichkeit.

These 3: Die Demokratie der Bundesrepublik, alt und neu, ist ein Wunder.

Dieselben Menschen, die im Dritten Reich (und der DDR) funktioniert hatten, bauten eine auch im internationalen und welthistorischen Maßstab zwar nicht paradiesische, doch fast mustergültige Demokratie auf und aus. Normativ, juristisch, politisch, administrativ, kulturell, medial, wissenschaftlich, eigentlich allumfassend. Wie gesagt, es waren dieselben Menschen. So war es nur folgerichtig, dass NS-belastete Beamte übernommen wurden. Das 131er-Gesetz vom Mai 1951 machte es möglich. CDU/CSU, FDP und SPD stimmten dafür. Von wegen nur Adenauer und seine »Restauration«. Lange vor den diversen Sozialwissenschaften hatten Literaten und Filmer der (bundes)deutschen Gesellschaft den NS-Spiegel vorgehalten. Man erinnere sich an »Rosen für den Staatsanwalt« oder »Wir Wunderkinder« etc. Die beklagte »Unfähigkeit zu trauern« gehörte auch dazu. In der »Blechtrommel« von Günter Grass brauchten die Trauer- und-Tränen-Unwilligen zum Weinen Zwiebeln. Jahrzehnte danach stellte sich heraus, dass der andere anklagende Autor höchstselbst als Ex-Angehöriger der Waffen-SS eine eher scheinbare als strahlend-scheinende »moralische Instanz« war. Zum Weinen. Auch ohne Zwiebel. Über andere »moralische Instanzen« unserer Republik, die, ebenfalls mit jahrzehntelanger Verspätung, ihre einstige HJ-Begeisterung oder NSDAP-Mitgliedschaft ent- und aufdeckten, schweigen wir vornehm. Scheinheilig waren und sind so manche unserer politisch-weltlichen Heiligen. (Horst Tappert spielte wenigstens nur »Derrick« und nicht »moralische Instanz«.)

Womit wir bei These 4 wären: Die machtpolitischen Rahmenbedingungen hatten sich nach 1945 und 1990 (ich übergehe fortan diesen jüngsten Systemwechsel aus Praktikabilitätsgründen) dramatisch verändert, revolutioniert, das heißt vollkommen umgekehrt beziehungsweise umgedreht (»revolvere«). Zunächst und vor allem außenpolitisch – den Siegermächten sei Dank –, dann, daraus abgeleitet, Verfassung und, daraus abgeleitet, Politik und Gesellschaft. Dieselben Menschen wurden anders programmiert, und sie haben folglich anders funktioniert; allmählich sogar internalisiert, sprich: den Wandel verinnerlicht.

Welthistorisch betrachtet ist auch dieses Muster von Kontinuität im Wandel alles andere als neu. Siehe Amnestie in Alt-Athen oder auch in der Ära der Französischen Revolution (man denke an Fouché), auch der Russischen Revolution, die, zumindest anfänglich, auf zaristische Offiziere nicht verzichten konnte oder wollte. Nicht viel anders die Iranische Revolution nach 1979.

These 5 setzt den Gedanken fort und stellt fest: Nach- und Mitläufer gab es nicht nur in Deutschland und nicht nur nach 1945 und 1990. Mit und ohne Aufarbeitung. Nach- und Mitläufer gibt es überall und immer. Das macht sie nicht besser.

These 6: Das normativ Gute = Demokratische und Tolerante und Friedliche ist demnach (leider) eher Ergebnis des Macht- als des Moralgefüges. Aufarbeitung ist (uns) wichtig. Doch nicht sie entscheidet über das Moralgefüge oder dessen Substanz und Konstanz. Erst kommt die Macht, dann die Moral, die – je nach den Mächtigen – sehr wohl moralische Indifferenz oder gar Unmoral sein kann.

These 7: Die politischen Machtstrukturen des neuen Gemeinwesens (nach 1945, 1990 und ganz allgemein) bestimmen auch die Personalstrukturen – an der Spitze. Darunter läuft meistens »business as usual«. Der Apparat funktioniert mit denselben Menschen.

These 8: Dieser normativ niederschmetternde Befund gilt auch für die »Aufarbeitenden«, sprich vor allem »die« Historiker. Wie viel Kontinuität es im Wandel der westdeutschen Historikerzunft gab, hat zum Beispiel die Studie von Winfried Schulze deutlich belegt. Andere ließen sich auch nennen. Ein Mausklick genügt dafür. Welche Historiker hatten denn in der Früh-und-Mittel-Alt-BRD den Mut, die Geschichte der Geschichtswissenschaft im Dritten Reich aufzuarbeiten? Als »großer Liberaler«, Denker und Vorbild galt vielen lange Theodor Schieder. Heute wissen wir mehr. Zu viel Unerfreuliches über ihn und andere. Ein Blick in die Kataloge und Bücher der Bibliotheken hätte schon unmittelbar nach 1945 genügt. Wer tat's? Wer warf den ersten Stein, obwohl nicht im Glashaus sitzend? Auch seine vielen Schüler, also »Wissenschaftskinder«, dann selbst »Schulen« bildend, nicht. Sie wurden ebenfalls einflussreich, waren alles andere als braun. Sie präsentierten sich zeitgeistfolgend ebenso wie zeitgeistprägend progressiv, alternativ. Wer war Ei, wer Henne? Wer konnte und durfte, wärmte sich unter Schieders und seiner Schüler Sonne, in einem Sonnensystem, das auch ein Zuteilungssystem war. Das wollten sie nicht gefährden. Deshalb haben sie darüber nicht geforscht, sondern forsch geschwiegen; ebenso wie (soll ich »natürlich« sagen?) biologische Kinder belasteter NS-Mit- und Nachläufer oder umgefallener Märzgefallener (Hitler-Mitläufer nach der Wahl vom 5. März 1933) innerhalb und außerhalb der Historikerzunft.

Geforscht und geschrieben haben erst die »Wissenschaftsenkel«. Auch im Fach Geschichte, »dem« Aufarbeitungsfach schlechthin. Auch die Kinder hätten bei den Bundesbehörden Druck machen können, um deren Kontinuität im Wandel zu erforschen. Sie taten es nicht, und den Behörden war es NS-rechts recht. Die Leichen blieben unentdeckt im Keller beziehungsweise in den Akten, die meistens widerrechtlich nicht dem Bundesarchiv übergeben worden waren. Wer störte diese Ruhe?

These 9: Der normative Binnenwandel (»Aufarbeitung« der Geschichte) wurde 1945 in West- und Ostdeutschland von den Siegermächten der Anti-NS-Koalition im Zweiten, heißen Weltkrieg eingeleitet, beschleunigt und anschließend, im ersten Kalten Weltkrieg, entschleunigt, um nicht zu sagen gestoppt. Jeder, auch alle Braunen, wurde auf und von jeder der beiden Großmächte im Kalten Krieg gebraucht. Besonders auf der mittleren und unteren, doch funktional entscheidenden Ebene bewährten sich in West und Ost ehemals Top-Braune optimal. Sprich: Sie »funktionierten« wie zuvor. Ihr zuvor braunes Hemd zogen sie aus und streiften in der Alt-Bundesrepublik ein weiß-demokratisch-westliches Hemd über, in der DDR ein rot-sozialistisches. Eigentlich, normativ, ein Skandal, doch fast so etwas wie normal, denn funktional notwendig. Jenes funktional notwendige Personal genoss somit innen- und außenpolitische Rückendeckung. Vergangenheit? Schwamm drüber.

These 10: Das schlug sich nicht nur bezüglich der personellen Aufarbeitung nieder, sondern zum Beispiel auch in der wirtschaftlichen, konkret: im Alltag der »Wiedergutmachung« genannten Sühnezahlungen sowie der Rückerstattung. Auch nach dem Ausbruch des Korea-Krieges (1950) hatten zum Beispiel die USA nichts gegen moralisch-materielle deutsche Rückerstattung und Wiedergutmachung an »die« Juden. Weit wichtiger war ihnen jedoch die militärische Wiederaufrüstung des deutschen Partners und, als deren Voraussetzung, das wirtschaftliche Wiedererstarken und, ganz allgemein, das Funktionieren Westdeutschlands. Die Toten waren tot. Das konnten auch die US-Administrationen Trumans und Eisenhowers nicht ändern. Doch sie mussten und wollten das Überleben der Lebenden und Überlebenden sichern.

Ähnlich dachte und handelte Israels Gründungsvater, Premier David Ben-Gurion. Deshalb scheute er nicht einmal die Zusammenarbeit mit Globke. Natürlich war das in Israel und der jüdischen Welt höchst umstritten. Jedenfalls sicherte und stabilisierte er auf diese Weise den jüdischen Staat, Israel, das Überleben der Holocaust-Überlebenden und nicht nur Posten und Position des Kommentators der Nürnberger Gesetze. War das moralisch, war es unmoralisch? Welche Moral gilt wann wem gegenüber?

Die Makroebene kennen alle, die Mikroebene hat auch meine Familie zu spüren bekommen. Zur persönlichen Betroffenheit sei am Rande erwähnt. Ein Beispiel: Die um die Jahrtausendwende aufarbeitenden bundesdeutschen Enkel-Historiker der Dresdner-Bank-Studie haben sich nicht einmal die elementar-methodisch erforderliche Wolffsohn-Gegenüberlieferung angeschaut. Sie haben die »Arisierung« und nicht erfolgte Rückerstattung und Entschädigung Karl Wolffsohns allein aus taktisch-tagespolitisch gebotenen Gründen untersucht. Aus welchen Gründen auch immer hat wer auch immer in der Dresdner Bank die Forschergruppe gezwungen, sich der Causa Wolffsohn anzunehmen und die (methodisch-handwerklich inakzeptablen) Ergebnisse zu veröffentlichen.

Die Wolffsohn-Überlieferung war und ist im Archiv des Münchener Instituts für Zeitgeschichte öffentlich zugänglich und wird gegenwärtig durch einen Doktoranden ausgewertet. Des lieben Friedens willen seien wieder keine Namen genannt. Es geht um die Sache, nicht um Personen.

These 11: Das Aufarbeiten der Geschichte war also für Braun-Betroffene und ihre biologischen und pädagogischen Kinder beziehungsweise Schüler riskant, besonders für die eigene Karriere. Nicht mehr für die Enkel aus der zeitlichen, mentalen und beruflich positionellen Distanz. Auch deshalb die neuerliche Beschleunigung und Vertiefung der Aufarbeitung seit den 1980er Jahren.

These 12: Inzwischen ist die Aufarbeitung weder riskant noch provokant. Sie ist lohnend, weil imagefördernd. Auf der nationalpolitischen Makro- und individuellen Mikroebene. Sie ist nicht zuletzt makro- und mikroökonomisch nützlich, denn ein gutes Image hilft Deutschlands Wirtschaft, besonders dem Export. Ohne »good will« im Ausland lahmt die Ausfuhr. So gesehen war die wissenschaftliche Erforschung beziehungsweise Investigation der NS-Geschichte deutscher Großunternehmen eine ertragreiche Investition.

Zur Illustration ausnahmsweise ein Name. Der damalige Generalbevollmächtigte der Dresdner Bank, Manfred Schaudwet, erklärte mir 1997, nachdem ich mein Desinteresse an der Erforschung der NS-Geschichte seines Kreditinstituts signalisiert hatte, rundheraus: Die Dreba lasse ihre NS-Vergangenheit in der Gegenwart nur deshalb aufarbeiten, weil sie in der Zukunft an der US-Ostküste, wo viele Juden lebten, gute Geschäfte machen wolle. Je trockener die Studie, desto besser. Am besten »pupstrocken« wie zum Beispiel die Arbeit von Harold James über die Deutsche Bank. Derselbe Manfred Schaudwet begnügte sich nicht mit betriebswirtschaftlich-historischer Aufarbeitung, er betätigte sich auch volkswirtschaftlich-historisch und politisch, indem er sich auch bei der Stiftungsinitiative der deutschen Wirtschaft in den Vordergrund drängelte.

These 13: Trotz dieser überwältigenden »Moral« dieses und einiger anderer Unternehmer begann »die« deutsche Wirtschaft die systematische Aufarbeitung ihrer NS-Geschichte – wohlgemerkt »schon« in den 1990er Jahren – früher als »die« Politik beziehungsweise die meisten bundesdeutschen Behörden. Besser spät als gar nicht. Hoffentlich sind diese Forschungsaufträge den heutigen Auftraggebern aus Politik und Behörden ein moralisches Bedürfnis. Sicher sind sie, wie für die deutsche Wirtschaft, eine lohnende politische Investition. Sie wirkt imagefördernd. Die Nation der einstigen Weltmeister des Bösen wird, wissenschaftlich geweiht, Weltmeister des Aufarbeitens, Weltmeister des Guten. Das »Aufarbeiten« der NS-Geschichte hat Konjunktur. Derzeit bei Bundesbehörden. Für uns Wissenschaftler ist das auch eine willkommene Einkommensquelle.

These 14: Diese Aufarbeitung(en) sind, obwohl sehr spät, richtig, wichtig, gut und nützlich. Ja, trotz aller Skepsis und Kritik ehren sie die Auftraggeber. Doch, recht betrachtet, sind diese Auftragsarbeiten, bezogen auf den in einer freien, pluralen, offenen Gesellschaft freien »Markt« der Forschung und Forscher, systemwidrig. Sie sind zum einen, wie so oft bei Personalentscheidungen, manchmal eher (personal)politisch, teils sogar privatwirtschaftlich und nicht immer fachlich, sachlich, wissenschaftlich. Zum anderen schafft jenseits der Auswahlkriterien die Auftragsvergabe ein Monopol. Doch Monopol und Markt schließen einander systemisch aus. Das wiederum schließt nicht aus, dass, trotz des marktwissenschaftlichen Systembruchs, gute Wissenschaftler gute Wissenschaft erbringen und vollbringen.

These 15: Geschichts- und moralpolitisch hat Deutschland im 20. Jahrhundert einen lichtjahrelangen Weg hinter sich. Der tölpelhafte, säbelrasselnde Wilhelminismus wollte es (beim Boxeraufstand in China) den Hunnen gleichtun. Gleiches bekamen dann »die« Deutschen im Ersten Weltkrieg heimgezahlt. Als »Hunnen« wurden sie vornehmlich in Großbritannien bezeichnet – und beklagten sich gar sehr über diese bodenlose Beleidigung, die ihr oberster Fürst selbst in die Welt gesetzt hatte.

Leisere Töne wählte die amtliche Außen- und Geschichtspolitik der Weimarer Republik. Die lauten Töne der Systemgegner wurden immer schriller und ab 1933 dominant. Deutschland und »die« Deutschen wurden nun nicht nur zu Hunnen, sondern zu Unmenschen, die ihrerseits behaupteten, »Untermenschen« zu bekämpfen.

BRD und DDR wählten in den ersten Jahrzehnten ihres staatlichen Seins nicht zuletzt aus machtpolitischen Gründen geschichts- und moralpolitisch leise Töne. Besonders die Bundesrepublik wurde spätestens seit 1969, also seit der quasi zweiten Staatsgründung durch Willy Brandt nach der ersten durch Konrad Adenauer, weicher und weicher. Aus dem tölpel- und trampelhaft auftrumpfenden deutschen Michel wurde ein sympathischer Weichling, der als globaler Liebling seine Beliebtheit zunehmend genoss.

Kurzfristig kehrte das Gespenst Deutschland, die Angst vor Deutschland, in der Außenansicht zurück: Nach dem Historikerstreit 1986 ff., dem Mauerfall, der Wiedervereinigung, Hoyerswerda 1990, Mölln und Rostock 1992, Solingen 1993. Doch schnell erholten sich Deutschland und die Deutschen. Seit Jahren ist die neue Bundesrepublik bei internationalen Umfragen der weltweit beliebteste Staat. Das führte und verführte nun einen nicht kleinen Teil der Deutschen, sich für das moralische Maß der Weltdinge zu halten. Selbst ein so nüchterner Außenbetrachter wie Alfred Grosser bescheinigte der Bundesrepublik im Februar 2016, sie sei ethisch und nicht ethnisch basiert. Das alles förderte eine gewisse moralische Großmannssucht bei vielen Deutschen.

»Die« Deutschen gerieren sich heute als Demokraten-Weltmeister. Autokraten wie Erdoğan, Putin, Xi oder Trump fördern diese engelsgleiche Selbstwahrnehmung vom deutschen Michel bis zur deutschen Angela.

Seit dem Sommer 2015 platzt einigen der so Belehrten außerhalb Deutschlands der Kragen. Die Empörung über die moralische Belehrung durch den zuvor moralisch Belehrten, Deutschland, entzündete sich an der Frage: Flüchtlinge – ja oder nein, und wenn ja, wie viele und wo? Altdeutsche Unmoral war verwerflich, die neudeutsche Moralkeule ist verwerflich.

Ich habe mit Geografie, dem Rhein, und Demografie, »den« Deutschen, begonnen. Ich werde mit Geografie und Demografie schließen und sie um den Faktor Ideologie ergänzen. Der Rhein blieb der gleiche (nicht derselbe) Rhein, aber nicht die Deutschen die gleichen und schon gar nicht dieselben Deutschen. Von 1961 bis 2014/15 hat sich die Demografie der Deutschen fundamental verändert. Bereits vor der großen Flüchtlingswelle von 2014/15 hatte bekanntlich jeder vierte Deutsche einen Migrationshintergrund, oft einen muslimisch-nahöstlichen. Dieser Anteil steigt nun rasant. »Progressive« Altdeutsche werden aufatmen, denn jetzt leiden sie nicht mehr ethisch unter ihren ethnisch Gleichen. Man übersehe und überhöre allerdings nicht, dass zu dieser teils nahöstlich-muslimisch geprägten neudeutschen »Ethik« auch Rufe wie »Juden ins Gas!« gehören. Sie waren im Sommer 2014 mehrfach auf deutschen Straßen zu hören. Soweit ich weiß, waren solche Töne von 1949 bis 2014 auf Deutschlands Straßen nicht zu vernehmen, nicht einmal bei NPD-, AfD- oder Pegida-Demonstrationen.

Zu Beginn des 21. Jahrhunderts hat das sechste Deutschland eine ganz und gar andere Ausgangslage als das erste, kaiserliche Deutschland. Damals Hunnen, dann Unmenschen, heute moralische Großmacht. Keine Variante deutscher Macht ist unproblematisch. Ist es aber nicht weit besser, wenn sich jemand (wer auch immer) über die Menschlichkeit statt über die Unmenschlichkeit »der« Deutschen empört? Ich meine, ja. Nicht wahr?

Von Menschen und Übermenschen

50 JAHRE KANZLER WILLY BRANDT – WAS NOCH HEUTE WIRKT

Jubel bei der SPD – vor genau 50 Jahren. Willy Brandt wurde erster SPD-Bundeskanzler. Was ist geblieben? »Mehr Demokratie wagen«, Ostpolitik, Entspannung, Kniefall am Warschauer Ghetto-Mahnmal, Dezember 1970. An diese Schlagworte denken wohl die meisten, wenn der Name Willy Brandt fällt.

Brandts Ostpolitik hat die Wiedervereinigung zwar nicht gebracht, aber strukturell erleichtert und somit ermöglicht. Weshalb? Weil Inhalt und Stil seiner demutsvollen Ostpolitik, versinnbildlicht durch seinen Kniefall am Warschauer Ghetto-Mahnmal, aller Welt zeigte: Dieses wirklich neue Deutschland ist friedlich und beansprucht keinerlei Gebietsrückgaben von fremden Staaten. »Land für Frieden«.

Inzwischen existieren Sowjetunion und Ostblock nicht mehr, zum politischen Westen gehören weite Teile des einstigen auch deutschen Ostens, und von einer Einheit des neuen Westens kann noch weniger als damals die Rede sein. Somit hat Brandts Instrumentarium eigentlich ausgedient. Doch in der Moskau-Nostalgie so mancher Sozial- und Christdemokarten (von der Linken ganz zu schweigen) wirkt die alte Liebe weiter. Wie sonst könnte man die ökonomisch widersinnige, russozentrische Erdgaspolitik der Großen Koalition erklären? Sie vergiftet zudem Deutschlands Beziehungen zu Polen, den baltischen Staaten und auch (unabhängig von Trump) zu den USA.

Brandts Erstgeburtsrecht auf »Entspannungspolitik« im Ost-West-Konflikt muss relativiert werden. Die Entspannung eingeleitet hatten Frankreichs Präsident de Gaulle seit 1958 sowie die USA unter Nixon und Kissinger seit Januar 1970. Selbst im deutschen Politvokabular sprach man zuerst von »Détente«. Viel später nannte man sie »Entspannung«. Willy Brandt selbst hat bereits in seiner Moskauer Fernsehansprache an die »Lieben Mitbürgerinnen und Mitbürger« am 12. August 1970 seine Entspannungs- beziehungsweise Ostpolitik ganz undramatisch und historisch zutreffend eingeordnet: »... mit diesem Vertrag geht nichts verloren, was nicht längst verspielt worden war«. Mit anderen Worten: »Land für Frieden«. Möglicherweise versteint der ostpolitische Erfolg dieses Brandt'schen (eigentlich Egon Bahr'schen) Ansatzes das Scheindenken der gegenwärtigen Nahostpolitik Deutschlands (und Europas). Israel hat für Frieden im Sinai, Süd-Libanon, Raum Hebron und Gazastreifen auf Land verzichtet – und keinen Frieden bekommen. Trotzdem klammern sich das politische Berlin und die EU an diese nach Brandt widerlegte Formel.

Die gesamtwestliche Entspannungspolitik schloss zum Teil heftige innerwestliche Konkurrenz im Wettbewerb um die politischen und vermeintlich materiellen »Fleischtöpfe« des Ostblocks, genauer: der Sowjetunion, nicht aus. Die vermeintliche Einheit des Westens bekam sogar zusätzliche Risse. Das betraf besonders die bundesdeutsch-amerikanischen Beziehungen. In den USA fürchtete der große Stratege Kissinger eine »Neuauflage von Rapallo«, also eine unsichtbar enge deutsch-sowjetische Partnerschaft wie 1922 bis 1933. Brandts Entspannungspolitik glich daher einem Drahtseilakt zwischen West- und Ostpolitik. Im Oktober 1973 sprang der Kanzler ab. Seine Regierung untersagte den USA, während des Jom-Kippur-Krieges Israel Waffennachschub über die Bundesrepublik zu liefern. Beinahe wäre aus dem Nahostkrieg eine Weltkonfrontation zwischen den USA und der Sowjetunion geworden. Washington löste den Atomalarm aus, amerikanische Soldaten verstärkten den Schutz der westdeutschen Grenzen. Währenddessen und trotzdem stritt Brandts Regierung weiter mit den USA über deren militärischen Manövrierraum auf NATO-Gebiet.

Brandts Beispiel macht bis heute amerikapolitische Schule. Im Herbst 1980 bedrohte der Iran die freie Schifffahrt durch die Straße von Hormuz. US-Präsident Jimmy Carter bat West-Deutschland, sich an einem internationalen Marineverband zur Sicherung dieser vitalen Ölroute zu beteiligen. Schroff wies ihn Brandts Nachfolger, Kanzler Helmut Schmidt (SPD), ab. Im Januar 1991 bat US-Präsident George Bush sen., dem Deutschland die Wiedervereinigung mehr als anderen verdankt, Kanzler Kohl (CDU) um Hilfe im Golfkrieg gegen Diktator Saddam Hussein. Keine Soldaten, aber Geld und guter Wille, war Kohls Antwort. Weder Geld noch Soldaten oder guten Willen gewährte Kanzler Gerhard Schröder (SPD) den USA im Golfkrieg 2003, und unabhängig von der Trump-und-Schuldfrage klingen Kanzlerin Merkels CDU-Töne Richtung Washington nicht wesentlich lieblicher.

Überlebens- und machtpolitisch längst nicht so wichtig wie die Beziehungen zu den USA ist Deutschlands Verhältnis zu Israel sowie zur quantitativ winzigen jüdischen Welt insgesamt. Qualitativ, geschichtsmoralisch, ist es zentral – auch wenn es, damals wie heute, vielen nicht passt. Willy Brandt passte es nicht. Er sagte es ganz offen – im geschlossenen Kreis am 11. Februar 1970. Israelpolitik »ohne Komplexe« strebe er an. Es galt. Das bewies die Brandt-Regierung, als Israel im Oktober 1973 ums Überleben kämpfte: keine deutschen Waffen; auch keine amerikanischen über

Deutschland. Dass es zwischen Brandt und dem deutschjüdischen Zentralrat sowie US-jüdischen Repräsentanten mehr als nur kriselte, überrascht daher nicht und kann in (meinen) Büchern nachgelesen werden. Diese intensiven Krisen gehören zur Vorgeschichte und Erklärung von Brandts Kniefall am Warschauer Ghetto-Mahnmal. Ohne konkret dieses wunderbare Demutszeichen zu programmieren, hatte Klaus Harpprecht, ein enger Freund Brandts, es am 3. Oktober 1970 dem Kanzler gegenüber für »angebracht« gehalten, der jüdischen Welt eine »öffentliche Geste« der Verbundenheit zu zeigen. Gesagt, getan, Warschau, 7. Dezember 1970.

Abgesehen von der Kohl-Kanzlerschaft und der frühen Merkel-Ära machte Brandts Israel-Distanz (Ablehnung?) ebenfalls Schule. Helmut Schmidt und Israels Premier Begin schlugen 1981 geradezu mit politischen Holzhämmern aufeinander ein, und Gerhard Schröder verhehlte seine Israel-Abneigung nie. Jenseits der geschichtsethischen Dimension übersehen seit Willy Brandt nicht nur deutsche Bundeskanzler, dass Israel für die Terrorprävention und -reaktion ein nahezu unverzichtbarer Partner ist. Die Fast-Unverzichtbarkeit gilt heute auch für Innovationen im IT-Bereich. Stichwort: autonomes Fahren.

Das politische Märchen besagt: Die Regierung Brandt-Scheel wäre NS-frei gewesen. Das hatte am 24. November 1969 Brandt-Intimus und Kanzleramtsstaatssekretär Egon Bahr Israels Botschafter Ben Nathan verkündet. Deshalb werde man Israel gegenüber frei von Schuldgefühlen auftreten. Dass Egon Bahr diesbezüglich »keine Komplexe« hatte, versteht sich aufgrund seiner jüdischen Mutter und Großmutter von selbst. Dank überparteilichem »Desinteresse« und jahrzehntelanger US-»Diskretion« bezüglich der erst seit 1994 frei zugänglichen Akten des einstigen »Document Center« wussten (wissen?) nur wenige um die NSDAP-Mitgliedschaft der SPD-Minister Karl Schiller, Horst Ehmke und Erhard Eppler sowie der FDP-Minister Walter Scheel, Hans-Dietrich Genscher und Josef

Ertl. Auch die Biografien von vier SPD- und zwei FDP-Staatssekretären (Karl Mörsch im Auswärtigen Amt und Wolfram Dorn im Bundesinnenministerium) waren eher belastet. Noch mehr Braun gab es auf der Bundesländerebene. Vom SPD-Blechtrommler Grass und Helmut Schmidts Schriftstellerfreund Siegfried Lenz ganz zu schweigen. Fazit: Nazifrei war auch die sozialliberale Politikklasse unter Willy Brandt nicht. Geschickt verbarg sie das Faktum.

Den nicht nur formalen, sondern eigentlichen Beginn bundesdeutscher Demokratie datieren manche auf den Anfang der Ära Brandt. Ihr Beleg ist Brandts Aufforderung in seiner ersten Regierungserklärung vom 28. Oktober 1969: »Mehr Demokratie wagen«. Schon 1964 hatte dieses in Demokratien gänzlich ungefährliche »Wagnis« in den USA begonnen und war kurz danach nicht nur nach Westeuropa und Deutschland übergeschwappt. Ein echtes Wagnis war in der kommunistischen Diktatur der Tschechoslowakei der »Prager Frühling«. Im August 1968 wurde er von Panzern des Warschauer Pakts niedergewalzt. Weniger Wagemut brauchte die Studentenrevolte mit der frühen APO (Außerparlamentarische Opposition) in der bundesdeutschen Demokratie seit Juni 1967 oder der »Rote Dany« Cohn-Bendit mit seinen Studentenscharen im Pariser Mai 1968.

Das von der Brandt-Koalition erwünschte Mehr an »Partizipation« nahm gewaltig zu und war durchaus ambivalent. An vielen Universitäten gipfelte sie in nicht nur verbaler Gewalt gegen Professoren »und andere Reaktionäre«. Ihr gewaltfreier Gipfel war die von SPD-Träumern erwünschte und von der Bremer SPD verwirklichte Drittelparität, also die gleichberechtigte Mitbestimmung von Lehrenden, Lernenden und Hauspersonal. Diesem Spuk, der Deutschlands Universitäten entwissenschaftlicht hätte, bereitete das Bundesverfassungsgericht im Mai 1973 ein Ende. Trotzdem oder gerade deshalb zog diese SPD-»Wissenschafts«-Politik der Ära Brandt Massen von Studenten magnetisch in die SPD.

Die vom »Bündnis mit dem Proletariat« träumenden, damals jungen und längst gealterten, bürgerlichen Jungakademiker, die »das (kapitalistische) System« mit ihrem post- und pseudomaoistischen »Marsch durch die Institutionen« überwinden wollten, strömten in oder wählten wacker die SPD – und siehe da: »Nein Danke«, sagte das »Proletariat«, das längst kein solches mehr war und auch kein ausgebeutetes Heer von »Malochern«. Die »Arbeitnehmer« in der SPD fühlten sich in diesem »System« wohl, denn es hatte ihnen – durch ihrer Hände Arbeit sowie die Sozialpartnerschaft – Sicherheit und Wohlstand beschert. Diese Errungenschaften wollten sie bewahren und nicht, wie die bürgerlichen Genossen Akademiker, überwinden.

Bürgerliche Akademiker, das wissen wir aus der Geschichte, sind für Modisches erheblich anfälliger als Nicht-Akademiker, als Arbeiter und Handwerker. Nicht zufällig kursiert das inzwischen geflügelte Wort von der »Verführbarkeit des bürgerlichen Geistes«. Dieser empirische Befund gilt wahrlich nicht nur für die späte Weimarer Republik und das »Paradebeispiel« Drittes Reich. Thomas Brechenmacher und ich haben hierzu im Jahre 2008 eine systematische, empirische Langzeitstudie über »Die Deutschen. 200 Jahre Politik und öffentliche Meinung« in Buchform vorgelegt. Wen wundert's, dass zumindest die bürgerlichen Wähler inzwischen scharenweise der SPD davonliefen und -laufen, vornehmlich zu den Grünen. Auch diese Mode geht vorbei. Welche folgt? Noch gibt es für sie keine attraktive Neumode, wohl aber 50 Jahre nach Willy Brandts Amtsantritt diese zeitgeschichtlich-politische Feststellung: Der Beginn der Willy-Brandt-Kanzlerschaft 1969 war zugleich der Anfang vom Ende der SPD als Arbeiterpartei beziehungsweise der Schwachen und Zu-kurz-Gekommenen. Wenn es eine neue SPD geben soll und wird, muss sie sich neu erfinden.

JUDA(S) – JUDEN: EIN NAME ALS FAKT, FLUCH UND SEGEN

»Judas, geh nach Hause!«, brüllten aufgebrachte IG-Metaller in Bochum am 1. Mai 2003 den damaligen SPD-Generalsekretär Franz Müntefering nieder, als dieser die Arbeitsmarktreformen von Bundeskanzler Gerhard Schröder verteidigen wollte. In den Wettbewerb stieg 2017 auch die damalige FDP-Generalsekretärin Nicola Beer ein. In ihrer Dieselskandal-Wut nannte sie den VW-Vorstandsvorsitzenden »Diesel-Judas«.[203] »Judas«, das ist im (sich immer noch christlich nennenden) »Abendland« eben die Negativfigur, der Verräter schlechthin – als Einzelperson.

»Judas« als Kollektiv – das waren natürlich »die Juden«. Diese wollte 70 Jahre zuvor die nationalsozialistisch manipulierte Vox Populi Germaniae nicht nur nach Hause schicken, sondern »verrecken« lassen. Das geschah bald darauf sechsmillionenfach. Ob Einzelperson oder Kollektiv, Missgunst, Hass oder Gefahr ist in Sicht, wenn der »Judas«-Fluch ertönt.

Juden nennen sich auch »Israeliten«. Das ist verständlich. Dass sich die Juden »Juden« nennen, ist eher seltsam, wenn man die religiöse Legitimationsgrundlage der Juden betrachtet, die Hebräische Bibel.

»Abrahamiten« könnten sich die Juden ebenfalls nennen, denn ihr erster Stammvater war Abraham, Israel beziehungsweise Jakob nur der dritte. Abrahams Nachwuchs-»Schar« war allerdings einzig beziehungsweise winzig. Abraham und Sara hatten bekanntlich nur einen Sohn, Isaak. Für den Stammvater einer Stammesgemeinschaft deutlich zu wenig. Das gilt auch für Isaak, den Vater von Esau, dem erstgeborenen Zwilling, der sein Erstgeburtsrecht dem zweitgeborenen Bruder, Jakob, verkaufte.

Für einen namensstiftenden Stammvater war der biblische Isaak zu blass und ungeprägt. Ganz anders Jakob, später »Israel« genannt, der »Gottesstreiter«: Er war eine Mischung aus Feinfühligkeit,

Schlitzohrigkeit und Kraftfülle, anders als sein Bruder Esau, nicht nur Kraftprotz, sondern auch geistig kraftvoll sowie – entscheidend – gottesfürchtig. Mit Ausnahme seines Bruders fürchtete er keinen Menschen, und sogar den Kampf mit Gott oder dessen Engel nahm er auf.

Juda war einer der zwölf Söhne Jakobs; nicht einmal der erstgeborene. Das war Ruben. Juda, hebräisch »Jehuda«, war Jakobs vierter Sohn. Seine Mutter war nicht die von Jakob heißgeliebte Rachel, sondern Lea, Jakobs zweite Wahl, die er wegen der List seines hinterhältigen Schwiegervaters Laban zuerst heiraten musste. Genesis 29,35: »Abermals wurde sie schwanger und gebar einen Sohn. Da sagte sie: Diesmal will ich dem Herrn danken. Darum nannte sie ihn Juda (Dank). Dann bekam sie keine Kinder mehr«, heißt es in der Einheitsübersetzung.[204] Wie so oft übersetzt die Einheitsübersetzung nicht ganz richtig, denn »Dank« heißt auf Hebräisch »Toda«. Für »Gott« steht in diesem Text das Tetragramm JHWH, also »Jehova«. Aus Jehova plus den »Wurzelbuchstaben« des Wortes »Dank« (»Toda«) wird »Jehuda«. Ganz genau: Aus Leas Worten »Hapaam odeh et JHWH« entsteht der Name »Jehuda«.

Doch wie und warum wurde aus dem vierten Sohn der Frau zweiter Wahl der erste, der Hauptname »der Juden«?

Wir schauen weiter in den Bibeltext und interpretieren danach. Davor sei aber geschichtlich Bekanntes ins Gedächtnis zurückgerufen: Der Großteil der alttestamentlichen Texte wurde ungefähr zwischen 500 und 300 vor Christus verfasst. Sie basierten oft auf älteren Überlieferungen. Zu diesen dürfte die Genealogie Jakobs gehört haben. Hier war Juda beziehungsweise Jehuda die Nummer vier. Von 721 bis 586 vor Christus gab es nicht mehr zwölf »jüdische« Stämme in zwei »jüdischen« Königreichen, »Israel« und Judäa (plus Benjamin), sondern nur noch eines: Das Königreich Jehuda beziehungsweise »Judäa«. 586 vor Christus zerstörte Babylons König Nebukadnezar sowohl Judäa als auch den Ersten, Salomonischen Tempel. Das erste Exil folgte.

518 hatten die Perser und Kyros Babylon besiegt und den »Juden« die Rückkehr nach »Zion« erlaubt. Zion, das war ungefähr identisch mit Jerusalem und dem Rest des einstigen Königreiches Judäa.

Seit 721 war also der Stamm des viertgeborenen Jakob-Sohnes Juda der einzig verbliebene der einstigen Zwölferschar.

Auf dem Weg vom Mythos zur jüdischen Geschichte blieb von zwölf Söhnen und Stämmen nur noch einer, Jehuda. Dessen Bedeutung war im Mythos beziehungsweise der Bibel viertrangig. Seiner historischen Erstrangigkeit fehlte jedoch die biblisch, mythologische Legitimations- beziehungsweise Rechtfertigungsgrundlage. Dem geschichtlich entstandenen Gewicht wurde das biblische Narrativ (die biblische Erzählung) offensichtlich nachträglich angepasst, eben in der Zeit von (ungefähr) 500 bis 300 vor Christus. Und so wurde aus Jehuda, der biblischen Nummer vier, auch biblisch die Nummer eins. Textethisch und grundsätzlich gerechtfertigt wurde eine solche Umplatzierung und Umgewichtung durch die vorangestellte Geschichte von Esau und Jakob, in der die spätere Nummer eins, Jakob, zunächst die Nummer zwei war. Meister vergleichbarer Uminterpretationen und Umgewichtungen, teils auch Umwertungen, ohne Textveränderungen wurden – viel später allerdings – die talmudischen Weisen. In meinem Buch »Juden und Christen« habe ich diesen Weg vom Alten Testament zum Talmud nachgezeichnet und beschrieben.[205]

Der historische und daraus abgeleitete narrative Prozess der Juda-Monopolisierung der zwölf Stämme – nennen wir sie die »Judaisierung« der Juden und des Judentums – dürfte sogar älter sein. Über die genaue Datierung mögen Alttestamentler und Althistoriker streiten.

Hier begnügen wir uns mit dem Legitimationsweg vom Mythos zur Geschichte. Unser Schlüssel ist dabei die alttestamentliche Josefsgeschichte.

Josefs Brüder sahen »ihn von weitem. Bevor er jedoch nahe an sie herangekommen war, fassten sie den Plan, ihn umzubringen« (Gen 37,18). »Ruben hörte das und wollte ihn aus ihrer Hand retten« (Gen 37,21). Vorerst warfen sie Josef bekanntlich in die Zisterne. Zweifelsohne handelte bis hierher Ruben als Nummer eins. Dann die Wende in Genesis 37,26 f. Juda, die Nummer vier, wird Nummer eins: »Da schlug Juda seinen Brüdern vor: Was haben wir davon, wenn wir unseren Bruder erschlagen und sein Blut zudecken? Kommt, verkaufen wir ihn den Ismaelitern.«

Auch Thomas Mann hat, allerdings ohne realgeschichtliche Erwägungen sowie unendlich wortverliebter und -reicher als das alttestamentliche Original, in »Joseph und seine Brüder« den faktischen Führungswechsel von Ruben auf Juda beschrieben.[206]

Nichts ist an den kanonisierten Bibeltexten Zufall. Ohne Sinn und Zweck kein Rangwechsel. Dessen Ursprung sollte historisch erklärt werden – im Sinne der »Judaisierung« der jüdischen, sprich: judäisch-fokussierten Geschichte.

Von nun an wächst Judas Einfluss auf seine Brüder und den Vater. Wir übertragen das alttestamentliche Narrativ auf die historische Ebene: Das Königreich »Israel« und die elf Stämme gibt es seit der Rückkehr nach Zion (518 vor Christus) nicht mehr, nur noch Judäa, zwar klein, aber allein. Allein Judäa spricht für die Juden, allein Judäa repräsentiert das Jüdische schlechthin. »Repräsentiert« im ganz wörtlichen Sinne von »gegenwärtig setzen«.

Ihm, Juda, und nicht Ruben (Gen 42,37 ff.) vertraut Vater Jakob in Genesis 43,8 ff. seinen jüngsten Sohn, den heißgeliebten Benjamin an, Rachels zweiten Sohn. Diesen hatte Josef in Ägypten quasi als Pfand von seinen Brüdern verlangt. »Ich verbürge mich für ihn, aus meiner Hand magst du ihn zurückfordern«, hatte Juda dem greisen Jakob versprochen (Gen 43,9). Juda verpfändete sich also selbst. Ruben war nicht so weit gegangen, er schickte lieber andere vor (Gen 42,37): »Da sagte Ruben zu seinem Vater: Meine beiden

Söhne magst du umbringen, wenn ich ihn [= Benjamin; M. W.] dir nicht zurückbringe.«

Judas = Judäas jüdisch-weltliche Vorrangstellung wird auf diese Weise jüdisch-religiös legitimiert. Juda – Judäa, das ist nun fortan pars pro toto, also für alles Jüdische, alles, was Juden und Judentum ist und betrifft. Aus zwölf wird eins, Juda genießt das Monopol und wird sozusagen zum Erstgeborenen. Höhepunkt dieses ebenso historischen wie theologischen Legitimierungsweg ist der Jakobssegen in Genesis 49,8 ff.: »Juda, dir jubeln die Brüder zu, / deine Hand hast du am Genick deiner Feinde. / Deines Vaters Söhne fallen vor dir nieder … Nie weicht von Juda das Zepter, / der Herrscherstab von seinen Füßen, / bis der kommt, dem er gehört, / dem der Gehorsam der Völker gebührt.«

»Dem der Gehorsam der Völker gebührt«. Das kann, immanent jüdisch-alttestamentlich, im Sinne der Propheten, allein Gott sein. Christlich wäre es auch als Rechtfertigung Jesu zu verstehen. Jesus stammte bekanntlich aus Judäa, worauf die neutestamentliche Genealogie den größten Wert legt. Doch »Gehorsam« gegenüber Jesus als Christus? Liebe würde man neutestamentlich eher erwarten. Mit Jesus-Bezug bedeutete dies fürs Christentum: Ohne Juda, ohne Juden und Judentum kein Jesus, kein Christus, kein Christentum.

Doch neben diesem Juda gab es »den« Judas, den Verräter an Jesus. Deshalb wäre eine Judas-orientierte Christologie doppelbödig und somit delegitimierend. Tiefer bohrend ließe sich freilich auch folgendermaßen argumentieren: Ohne diesen Verräter-Judas keine Kreuzigung, ohne Kreuzigung keine Auferstehung und ohne Auferstehung kein Christentum. So viel (und noch mehr) beinhalten diese wenigen Sätze.

Das erste Buch der Chronik 5,1 ff. benennt den historisch-politischen Sachverhalt unumwunden: »Ruben war der Erstgeborene. Da er aber das Bett seines Vaters entweiht hatte, wurde sein Erstgeburtsrecht den Söhnen Josefs, des Sohnes Israels, gegeben. Doch richten sich die Stammeslisten nicht nach dem Erstgeburtsrecht; Juda erlangte nämlich die Herrschaft über seine Brüder, und einer aus ihm wurde der Fürst, obwohl das Erstgeburtsrecht bei Josef war.«

Man löse das Erzählte vom Genalogischen und Biblischen zum Historischen und finde mühelos die Rechtfertigung des judäischen »Judenmonopols«. Mit den älteren Bibelpassagen von Rubens Erstgeburt und Jakobs Josef-Bevorzugung ließe sie sich nicht rechtfertigen. Eine neue Geschichte konnte und durfte nicht ge- oder erfunden, die alte nur umgewichtet werden, um Juda als den, den einzig verbliebenen und relevanten jüdischen Stamm zu kennzeichnen.

*

Ethisch fleckenfrei blieb das jüdische Juda-Monopol selbst nach dessen Kanonisierung nicht. Der innerjüdische Macht- und Moralkampf muss hart gewesen sein, sehr hart. Wer den Bibeltext historisch und ethisch-legitimationshistorisch kritisch liest, muss nicht lange rätseln. Kapitel 38 der Genesis packt ohne jede Beschönigung zu beziehungsweise aus.

Makel eins (Gen 38,1): Juda zog von seinen Brüdern hinab. »Wajired«, auf Deutsch und im Klartext: Er verließ das Heilige Land, denn das Verb »laredet« bedeutet »absteigen« und absteigen bedeutet, dass man das Heilige Land verlässt. Wer ins Heilige Land kommt, steigt hinauf, versteht sich. »Jerida«, »Abstieg«, war Judas Auswanderung. Der biblische Text ist eindeutig.

Ebenso eindeutig ist Makel Nummer zwei: Juda »nimmt sich« eine Frau und heiratet sie später.

Aus jüdischer Sicht ist auch Makel drei eindeutig. Jene Frau namens Schua ist (was Wunder nach der Jerida-Auswanderung) eine Kanaaniterin, also Götzendienerin. Juda nahm Schua, und sie gab ihm »Er«, den Erstgeborenen. Der war (überrascht es?) »dem Ewigen missfällig« und starb, nachdem er Tamar geehelicht hatte (Gen 38,7). Mit ihr verehelichte Juda, wie das biblische Gesetz es befahl, seinen und Schuas zweiten Sohn, Onan.

Makel vier: Onan treibt Gotteslästerliches: Er onaniert, er vergießt seinen Samen und lässt ihn »zur Erde hin verderben, um seinem Bruder keinen Samen zu geben« (Gen 38,9 f.[207]). Da ließ der Ewige »auch ihn sterben« (Gen 38,11).

Makel fünf: Schela, Judas Drittgeborener, wurde der zweifach verwitweten Tamar versprochen, aber doch verweigert.

Makel sechs: Tamar rächt sich. Sie verführt Juda, der sie dabei nicht erkennt, nach dem Ableben seiner Frau Schua. Tamar wird schwanger.

Makel sieben erinnert an Judas Vater Jakob und wiegt deshalb wohl nicht gar so schwer, wenn überhaupt: Judas Vergnügung mit Tamar hat eine doppelte Folge: die Geburt der Zwillinge Perez und Serach. Dieser schien bei der Geburt den Leib der Mutter zuerst verlassen zu können, wurde aber von Perez sozusagen kurz vor dem Ziel überrundet.

Das ist nicht das Ende biblischer Erstgeburt-und-Geschwister-Geschichten oder -Probleme. Waren da nicht außer den heute kaum bekannten Außenseitern Perez und Serach auch die bereits erwähnten Ruben und Juda – und natürlich Esau und Jakob? Kann man Kain und Abel unerwähnt lassen? Wohl kaum. Kain, der Bösewicht, war zuerst geboren, Abel, das sanfte Opfer, danach. Man denke daran, dass nicht Davids Erstgeborener, Amnon, nicht sein Zweitgeborener Kilab oder der drittgeborene Sohn, Absalom, Nachfolger wurde, sondern der Nachzügler Salomon. Der war die biologische Folge des ehebrecherischen Frevels zwischen seinem Vater David und seiner Mutter Batseba. Entsprechend chaotisch verlief der Übergang von David zu Salomon.

Die vielen Chaosgeschichten über Erstgeburts-, Geschwister- und Nachfolgekämpfe der Hebräischen Bibel vermitteln uns eine

Botschaft: Nicht Seniorität oder Quantität entscheidet, sondern Qualität. Wieder gelangen wir zum Herz der Juda- und damit der Judäa-Geschichte: Nicht das größere Königreich »Israel« wurde für Juden und Judentum wegweisend, sondern das kleinere »Judäa«, der kleine Bruder. Dieser kleine Bruder war genealogisch sogar noch kleiner, denn Juda war der Junior, Israel, also Jakob, der Senior, der Vater. Selbst der Stammvater tritt als Namensgeber der Juden in den Schatten des eigentlich wenig bedeutenden und nicht gerade tugendprallen Sohnes Juda. Ethisch überzeugt das alles eher kaum oder gar nicht. Man muss es politisch, historisch verstehen: Diese biblischen Geschichten legitimieren nachträglich die jüdische »Richtlinienkompetenz« Judäas.

Judas »Fremdgehen«, im Sinne von »zu einer fremden, nichtjüdischen Frau gehen«, entsprach nicht den alttestamentlich theokratischen Normen der Epoche des zweiten Tempels (ab 515 vor Christus), die im Buch Esra besonders krass beschrieben wird: Die nichtjüdischen Partner(innen) und Angehörigen wurden vertrieben. Das entspricht weder unseren heutigen Toleranzvorstellungen noch allgemeinverbindlichen Vorgaben der Hebräischen Bibel. Es waren nicht die unbedeutendsten Juden, die Nichtjüdinnen geehelicht hatten: Man denke an Moses, den größten religiösen und politischen »Führer« der Juden. Seine Frauen waren Zippora, die Midjaniterin, und die »Kuschitin«, also die »schwarze« Frau (hebräisch »kuschit«) oder die Frau aus Äthiopien (hebräisch »Kusch«). Auch der legendäre König Salomon, Davids Sohn, war alles andere als ein Verächter nichtjüdischer Frauen. Und Josef, einer der Brüder Judas? Er hatte die Ägypterin Ossnat geheiratet. Anders als Juda ließ sich Josef freilich nicht von sittenlockeren oder -losen Frauen verführen. Potifars ehebruch-lüsterner Frau verweigerte er sich. Das war geradezu lebensgefährlich, aber der sittsame Josef ist ja nicht nur das sittenstrenge Kontrastprogramm zur Mehrzahl seiner Brüder, sondern besonders zu Juda. Folgerichtig haben die Redaktoren der jüdischen Bibel die makelfreie, bezogen auf Josef, vorbildhafte Potifar-Geschichte ins Kapitel 39 Genesis gestellt. Über die lotterliche Juda-Familie berichtet Kapitel 38.

Doch Juda wäre texthistorisch nicht Namensgeber »der Juden« geworden, gäbe es nicht diese bedeutsame Makel-Minderung: Juda erkennt seine frevelhafte Vaterschaft an, und Tamar wird nicht, wie eigentlich geboten, verbannt. Der schuldlos-schuldige Juda bereute und kasteite sich, denn »er erkannte sie fernerhin nicht mehr« (Gen 38,26).

Die Rabbinen haben vor allem in der Agada, den Talmud-Erzählungen, sowie in den Midraschim, ihren Bibel-Kommentaren, diese nachfrevlerische Noblesse und Kasteiung Judas hervorgehoben – und ihn somit als Namensgeber der Juden ihrerseits nachbiblisch und nach dem historischen Exitus Judäas (70 nach Christus) legitimiert.[208] Zugleich haben sie damit eine religiös-ethische Grundlage dekretiert und fixiert: Sühne hebt Schuld auf, nach der Abkehr vom religiösen Königsweg steht jedem Umkehr offen. Diese Umkehr entspricht auch der Botschaft der Propheten, die gegen die Sünden Israels wetterten und stets die Möglichkeit der Umkehr als Rückkehr zum individuellen und national kollektiven Heilsweg zu Gott verkündeten. Diese ethische, religiöse und nationale Dimension bündelt die Juda-Geschichte. »Juda«, der Name, ist ein inhaltliches Bündel des Bundes zwischen Gott und Israel.

Letztlich obsiegte Juda (sprich: Judäa) innerjüdisch, sowohl historisch als auch machtpolitisch. Von Josef und seinen Brüdern blieb nur Juda den Juden – und den Christen, deren Heiland weltlich genealogisch aus dem judäischen Hause Davids stammte. So gesehen verbindet auch (nicht nur!)[209] das moralisch mehrbödige Juda-Narrativ Juden und Christen gleichermaßen.

*

Wir verfolgen die jüdische »Juda-Namenskarriere« weiter. Sie vermittelt uns weitere Einsichten in jüdische Selbstsichten. Unverzüglich denken wir an *Judas Makkabäus*, hebräisch »Jehuda hamakkabi«. Von 166 bis 161 führte er die Judäer im Guerilla-Befreiungskampf gegen die hellenistischen Seleukiden – und die assimilationswilligen, meist städtischen jüdischen Ober- beziehungsweise Bildungsschichten. Diese fühlten sich in der nachalexandrischen, orientalisch erweiterten, großen, weiten Hellenenwelt offenkundig wohler als im engen theokratischen Milieu ihrer kleinstädtisch, ländlichen Glaubensgenossen (1 Makk 3,1–9.22). Der Makkabäer-Krieg war deshalb Krieg und Bürgerkrieg zugleich und das von den Heiden befreite, makkabäisch-hasmonäische Judäa zunächst ein kulturell, geistig und geistlich eher muffiges Gemeinwesen. Erstaunlicherweise (oder eben nicht) wurde Judas Makkabäus' Sieg als Rejudaisierung und Entpaganisierung glorifiziert und im winterlichen Lichter- und Chanukkafest kanonisiert. (Aus meiner subjektiven Sicht wurde der universalistische, heidnisch-aggressive Teufel durch den partikularistisch bornierten Beelzebub ausgetrieben.) Nicht lange, denn schnellstens erlagen auch die Makkabäer-Hasmonäer den körperlichen, kulinarischen und kulturellen Verführungen des Hellenismus. Historische Demoskopen erkennen die hasmonäische Hellenisierung und Identifizierung mühelos anhand der Hasmonäer-Vornamen nach Judas Makkabäus. Diesem folgten, jüdisch-brav, Jonathan und Simon, doch Johannes Hyrkanos (135–104), Aristobulos (104–103), Alexander Jannäus (104–76 v. Chr.) – das war schon deftig hellenistisch. Alexander Jannäus' Frau Salome Alexandra war sozusagen »halb und halb«, denn »Salome« ist natürlich die hebräische »Schulamit«. Alexander oder Alexandra, hellenistischer ging es nicht, denn Alexander der Große war bekanntlich Begründer des hellenistischen Weltreiches und dessen wirkungsmächtiger Kultur.

Aristobulos II. (67–63 v. Chr.), der letzte Hasmonäer-König, das war nun wirklich nicht mehr klassisch jüdisch. Kein »Judas«,

»Jehuda« weit und breit in der politischen jüdischen Positionselite Judäas. Ebenso wenig in der religiösen. Man schaue auf die drei hasmonäischen Hohepriester der Jahre 63 bis 35 vor Christus, also seit der Eroberung durch Pompeius: Johannes Hyrkanos II. (halb jüdisch durch Johannes = Jochanan, halb hellenistisch), Antigonos, Aristobulos III.

Doch die jüdischen Partikularisten oder, vorsichtiger, Anti-Hellenisten gaben sich so leicht nicht geschlagen. An der Wende vom zweiten zum ersten vorchristlichen Jahrhundert, ungefähr zu der Zeit, als der hellenisierte jüdische König ganz unjüdisch Alexander Jannäus hieß und zwischen der sadduzäischen Priester- und Levitenaristokratie und der pharisäisch-rabbinischen Bourgeoisie Bürgerkrieg tobte, entstand in Judäa das Buch »Judith«.[210]

Juda, Jehuda, das ist die männliche Form, »jehudit« die weibliche als Adjektiv und als Substantiv »Jehudia«. Zum Namen »Jehudit« beziehungsweise »*Judit*« wurde das Adjektiv geformt, womit wir beim alttestamentlichen Buch »Judit« wären. Sie schlug, nicht unbedingt dem üblichen Frauenbild gemäß, Holofernes, dem Feldherren des Assyrerkönigs Nebukadnezzar, den Kopf ab und rettete so ihr Volk vor der heidnischen Fremdherrschaft.

Das Buch Judit ist eher eine an die Juden gerichtete Lehr-und-Mutmach-Schrift gegen Besatzer und Besetzung. Irreal war die assyrische Gefahr schon lange. Einige Jahrzehnte zuvor hatte Judas Makkabäus die hellenistischen Seleukiden geschlagen und somit die Grundlage des neuen, souveränen Judäa geschaffen. Unter König Alexander Jannäus (103 bis 76 vor Christus), kein gerade feiner Herr, gab sich dieses Kleinkönigreich fast schon Großmachtsträumen hin, die bald zerplatzten, denn schon dreizehn Jahre später wurde Judäa von Pompeius erobert. Es war der Anfang des staatlichen Niedergangs, nein Endes, Judäas. Dieses folgte bekanntlich nach dem »Jüdischen Krieg« der Jahre 66 bis 70 nach Christus.

Das Buch Judit passt gut in seine Zeit: Fiktiv siegten Judit und die Juden wie zuvor faktisch Judas Makkabäus und die Seinen gegen die Heiden. Und weil die fiktive jüdische Jeanne d'Arc auf den Spuren jenes faktischen Judas wandelte, wurde sie von dem oder den Verfassern »Judit« genannt. Positiv besetzt, nicht nur mythisch-biblisch, sondern nun auch geschichtlich war der Judas-Name in der Makkabäer-Hasmonäer-Epoche.

*

Der nächste Akt, der nächste Schritt der Judas-Namenskarriere, ähnelt den beiden vorigen durchaus. Hier Judäas kleine, heile, sittenstrenge, jüdisch partikularistische, monotheistische Kultur, dort die große, weite, sittensaloppe polytheistische des Weltreiches, des Römischen Weltreiches. Wir begegnen »dem« Judas, »dem« Judas aus christlicher Sicht, *Judas Iskariot*.

Zwischen diesem und dem alttestamentlichen Juda, Jakobs viertem Sohn, schlug Thomas Mann in »Joseph und seine Brüder« eine Brücke, nicht gerade originell, fast platt. Aus »Genesis« wissen wir: Joseph wurde von seinen Brüdern an die Ismaeliter verkauft. Wort- und Verhandlungsführer war dabei Juda, nicht Ruben, der Erstgeborene. Der deutsche Dichter weitet, ja walzt das Thema des sozusagen typisch nahöstlichen Schacherns aus – und schlägt unausgesprochen, doch assoziativ eindeutig den Bogen zum neutestamentlichen, verräterischen, durch und durch unmoralischen, scheinheiligen Judas-Kuss. Im Neuen Testament küsst Judas Iskariot Jesus, bei Thomas Mann küsst Jakob-Sohn Juda den verhassten Bruder Joseph: »Völlig verliebt stellte er sich an die Ware, und als er schon bei fünfundzwanzig Silberlingen hielt, tat er noch ein Äußerstes, ging hin und küsste den stille blinzelnden Joseph auf die Wange, indem er ausrief, nicht für fünfzig könnte und wollte er sich von einem solchen Schatz an Klugheit und Liebreiz trennen!«

Am Ende bekamen Juda und seine Brüder bei Thomas Mann nur 20 Schekel Silber.[211] Judas Iskariot sollte später für den Verrat an Jesus 30 Silberlinge bekommen, den damaligen Kaufpreis für einen Sklaven.

Judas Iskariot ging zu den Hohepriestern (Mt 26,14; Mk 14,10; Lk 22,4), wohlgemerkt zu diesen, nicht zu den Pharisäern. Seit Jesu Einzug nach Jerusalem, am »Gründonnerstag«, lesen wir nämlich nichts mehr von Auseinandersetzungen zwischen den vielgescholtenen rabbinischen Gelehrten, eben den Pharisäern, die letztlich so etwas wie jüdische »Fraktionskollegen« von Jesus waren. Wie stets herrschte auch in dieser Fraktion »Pluralismus«. Dennoch: Man gehörte zusammen.

Die neutestamentliche Judas-Darstellung darf als bekannt vorausgesetzt werden.[212] Judas begeht Selbstmord, laut den Fragmenten des Bischofs Papias von Hierapolis (gestorben 140 nach Christus) starb Judas an einer schrecklichen Krankheit: »Judas lebte als abschreckendes Beispiel der Gottlosigkeit in dieser Welt. Sein Leib war so sehr angeschwollen, dass er dort nicht mehr hindurchkommen konnte, wo noch ein Wagen leicht hindurchgefahren kam. Noch nicht einmal sein dicker Kopf passte da hindurch … Sein Schamglied sah unanständiger und größer aus als alle Schamteile sonst … Nach vielen Qualen und Züchtigungen sei er, so heißt es, auf seinem eigenen Grundstück gestorben. Und wegen des Gestanks ist das Grundstück bis heute öde und unbewohnt …«[213]

Trotz gewisser Anleihen und Assoziationen aus der alttestamentlichen Kainsgeschichte bietet das Papias-Fragment weder literarisch noch symbolisch oder theologisch die Tiefe jenes Originals. Auch im Wettbewerb mit der neutestamentlichen Darstellung des Judas-Todes kann Papias nicht bestehen. Die Bibel bietet Vielschichtiges, eher platten religiösen, wenngleich historisch aufschlussreichen Boulevard, der (natürlich) nicht kanonisiert wurde.

Ein Aspekt der neutestamentlich biblischen Judas-Vielschichtigkeit blieb bislang weitestgehend verborgen: der nationaljüdische und militärgeschichtliche. Diesen wollen wir erörtern.

Der jüdisch-partikularistischen Welt stehen zwei universalistische gegenüber: die römische und jesuanische Welt. Wohlgemerkt jüdisch-jesuanische, denn der Konflikt zwischen Jesus und Judas Iskariot betraf wohl weniger die Person(en) oder die Theologie als die Politik, genauer: die Frage Widerstand und Krieg, als Guerilla-Krieg, gegen die römischen Besatzer oder, wenn nicht Annahme des Römischen, so doch dessen Hinnahme, denn weltliche Weltreiche kommen und gehen, während Gottes Reich bleibt. Diese Welt- und Heilssicht verkörperte Jesus, jene Judas Iskariot.

In meinem Buch »Juden und Christen« habe ich diese These ausführlich belegt, hier kann sie nur vorgelegt werden.

Galiläa, »Jesusland«, war spätestens seit Herodes' Tod (4 nach Christus) die Hochburg der jüdischen Guerilla- und Terrorkrieger gegen Rom, Römer, jüdische Kollaborateure und Abwiegler. Flavius Josephus' »Der Jüdische Krieg« und seinen »Jüdischen Altertümern« verdanken wir die besten Informationen. Von ihm wissen wir auch, dass die Priesterklasse den jüdischen Aufstand, später Krieg, zu verhindern suchte.

Judas der Galiläer, »Jehuda haglili«, also nicht »unser« neutestamentlicher Judas, hat hier, natürlich in Galiläa, um die Zeitenwende den bewaffneten Widerstand der »Zeloten« (hebräisch »kanaim«) gegen die römische Besatzungsmacht eingeleitet. Auch seine Eltern, die Namensgeber, dürften nicht im assimilationistischen römisch-hellenistischen Milieu gelebt haben, sonst hätten sie ihn nicht »Jehuda« genannt. Dieser Name war in dieser Zeit das nationale beziehungsweise nationalistische Personal-Signal schlechthin: wie Judas Makkabäus gegen die Götzendiener kämpfen. Und wie hießen seine Söhne? Wir kennen zwei: Jakob und Simon. Wir finden weitere Nachfahren dieses Judas im antirömischen Widerstand der Juden: Elasar Ben Jair und Menachem, den Sikarier.

Elasar Ben Jair führte die kleine Schar der Juden auf der Bergfestung Massada am Toten Meer. Lieber tot als Rom – so könnte man ihr kollektiv-selbstmörderisches Credo beschreiben. Was sie glaubten, taten sie: 73 nach Christus war Massada durch ihren Massen-Selbstmord blutrot. Wie des galiläischen Judas Nachkomme Elasar hielt auch der andere, Menachem, die nationale Fahne bis zum Untergang hoch. Er führt uns als »Sikarier« auf die militärhistorische Judas-Iskariot-Spur.

Die Sikarier waren der noch militantere »Arm« der ohnehin schon militanten Zeloten. Mit einem Dolch (lateinisch »sica« der Dolch, »sicarius« der Meuchelmörder) verübten sie ihre Attentate gegen Römer und meist wohlhabende jüdische »Kollaborateure« oder wen sie für »Kollaborateure« hielten. »Terror« nennt man so etwas heute. Der Kampf der Sicarier und Zeloten war demnach sowohl nationaler Befreiungskampf als auch, von einem Nie-und-nimmer-Marxisten marxistisch formuliert, »Klassenkampf«.

Judas Iskariot. »Iskariot«? War er, hebräisch, Jehuda-Judas »isch krijot«, also Judas, der Mann aus Krijot oder war Judas Iskariot ein Sikarier? Krijot, das war eine Region Judäas und das war der Name zweier Städte (besser Ortschaften) in Judäa.[214] Die anderen elf Apostel stammten aus Galiläa, Judas wäre demzufolge der einzige aus Judäa gewesen.

Vielleicht stammte Judas Isakariot doch nicht aus Judäa? »Judas Iskariot« – Sikarier – Iskarijot. Sollte Judas ein Sikarier gewesen sein? Nein, sagen die meisten Althistoriker, denn die Sikarier traten als Gruppe erst in den 50er und 60er Jahren des ersten nachchristlichen Jahrhunderts auf. Das wäre dann definitiv zu spät für den Jesus-Verräter. Gewiss, aber es wäre durchaus denkbar, dass er den an die Sikarier erinnernden Beinamen erst nach seinem Tod erhielt. Ausgeschlossen? Die Forschung rätselt. Ich kann das Rätsel nicht lösen, doch zumindest die Bestandteile historisch und inhaltlich auflösen und so, vielleicht, hoffentlich einen bescheidenen Beitrag zur Lösung vorschlagen.[215]

*

Trotz, ja wegen Gewaltverzicht am Ende der Sieg, das war die Botschaft der jesuanischen Bergpredigt. Es war die Quadratur des Kreises. In den Himmel kommen konnte man außerdem, doch ganz so eilig musste man es nicht haben. Man vergesse nicht, dass auf jenem Berg (oder in jenem Feld, bezieht man sich auf den Evangelisten Lukas) nicht gedankenversunkene, weltvergessene, gottbesessene Männer und Frauen, sozusagen Betbrüder und Betschwestern saßen, sondern mehrheitlich eher derbe, wahrscheinlich auch darbende Handwerker, Bauern, Fischer. Mit reiner »Spiritualität« hätte Jesus seine Wirkung weder auf dem Berg (oder im Feld) noch woanders erzielt.

Man übersehe außerdem nicht, dass mindestens einer der zwölf Apostel mit den Zeloten sympathisierte und wohl »gebändigt« werden musste. Papst Benedikt XVI. schreibt in seinem Jesus-Buch, es sei »möglich, dass der eine oder andere der zwölf Apostel Jesu – Simeon der Zelot und vielleicht auch Judas Iskariot aus dieser Richtung« der Zeloten »kamen«.[216] Das ist, bezogen auf Simon Kananäus (Mt 10,4) nicht nur »möglich«, sondern neutestamentlich bezeugt: »Als es Tag wurde, rief er seine Jünger zu sich und wählte aus ihnen zwölf aus; sie nannte er auch Apostel. Es waren … und Simon, genannt der Zelot« (Lk 6,13–15). Von Simon, dem Zeloten, lesen wir auch in der Apostelgeschichte 1,13.

Und Judas Iskariot? Dazu wieder Papst Benedikt XVI: »Das Wort Iskariot kann zwar einfach ›der Mann aus Chariot‹ bedeuten, kann ihn aber auch als Sikarier bezeichnen, eine radikale Variante der Zeloten.«[217] Die Zeloten waren militaristische Guerilla- und Terror-»Eiferer«, die Sikarier übertrafen sie noch an Grausamkeit und Entschlossenheit. Nicht nur bei der allgemeinen Bevölkerung musste Jesus gegen Kleinkrieg und Terror predigen, auch mitten in seinem engsten Kreis, und offensichtlich nicht unbedingt erfolgreich.

Der historische Ansatz hilft uns weiter, und wir sehen plötzlich den Verrat des Judas in einem ganz anderen, politisch-militärischen Licht. Wenn Judas tatsächlich Sikarier war, könnte er als »U-Boot« dieser Gruppe zum »Friedensaktivisten« Jesus gestoßen sein, um auszuspionieren, was dieser wann und wo und mit wem unternehmen wolle. Denkbar wäre auch, dass er die »Friedenspartei« ideologisch unterwandern, »psychologische Kriegsführung« einleiten wollte. Seine Bemühungen halfen wenig. Das zeigte Jesu triumphaler Einzug nach Jerusalem. Weite Teile der öffentlichen Meinung sympathisierten offenbar mit Jesus und der Friedenspartei. Jetzt handelte Judas. »Darauf ging einer der Zwölf namens Judas Iskariot zu den Hohepriestern und sagte: Was wollt ihr mir geben, wenn ich euch Jesus ausliefere. Und sie zahlten ihm dreißig Silberstücke. Von da an suchte er nach einer Gelegenheit, ihn auszuliefern (Mt 26,14–16). Hier ging es nicht nur um Geld, sondern um Krieg oder Frieden. Wenn Judas die Offensive gegen die Friedenspartei Jesu gesucht haben sollte, wählte er mit den Hohepriestern nicht den politisch richtigen Partner. Die Hohepriester = Sadduzäer waren eindeutig proömische Kollaborateure.[218] Suchte Judas, als (vermeintliches) Mitglied der Sikarier, antirömische Aufrührer schlechthin, eine »antagonistische Kooperation« (Mao Tse-tung) ausgerechnet mit den Kollaborateuren? Welchen Sinn hätte diese Zusammenarbeit haben sollen? Aus einer Position sikarischer Schwäche, könnte man vermuten. Doch der Rückhalt der Sikarier, zumindest der antirömischen Aufständischen, war, wie gleich zu zeigen, in der öffentlichen Meinung alles andere als schwach.

Judas scheint ein schwankender Charakter gewesen zu sein – wenn er denn Sikarier war. Erst Sikarier, dann aufrichtiger oder nur scheinbarer Jesus-Jünger, dann Verräter und schließlich am Verrat verzweifelnd und Selbstmord begehend. »Als nun Judas, der ihn verraten hatte, sah, dass Jesus zum Tod verurteilt war, reute ihn seine Tat. Er brachte den Hohepriestern und den Ältesten die dreißig Silberstücke zurück und sagte: Ich habe gesündigt, ich habe euch einen unschuldigen Menschen ausgeliefert … Da warf er die Silberstücke in den Tempel; dann ging er weg und erhängte sich« (Mt 27,3–5).

Ob Sikarier oder nicht, er war nicht mit sich selbst im Reinen, die innerjüdische Spaltung zwischen Aufrührern und Friedenspartei (jenseits der religiösen Dimension) kennzeichnete auch sein Innenleben, sonst wären Verrat und Selbstmord ausgeschlossen.

So eindeutig jubelnd wie Jesu Einzug nach Jerusalem nahelegte, war die öffentliche Meinung ihm gegenüber aber keineswegs. Von der Vergeblichkeit des gewaltsamen Kampfes gegen Rom konnte Jesus einen großen Teil der jüdischen »öffentlichen Meinung« bis an sein Lebensende nicht überzeugen. »Wen soll ich freilassen, Barabbas oder Jesus, den man den Messias nennt«, hatte Pontius Pilatus bekanntlich das in Jerusalem versammelte Volk, die Meinung der dortigen Öffentlichkeit (»öffentliche Meinung«?), gefragt (Mt 27,17). Die Meinung war einhellig: Barabbas. Unbefangene Leser staunen, und sie sollen staunen. Das wollen die Evangelisten. Ein »berüchtigter Mann« sei dieser Barabbas gewesen, schreibt Matthäus (27,16), und für Johannes (18,40) war er »ein Straßenräuber«. Das war er gewiss nicht, und »berüchtigt« war er nur in den Augen der Römer und jüdischer Aufstandsgegner wie Jesus und die Evangelisten. Jener offenbar wüste Haudegen zählte zu den antirömischen Guerilleros und Terroristen, und deshalb »saß …Barabbas im Gefängnis, zusammen mit anderen Aufrührern, die bei einem Aufstand einen Mord begangen hatten« (Mk 15,7).

In den Augen des Volkes, für die öffentliche Meinung war er kein »Terrorist« oder »Straßenräuber« oder »Mörder«, sondern als »Aufrührer« ein ganz offensichtlich populärer Widerstandskämpfer, ja ein Volksheld.[219] Diese Interpretation ist ganz und gar nicht ketzerisch, sie ist fast kanonisch, denn auch Papst Benedikt schreibt: Das »griechische Wort für Räuber konnte in der politischen Situation von damals in Palästina eine spezifische Bedeutung bekommen. Es besagte dann so viel wie ›Widerstandskämpfer‹. Barabbas hatte an einem Aufstand teilgenommen.«[220] Mehr noch: »Wenn Matthäus sagt, Barabbas sei ein ›berühmter Gefangener‹ gewesen, so zeigt dies, dass er einer der herausragenden Widerstandskämpfer, wohl der eigentliche Anführer jenes Aufstands gewesen ist (27,16).«[221]

Die öffentliche Meinung zugunsten des vermeintlichen »Straßenräubers« schlüsselt der Evangelist Matthäus (27,20) sogar soziologisch auf: »[D]ie Hohepriester und die Ältesten«, also die jüdische Aristokratie der Geburt und des Geistes, hatten die »Menge« überredet, »die Freilassung des Barabbas zu fordern.« Ob es der »Überredung« bedurfte, darf bezweifelt werden, denn für eben diese – das legt der Text von Matthäus ebenso nahe wie dessen Vertonung durch Johann Sebastian Bach – geradezu bestialisch-grausame Menge war jener »Aufrührer« ein Kriegsheld.

Die meisten Leser (und Bachs Hörer) bewerten die Gerichtsszene traditionell so: Hier Jesus, der Messias, dort Barabbas, der vom entmenschten Pöbel bevorzugte Abschaum. Angesichts der historischen Analyse darf man – sogar mit päpstlichem Segen – den neutestamentlichen Text neu lesen. »Barabbas war eine messianische Figur. Die Wahl Jesus – Barabbas ist nicht zufällig; zwei messianische Gestalten, zwei Formen des Messianismus stehen sich gegenüber. Das wird noch deutlicher, wenn wir bedenken, dass Bar-Abbas ›Sohn des Vaters‹ heißt. Es ist eine typisch messianische Benennung, der Kultname eines herausragenden Anführers der messianischen Bewegung. Der letzte große messianische Krieg der Juden im Jahr 132 wurde von Bar-Kochba – ›Sternensohn‹ – geführt. Das ist dieselbe Namensbildung; dieselbe Absicht.«[222]

Daher stehen sich vor Gericht nicht Messias und Abschaum gegenüber, sondern Messias und Messias. Was mir als »Ketzerei« unterstellt würde, sei wieder »kanonisch« abgesichert: »Die Wahl steht also zwischen einem Messias, der den Kampf anführt, der Freiheit und das eigene Recht verspricht, und diesem geheimnisvollen Jesus, der das Sich-Verlieren als Weg zum Leben verkündet. Ist es ein Wunder, dass die Massen Barabbas den Vorzug gaben?«[223] Wenn selbst der Papst die »historisch-kritische Methode« anwendet,[224] sollten wir nicht auf sie verzichten. Seine »kanonische Exegese«[225] führt zurück zur Theologie, die nicht unser Gegenstand ist. Wir setzen daher den historischen Diskurs fort.

Wandel in Kontinuität, in jüdischer Kontinuität, das ist ein weiteres Leitmotiv der Bergpredigt: »Denkt nicht, ich sei gekommen, um das Gesetz und die Propheten aufzuheben. Ich bin nicht gekommen, um aufzuheben, sondern um zu erfüllen … Bis Himmel und Erde vergehen, wird auch nicht der kleinste Buchstabe des Gesetzes vergehen, bevor nicht alles geschehen ist.« (Mt 5,17 f.)

Was will Jesus hiermit – jenseits des Spirituellen – sagen? Doch dies: Ich stehe ohne Wenn und Aber in der jüdischen Tradition. Obwohl, ja gerade weil ich in dieser Tradition stehe, predige ich, anders als die jüdischen Rebellen, Gewaltlosigkeit. Weil ich in der Tradition der Propheten stehe, zum Beispiel des Propheten Jeremias, empfehle ich, wie er angesichts der Babylonischen Gefahr, nicht Kampf und den vorhersehbaren Untergang, sondern das Niederlegen der Waffen und das Leben beziehungsweise Überleben.

Jesus und seine Zuhörer wussten, dass auch der Prophet Jeremias in seiner Stadt nichts galt (Hebräisch: ejn Navi beiro). Sie wussten, dass die Zerstörung des Ersten Tempels (586 vor Christus) und die Verschleppung ins Zweitstromland, das (damals) Erste Exil, folgten. Jeremias 21,8–9: »So spricht der Herr: Seht, den Weg des Lebens und den Weg des Todes stelle ich euch zur Wahl. Wer in dieser Stadt bleibt, der stirbt durch Schwert, Hunger und Pest. Wer aber hinausgeht und sich den Chaldäern, die euch belagern, ergibt, der wird überleben und sein Leben wie ein Beutestück gewinnen.« Direkt ist der Weg von Jeremias zu Jesus.

Was Jesus als Mensch ahnen konnte und als »Gottes Sohn« wissen musste: Rom war mindestens so mächtig wie einst Babylon, die Säulenhallen des Tempels hatten bereits einige Jahre zuvor gebrannt (Flavius Josephus), der Zweite Tempel war durch den jüdischen Guerillakrieg insgesamt gefährdet und ein neues, diesmal römisch-europäisches Exil drohte.

Es half wenig. Jesus und seine Anhänger wurden nicht nur vom jüdischen Stadt-»Bürgertum« (Schriftgelehrte und Pharisäer) und der Priester-»Aristokratie« bekämpft, sondern natürlich auch von den jüdischen Guerillaführern. War Judas Iskariot ihr »V-Mann« bei den Jesus-»Appeasern«?

In der Berg- beziehungsweise Feldpredigt dreht Jesus den Spieß um (Mt 55,11 f.): »Selig seid ihr, wenn die anderen euch beschimpfen, verfolgen und verleumden, weil ihr zu mir gehört. Freut euch und jubelt, denn im Himmel werdet ihr reich entschädigt. Die Propheten vor euch wurden genauso verfolgt.« Und die Propheten wurden später auch »auf Erden« rehabilitiert. Siehe oben.

Aus der Defensive geht Jesus in die Offensive über, vor allem gegen die jüdischen Guerillakämpfer, die meinen, mit Gewalt siegen zu können. Jesus drängt sie nicht nur tagespolitisch in die Verteidigung, sondern grundsätzlich, ethisch (Mt 5,21 ff.): »Ihr habt gehört, dass zu den Alten gesagt worden ist: Du sollst nicht töten; wer aber jemand tötet, soll dem Gericht verfallen sein. Ich aber sage euch: Jeder, der seinem Bruder auch nur zürnt, soll dem Gericht verfallen sein; und wer zu seinem Bruder sagt: Du Dummkopf!, soll dem Spruch des Hohen Rates verfallen sein; wer aber zu ihm sagt: Du (gottloser) Narr!, soll dem Feuer der Hölle verfallen sein.« In Lukas 6,37 bezieht sich Jesus weniger auf das Gericht als Institution, er warnt Menschen – ob Richter oder nicht – grundsätzlich davor, andere Menschen zu richten: »Richtet nicht, dann werdet auch ihr nicht gerichtet werden. Verurteilt nicht, dann werdet auch ihr nicht verurteilt werden.«

Betrachten wir auch diesen Abschnitt aus dem real-, militär- und jüdisch-historischen Zusammenhang. Zunächst: »Du sollst nicht töten« (Einheitsübersetzung, Klaus Berger und unzählige andere) ist schlicht falsch. Im hebräischen Original heißt es: »Du sollst nicht morden« (»Al tirzach«).

Weiter: »Wer jemanden mordet, soll dem Gericht verfallen sein.« Was Jesus und alle seine Zuhörer wussten und jeder weiß, der das Kleine Einmaleins des Guerillakrieges kennt: Wer mit dem Feind »zusammenarbeitet«, sogenannte »Kollaborateure«, wird von den Extremisten seines Volkes, den Guerillakämpfern, ermordet. Das war so zu Jesu Zeiten, das war so zu Zeiten der Ersten und Zweiten Palästinenser-Intifadah, das wird bei jedem Guerillakrieg so sein, denn im Krieg sorgen die Kriegsherren für eiserne Disziplin; notfalls mit Gewalt auch gegen die »eigenen Landsleute«.

Genau dieser Guerilla-Selbstjustiz widersetzt sich Jesus. Er verlangt ausdrücklich ordentliche Gerichtsverfahren. Anders kann man diese Passage nicht interpretieren. Und auch hier ist die Tradition von Jeremias zu Jesus ungebrochen. Jeremias 21,12: »So spricht der Herr: Haltet jeden Morgen gerechtes Gericht.« »Gerechtes Gericht«, nicht Selbst- oder Unrechts-Justiz, Leitmotive der alttestamentlichen Propheten-Texte.

Wer sich bei der Bekämpfung der tatsächlichen oder vermeintlichen Kollaborateure auf Gott bezieht, wird von Jesus klipp und klar seinerseits als Gotteslästerer bezeichnet und ist der »Hölle verfallen«. Jesus fordert eine ordentliche Justiz in dieser Welt und droht mit, jawohl, Gottes Rache, denn wer der Hölle verfallen ist, wurde – religiös interpretiert – von Gott verworfen; mag er sich noch so sehr auf Gott berufen.

Von der zeitgebundenen Interpretation führt diese Perspektive wieder zu Jesu »ewiger« Botschaft beziehungsweise Ethik. Nebenbei: Man kann sie mühelos auf alle fanatischen Gotteskrieger anwenden, damals die jüdischen, später die christlichen (Kreuzritter zum Beispiel) und heute die Islamisten beziehungsweise Djihadisten.

»Versöhne dich mit deinem Bruder«, sagt Jesus unmittelbar danach (Mt 5,24). Kann es einen noch deutlicheren Aufruf zur Beendigung des jüdischen Bruderkrieges als Teil des antirömischen Guerillakrieges geben, dem der Appell zum Friedensschluss konkret-historisch mit Rom (und wieder grundsätzlich, zeitlos, ewig-ethisch) und dann auch mit jedem Gegner folgt? »Schließ ohne Zögern Frieden mit deinem Gegner.« Jesus verlängert die Aussage – und verkürzt damit den Zeithorizont auf die unmittelbare Gegenwart: »Schließ ohne Zögern Frieden mit deinem Gegner, solange du mit ihm noch auf dem Weg zum Gericht bist.« Wir erkennen wieder Jesu Muster, er verbindet das Prinzipielle mit dem Pragmatischen. Beides enthält seine Predigt. Man verkürze sie nicht auf das eine oder andere. Jesus ist gegen die Fememorde im jüdischen Bruder- und Guerillakrieg seiner Zeit, und er wendet sich gegen jedes Morden.

Die ethische Steigerung der Berg- beziehungsweise Feldpredigt, Matthäus 5,38 f.: »Ihr habt gehört, dass gesagt worden ist: Auge um Auge, Zahn um Zahn. Ich aber sage euch: Leistet dem, der euch etwas Böses antut, keinen Widerstand, sondern wenn dich einer auf die rechte Wange schlägt, dann halt ihm auch die andere hin.«

Leistet keinen Widerstand, klarer konnte er es nicht sagen. Hier, in Galilä, der Hochburg des antirömischen Widerstands, theoretisierte Jesus nicht über »Widerstand«, sondern widersetzte sich direkt dem Willen zum gewaltsamen Widerstand. Gewaltlosigkeit hielt er für die langfristig wirksamere Strategie. Und, ja, Jesus dachte strategisch – wie (erheblich später) Mahatma Gandhi, bei dem Gewaltlosigkeit auch nicht als Schwäche, sondern Stärke und Vermeidung kollektiven Selbstmords gedacht war. Dass die jüdischen Guerillas diesen, aus ihrer Sicht, zersetzenden Geist beobachten oder gar »beseitigen« wollten, überrascht nicht.

Nach dem »Wangen-Wort« setzt Jesus den ethischen Höhepunkt, Matthäus 5,43 f.: »Ihr habt gehört, dass gesagt worden ist: Du sollst deinen Nächsten lieben und deinen Feind hassen. Ich aber sage euch: Liebt eure Feinde und betet für die, die euch verfolgen.«

Schließlich Mt 5,46–48: »Wenn ihr nämlich nur die liebt, die euch lieben, welchen Lohn könnt ihr dafür erwarten? Tun das nicht auch die Zöllner? Und wenn ihr nur eure Brüder grüßt, was tut ihr damit besonderes? Tun das nicht auch die Heiden? Ihr sollt also vollkommen sein, wie es auch euer himmlischer Vater ist.«

Diese prinzipiell-ewig-ethisch-religiösen Leitsätze können, ja müssen zugleich auch pragmatisch-zeitbezogen erklärt werden. Zunächst: In der Hebräischen Bibel (»Ihr habt gehört«) steht nicht: Du sollst »deinen Feind hassen«. Es steht sehr wohl (Levitikus 19, 18): »Du sollst deinen Nächsten lieben wie dich selbst«. Der in der Bergpredigt unterstellte Zusatz fehlt. Er mag der aufgeheizten innerjüdischen und jüdisch-römischen Situation (oder gar nur nachträglicher Polemik des Evangelisten?) geschuldet sein.

Wen wundert's, dass in der damals so aufgewühlten Wirklichkeit »die Menge« nicht nur religiös, sondern tagespolitisch, militärstrategisch »sehr betroffen von seiner Lehre« war (Mt 7,28)? Außerdem lehrte er »sie wie einer, der göttliche Vollmacht hat und nicht wie ihre Schriftgelehrten« (Mt 7,29), die mit den jüdischen Rebellen auch nicht fertig wurden und durchaus mit den Römern im Rahmen einer innerjüdischen Autonomie »kollaborierten«. Der Prozess gegen Jesus hat diese »Kollaboration« dokumentiert, wobei eindeutig Rom das letzte Wort hatte.

Es bleibt: Wer die Bergpredigt nicht auch (gewiss nicht nur) als militärhistorisches Dokument erkennt, verkennt ihre physische und metaphysische Mehrbödigkeit. Diese Aussage »entweiht« die Bergpredigt nicht, zumal sich Jesus hier – natürlich – als tiefgläubiger, ja urgläubiger Mensch zeigt. Mensch? Die »Gottessohnschaft« findet sich eher am Rand der Bergpredigt. Nur einmal, in Matthäus 7,21 spricht Jesus von »meinem Vater«, sonst ist von »eurem himmlischen Vater« (Mt 5,48 und 6,32), »eurem Vater im Himmel« (Mt 6,1), »dein Vater« (Mt 6,6) oder »unser Vater im Himmel« (Mt 6,9 ff. und Mt 6,18) die Rede. Lukas 6,35: »… und ihr werdet Söhne des Höchsten sein«. Das ist eine dramatische Relativierung der eigenen Gottessohnschaft, denn hier erklärt Jesus nichts weniger, als dass jeder Mensch Gottes Sohn werden könne. Eigentlich erlaubt diese Aussage nur eine Interpretation: Die Gottessohnschaft, auch seine eigene, müsse eher symbolisch als wörtlich verstanden werden, wie im »Vater unser«, wo Gott unser aller Vater ist – oder wie im Jüdischen Gebet »Awinu Malkejnu«, »Unser Vater, unser König«.

Der Grundgedanke ist klar und einfach: Wie für jeden tiefreligiösen Menschen ist Geschichte für Jesus Heilsgeschichte, »Gottes Werk«. Gott denkt und lenkt – nicht der Mensch. Das ist wahrer Glaube, Urglaube – und zudem urpharisäisch.[226] Der menschlichen Nachhilfe bedarf Gott nicht. Im Gegenteil, wer als Mensch Gott sozusagen nachhilft, handelt gotteslästerlich. So gesehen waren die jüdischen Guerillas Gotteslästerer, denn sie glaubten nicht stark genug an Gott – wenn Gott denn die Juden überhaupt von den Römern befreien wollte. Wollte er? Abgeleitet aus dem (un)heilsgeschichtlichen Blickwinkel der alttestamentlichen Propheten, in deren Tradition sich Jesus stellte und stand, wollte Gott nicht. Jedes die Menschen treffende Unheil ist »von Gott«, wie die Zerstörung des Ersten Tempels und das Babylonische Exil. Wenn Gott den Juden die Geißel Roms hätte ersparen wollen, hätte er der Nachhilfe jüdischer Rebellen nicht bedurft. Auch in diesen Zusammenhang gehört »So gebt dem Kaiser, was des Kaisers und Gott was Gottes ist« (Mk 12,17).

Die von den Hohepriestern und Schriftgelehrten Jesus und den damaligen »Pazifisten« unterstellte Gotteslästerung kehrte sich gegen sie selbst. Dieser Bogen lässt sich weit in die nachjesuanische Zeit, sogar bis in die Gegenwart spannen: Die jüdische Extrem-Orthodoxie bekämpft seit dem späten 19. Jahrhundert den Zionismus als »Gotteslästerung«. Ihre Begründung: Wenn Gott das Exil beenden und neue jüdische Staatlichkeit errichten wolle, bedürfe er weder der Nachhilfe eines Theodor Herzl oder Ben-Gurion oder Begin oder Scharon oder, oder, oder.

Den heutigen Islamisten kann, muss man, im Rahmen ihres eigenen Glaubenssystems, ebenfalls Unglauben vorwerfen: Im Kampf gegen die »Ungläubigen« (oder wen sie dafür halten und erklären) warten sie nicht auf Gottes Walten, sie halten sich lieber an sich selbst. Jedweder Terrorismus ist, religiös betrachtet, eine »Art Selbstermächtigung des Menschen«[227] ohne Gott, im Namen Gottes und letztlich Gotteslästerung. Bedarf Gott der Aktivisten – muslimisch, christlich oder jüdisch? Das ist nicht mehr unser Thema. Es gehört jedoch zu unserem Judas-Thema aus jüdisch-historischer und jüdisch-theologischer Sicht. Eine, die jüdische Sicht gibt es nicht, denn sowohl Jesus als auch Judas hatten zu ihrer Zeit, jenseits der Theologie, eine jeweils sehr konkrete irdische Strategie.

Judas hat Jesus verraten. Dennoch gab es auch »danach« selbst in der frühchristlichen Gemeinschaft den einen oder anderen Judas. Der Name war offenbar nicht gänzlich stigmatisiert, zumindest nicht im judenchristlichen Milieu, dem beispielsweise der Judasbrief zuzurechnen ist. Klaus Berger datiert ihn »um 75 nach Christus«.[228] Auch rund ein Jahrhundert später war der Name unter Frühchristen immer noch nicht tabuisiert, was das 2006 »neugefundene« Judas-Evangelium aus dem »späten 2. Jahrhundert nach Christus« beweist.[229] Mehr noch: In diesem Text ist Judas »der Lieblingsjünger

Jesu«, was der »krönende Abschluss, die Spitze der Karriereleiter im theologischen Ansehen Judas'« wäre, »das sich in den vergangenen fünfzig Jahren kontinuierlich gebessert hat«.[230] Die Ein- und Zuordnung des Judas-Evangeliums ist nicht unser Thema, die heilsgeschichtlich normative Rehabilitierung, geradezu Nobilitierung des Judas ist es. So beginnt das »Evangelium nach Judas Iskariot«: »Die geheimen Worte der Offenbarung, die Jesus während einer Woche, drei Tage bevor er das Passah-Fest feierte, zu Judas Iskariot sprach.« Die Gemüter der Jünger »waren zu schwach«, sich Jesus entgegenzustellen, außer dem des Judas Iskariot.[231]

Wir lernen, dass auch unter (Früh-)Christen dieser Name keineswegs höllisch vermieden, sondern geradezu himmlisch, heilsgeschichtlich er- oder gar überhöht wurde, denn – theologisch »wasserdicht« – ohne Judas' Verrat keine Kreuzigung und ohne Kreuzigung keine Auferstehung und letztlich kein Jesus als Christus.

*

So bedeutungsvoll einige der späteren Jehudas/Judas, sie alle stehen im Schatten der beiden sozusagen Ur-Namensträger, Jakobs Sohn und dem Jesus-Verräter. Dabei tut man dem einen oder anderen der späteren Judas/Jehudas grobes Unrecht. Dem Patriarchen Rabbi Jehuda Hanassi (ca. 165–217 nach Christus) zum Beispiel. Dieser tanaitische Rabbiner stammte aus dem Hause Davids, und er war ein Nachfahre Rabbi Hillels, der wiederum der eigentliche Lehrmeister Jesu war. Rabbi Jehuda Hanassi – hanassi = der Prinz oder Präsident – wird im Talmud seiner Autorität wegen oft nur »Rabbi« genannt, ohne jeden Zusatz, denn »Raw«, Rabbiner, das ist eben er. Um das Jahr 200 nach Christus hat er den ersten Teil des Talmud kodifiziert, die Mischna. Nicht nur bei Juden genoss er als geistig-geistliches Oberhaupt der Juden Palästinas höchstes Ansehen, sondern auch beim römischen Kaiser.

Vor und nach Rabbi Jehuda Hanassi gab es eine Handvoll anderer Rabbis gleichen Namens, unter den Tanaiten der Mischna und den Amoräern der Gemara, also des zweiten Talmudteiles. Keiner wirkte so nachhaltig wie »Rabbi«.

Bedeutende Judas/Jehudas finden wir auch im Mittelalter sowie in der Neuzeit. Wieder gilt: Bei aller Bedeutung, welthistorisch wuchtig wie Jakobs Sohn und der Jesus-Verräter war keiner. Selbst nicht der spanisch-jüdische Arzt und »Dichterfürst« Jehuda Halevi. Er wurde 1075 im spanischen Tudela geboren und starb 1141 auf mysteriöse Weise auf dem Weg ins Heilige Land, wohl in Ägypten.

Den einen oder anderen Judas/Jehuda der nachbiblischen jüdischen Geschichte könnte man noch nennen, doch wozu Namen nennen, die nicht mehr als Vokabeln sind, die man gleich vergisst?

*

Christen nannten und nennen ihre Kinder traditionell nicht selten »Christian«, »Christoph«, »Christa« »Christiane« oder so ähnlich. Nannten und nennen Juden vergleichbar stetig ihre Nachkommen Judas, Jehuda, Jehudia (= Jüdin), Jehudith oder Judith?

So viele Judas oder Jehudas wie bei Christen Christian und Christan-Derivate findet man bei Juden nicht; weder auf der historischen Ebene der Einzelpersonen seit Judas Makkabäus oder Judas Iskariot noch in der empirisch-repräsentativen Historischen Demoskopie. Das gilt nachweisbar von 1860 bis 1938 sowie von 1945 bis heute fürs deutsche und von 1882 bis zur Gegenwart fürs zionistisch-israelische Judentum.[232]

Bemerkenswert und kennzeichnend für die »klassisch-jüdische« Identifizierung der vorstaatlichen und staatlichen Gemeinschaft in »Zion«/»Palästina«/Israel ist der zeitliche Verlauf. Von 1882 bis 1919 erhielten zwischen 70 Prozent und 60 Prozent aller neugeborenen Jungen Vornamen dieser Kategorie, die sich eindeutig mit dem wie auch immer subjektiv empfundenen, verstandenen »jüdischen Erbe« identifizierte. Von 1919 bis 1944 ging der Anteil zurück: 65 Prozent bis 42 Prozent. Nach Holocaust und Staatsgründung Israels stieg die Hinwendung zum Jüdischen an sich in den Jahren 1945 bis 1950. 1951 bis 1969 – dramatischer Rückgang, 50 Prozent bis 22 Prozent. Danach, bis 1980, ein weiterer Rückgang auf Werte zwischen 20 Prozent und zehn Prozent.[233]

Jehuda/Judas symbolisiert seit jeher jüdisch-zionistisch-israelischen Nationalismus. Auch der ist »nicht mehr, was er war.«

Mit »Judas« gingen und gehen erst recht Diaspora-Juden sparsamer um als Christen mit »Christian«. Von 1860 bis 1938 fand man unter den bei deutschen Juden zehn beliebtesten männlichen Vornamen auf den Plätzen eins bis drei Max, Julius und Her(r)mann. Siegfried landete zu dieser Zeit, verglichen mit nichtjüdischen Deutschen, bei Juden erheblich weiter vorne, nämlich auf Platz sieben. Nur einen jüdischen Namen gab es damals unter den ersten zehn: Jakob/Jacob auf Platz neun.

Auch nach dem Holocaust, in den Jahren 1945 bis 1999, kein Judas/Jehuda weit und breit. Auf Platz eins David, gefolgt von Daniel und Michael, Benjamin, Samuel, Rafael, Mark, Jonathan und Simon. Auf Platz fünf – altneu hellenistisch, wie in der Ära kurz nach Judas Makkabäus – Alexander.

Und ewig dreht sich das Rad der Geschichte? Mag sein, doch diesen geschichtstheoretischen Diskurs führen wir hier nicht. Wir stellen nur fest: Judas/Jehuda ist in der israelischen und diasporajüdischen Welt als nationales Symbol nicht wirklich »in«, sondern eher »out«. Wer sich in der jüdischen Welt oder in Israel mit klassisch Jüdischem nicht identifiziert, identifiziert sich auch nicht mit Judas/Jehuda. Jehuda ist von historischem und symbolischem Interesse. »Vom Winde verweht« – doch nicht vergessen.

DER MESSIAS-AHNE ALS RÄUBERHAUPTMANN: KÖNIG DAVID

Der Messias komme aus dem Hause David. So die christliche *und* jüdische Verheißung. Christen sagen: Der Messias *ist* bereits gekommen. Jesus ist der Messias, der Heiland, der Christus. Nein, sagen Juden: Der Maschiach, wörtlich: der Gesalbte oder auch der (von Gott) Gesandte *wird* kommen. Recht besehen haben die talmudischen Weisen das Kommen des Messias auf den Sankt Nimmerleinstag verschoben. Das aber ist nicht unser Thema. Wir schauen auf König David, und der sei – ich wiederhole – aus jüdischer *und* christlicher Sicht der Messias. Ob Gott, Quasi-Gott, Übermensch, Mensch oder Personifizierung von Tugend und Frieden schlechthin – nichts ist schlecht am erschienenen oder noch zu erscheinenden oder wiederzukehrenden Messias. Schlechter sieht es um den Ahnen des Messias aus: um König David. Er kommt, anders als die monarchisch-priesteraristokratische Propaganda in Könige beziehungsweise 1 Chronik und die prophetisch-alttestamentliche, talmudische oder auch neutestamentliche Tradition uns einzureden versuchen, nicht unbedingt aus bestem Hause. Wer die Samuel-Bücher 1 und 2 sowie den Anfang von 1 Könige liest, wird schwerlich widersprechen können.

Die Schlussfolgerung am Anfang: Dieser David war alles andere als die Personifizierung von Tugend, *virtus*, oder Menschlichkeit. Die Hebräische Bibel, das »Alte Testament«, huldigt dem mutigen, mächtigen, schönen und erfolgreichen König; dem Reichseiniger und eigentlichen Gründer Alt-Israels; dem guten Freund Jonathans, dem vermeintlich loyalen Diener seines Vaters, König Saul; dem Widerstandskämpfer aus politisch und religiös gerechtfertigten Gründen; dem angeblichen Dichter, Sänger, Komponisten und Solisten schöngeistiger, kluger, gottesfürchtiger, gottliebender, elegischer und hymnischer Psalmen. Doch die Hebräische Bibel erzählt auch, dass jener David ein Räuberhauptmann, Guerilla, Schurke, mindestens zweifacher Ehebrecher und offenbar auch kein einsatzfreudiger Vater war.

Die Verheißung: Der Messias aus dem Hause David

Wenn, wie die christliche Lehre besagt, der Neue (christliche) Bund den Alten (jüdischen) überwindet und zugleich vollendet, ist es logisch sowie theologisch zwingend, dass die Hebräische Bibel – zum Missfallen missmutiger Christen – sozusagen die Ouvertüre zum Neuen Testament ist. Folglich gilt die alttestamentliche Verheißung für die Verwirklichung des Messias, für Jesus als Christus – aus dem Hause David, hebräisch: Maschiach ben David.

Jesaja 11,1 ff.: »Doch aus dem Baumstumpf Isais wächst ein Reiß hervor …« Isai, hebräisch Ischai, war der Vater Davids, und er stammt – woher wohl …? – ja, völlig überraschend aus Bethlehem. Das Weihnachtslied aus dem 16. Jahrhundert: »Es ist ein Ros entsprungen … davon Jesaja sagt …«, erinnert daran.

Auch bei Jeremias 33,15 ff. wird man fündig: »In jenen Tagen und zu jener Zeit werde ich für David einen gerechten Sproß aufsprießen lassen. Er wird für Recht und Gerechtigkeit sorgen im Land.« Auch Ezechiel 38,24: »Mein Knecht David wird ihr König sein«.

Logisch und theologisch zwingend daher die Genealogie im Matthäus-Evangelium 1,1: »Stammbaum Jesu Christi, des Sohnes Davids, des Sohnes Abrahams.«

Kein Zweifel: David, der Ahne Jesu, wird als makellose Lichtgestalt einführend vorausgesetzt, seine im Alten Bund erwähnten Schattenseiten bleiben unerwähnt. Das ist ein ebenso klarer wie theologisch und religionspolitisch verständlicher, weil aus christlicher Sicht notwendiger Bruch mit der jüdischen Tradition. Deren Menschen-, Messias- und Gottesbild war und ist, anders als im Christentum, dialektisch oder mehrdimensional.

Wie Maria bei ihrer Empfängnis bleibt Jesus, der christliche Messias, – bis auf »zornjüdische Reste« – eindeutig eindimensional unbefleckt bis zu seinem Verhängnis, der Kreuzigung. Die ethischen Flecken seines Ahnen David bleiben, wie übrigens auch bei den jüdischen Propheten, unerwähnt. Vergangen, verdrängt, vergessen.

Nicht so bei den Autoren, Redaktoren und Kanonisierern der Hebräischen Bibel. Sie hielten an ihrer Kernbotschaft fest: Mehrdimensional ist Gott, ist der Messias, ist der Mensch und war natürlich auch König David der Große, dessen Mängel alles andere als klein waren.

Exkurs 1: Der Messias, Sohn einer Jungfrau oder jungen Frau?

Wir sahen: Die Verheißung des christlichen Messias basiert auf der jüdischen und hat sie doch entscheidend im Sinne eindimensionaler statt dialektischer Ethik verändert. Vergleichbares gilt für die Verheißung der Messias-Geburt.

Jesaja 7,14: »Seht, die Jungfrau wird ein Kind empfangen, sie wird einen Sohn gebären, und sie wird ihm den Namen Immanuel (Gott mit uns) geben«, lesen wir in der Einheitsübersetzung. Sie ist in einem entscheidenden Punkt falsch, ja total und gewiss willentlich sowie wissentlich falsch. Im hebräischen Original ist an dieser Stelle von einer jungen Frau (»alma«) die Rede, nicht von einer Jungfrau (»betula«). Einerlei, denn auch hier war – ganz im Sinne neutestamentlicher Kontinuität im Wandel – die Symmetrie zur alttestamentlichen Sara der Vater des Gedankens. Hier die 90-jährige Altfrau Sara, die Isaak das Leben schenkt, dort – biologisch undenkbar und theologisch zwingend – die Jungfrau Maria, die Jesus gebiert.

Exkurs 2: Die ethische Dialektik der Hebräischen Bibel

Wieso gilt ausgerechnet so ein »finsterer Geselle« als Ahne des Messias? Im Detail spekulieren möchte ich nicht, wohl aber an die fast durchgehende, allgemeine sowie ethische Dialektik der Hebräischen Bibel erinnern. Jeder, alle und alles ist darin dialektisch, also in sich mindestens doppelschichtig, nicht eindimensional, sondern widersprüchlich: Tag und Nacht, Gut und Böse, neben den Werktagen Sabbat und Feiertage und so weiter und so weiter. Ja, selbst Gott ist nicht eindimensional. Er ist barmherzig *und* hart, zornig *und* gütig, liebevoll *und* rachsüchtig, also »wie du und ich«. Wir Menschen sind halt sein Ebenbild. Was Wunder, dass selbst Noah (der von der Arche, der seinen unschuldigen Enkel Kanaan verfluchte …) und Lot (der, nichtsahnend, seine beiden sonst mannlosen Töchter im Suff schwängerte) alles andere als nur tugendhaft und vorbildlich erscheinen, oder auch Stammvater Abraham, der eher wie ein von der klafftigen Sara dressierter Mann geschildert wird. Von Stammvater Isaak mit seinem Ödipus-Komplex und Jakob, dem den Vater und seinen Bruder Esau Hintergehenden, sowie den Stammmüttern Sara, ihren Mann austricksenden Rebekka, der weinerlichen Lea und der die Götzen ihres Vaters stehlenden Rachel oder dem ersten Hohepriester Aron (der mit dem Goldenen Kalb …) ganz zu schweigen. Auch Arons Bruder, der Prophet und Volks»führer« Moses, benahm sich in Gottes Augen daneben. Freilich nur einmal. Von wegen »einmal ist kein Mal«: Dieses eine Mal hat den lieben Gott so erzürnt, dass er, alles andere als »lieb«, den so verdienstvollen Moses das Heilige Land nur von weitem betrachten ließ. Betreten durfte es der größte jüdische Prophet nicht.

Nachgefragt und nachgehakt: Warum also werden die Großen und Größten, selbst Gott oder David – hier sind wir endlich wieder bei ihm – in der Hebräischen Bibel einerseits als Verkörperung aller Tugenden verherrlicht und andererseits mit ihren Schwächen zwar nicht verdammt, so doch verdammt menschlich, schwächlich und fehlbar dargestellt? Die Antwort ist ebenso klar wie eindeutig: Weil eben nichts und niemand, nie etwas oder jemand eindeutig, sondern mindestens zweideutig ist. Selbst Gott und, versteht sich, der Ahne des Messias, also David. Das Kommen des Messias wird dann von den Propheten verkündet beziehungsweise verheißen, der Messias selbst aber, versteht sich ebenfalls, nicht beschrieben, weil nicht erschienen. Das geschieht aus christlicher Sicht im Neuen Testament. Versteht sich ebenfalls.

Nicht richtig versteht oder liest das Neue Testament, wer meint, Jesus werde hierin nur als sanft, verständnis- und liebevoll dargestellt. Im Prinzip schon, aber eben nicht überall und immer. Kontinuität im Wandel vom Judentum zum Christentum. Was bezogen auf Jesus gilt, gilt erst recht bezogen auf Petrus: »Ich aber sage dir: Du bist *Petrus* und auf diesen *Felsen* werde ich meine *Kirche* bauen« (Mt 16,18). Derselbe Petrus hatte in jener verhängnisvollen Nacht Jesus dreimal verleugnet. Genug der beweisenden Beispiele.

Wen überrascht's? Nur den, der nicht die geistig-geistliche und auch sprachlich-stilistische Kontinuität im Wandel vom Alten Judentum zum Christentum kennt, erkennt und nur widerwillig benennt.

Der schöne Messias-Ahne als finsterer Geselle – Die Hebräische Bibel

Seltsam, weil offenbar oberflächlich-äußerlich war schon Gottes Auswahlkriterium. »David war blond, hatte schöne Augen und eine schöne Gestalt. Da sagte der Herr (zum Priester Samuel): Auf, salbe ihn, denn er ist es. Samuel nahm das Horn mit dem Öl und salbte David mitten unter seinen Brüdern« (1 Sam 16,12 f.). David, der blonde – etwa »germanisch« blauäugige Jüngling? Auch ohne in die NS-Fußstapfen von Hans Friedrich Karl Günther, genannt:

»Rasse-Günther« beziehungsweise »Rasse-Papst«, zu treten, ist man ob der scheinbar völlig belanglosen Erwähnung der Haarfarbe überrascht. Doch selbst ob einer solchen Kleinigkeit ist die Hebräische Bibel mehrdimensional. »Der« Jude ist eben nicht nur dunkelhaarig, sondern auch blond. Eine auf den Menschen bezogene Variante zum Gebot »Du sollst dir kein Bildnis machen«. Das Alte Testament zeichnet eher Realbilder als Ideal- oder Zerrbilder. Angefangen bei Gott, endend im Detail, hier der Haarfarbe.

Davids Vorgänger und zunächst Vorgesetzter beziehungsweise Herr und Herrscher, König Saul, war ebenfalls alles andere als nur ein Bösewicht und Frevler, der David verfolgte. Bisweilen »gewann er ihn sehr lieb« (1 Sam 16,21). Es »quälte ihn ein böser Geist« (1 Sam 16,14). Er war also entweder manisch-depressiv oder schizophren. Wieder »kam über Saul … ein böser Geist, so dass er in seinem Haus in Raserei geriet. David aber spielte wie jeden Tag (die Zither). Saul hatte den Speer in der Hand. Saul dachte: Ich will David an die Wand spießen! Und schleuderte den Speer, aber David wich ihm zweimal aus« (1 Sam 18,10 f.). Es kommt zum Bürgerkrieg. Hie König Saul mit seinen regulären Truppen, da David, der Guerillakämpfer »in den schwer zugänglichen Bergen« (1 Sam 24,1). Im Bürgerkrieg erleben wir David als Edelmann, der trotz günstiger Gelegenheiten Saul nicht tötet (1 Sam 24 und 26).

Die Hebräische Bibel wäre nicht die Hebräische Bibel folgte nicht – im Sinne ihrer dialektischen Ethik – sogleich das Gegenteil. David, der Ehebrecher. Die Geschichte von David und Abigail. Machen wir es kurz, zumal der großartige israelische Schriftsteller Meir Shalev Davids Schurkereien in seinem Buch »Der Sündenfall – ein Glücksfall« ebenso ausführlich wie wunderbar witzig, kess, ketzerisch und boshaft beschreibt.

Davids (rein defensive, versteht sich) Guerilla-Truppe war im Kampf gegen Sauls Monarchie offensichtlich zu einer marodierenden Räuberbande verkommen, die es auch auf Teile der Aristokratie abgesehen hatte. Der wohlhabende Nabal bekam es zu spüren. Davids Mannen verlangten von ihm, was Mafiosi und ihresgleichen heute als »Schutzgeld« bezeichnen. Die Bibel formuliert diesen Sachverhalt in 1 Samuel 25,8 freilich salonfähiger: »… gib deinen Knechten und deinem Sohn David, was du gerade zur Hand hast.« Diesen »Sohn« kannte Nabal nicht. »Wer ist denn David?«, fragte er schroff und schickte Davids Boten zum Teufel. O-Ton Bibel: »Die Leute Davids kehrten um«, und David zog mit vierhundert Mann gen Nabal, der übrigens ein Nachfahre Kalebs, also jüdischer Hochadel war. Kaleb? Ja, richtig, einer der zwölf Kundschafter, die Moses ausgesandt hatte, um Land und Leute des von Gott den Juden gelobten Territoriums auszuspionieren. Nur Kaleb und Josua berichteten Erfreuliches, die übrigen zehn packte die Angst.

Angstfrei und vollbepackt mit Geschenken ritt nun Nabals Frau Abigail auf ihrem Esel David entgegen und sagte nur Nettes über ihren Gatten: »Mein Herr, achte nicht auf diesen üblen Mann.« David ließ sich erweichen. Abigail kehrte zurück und berichtete ihrem Mann. »Da versagte das Herz in seiner Brust, und er war wie versteinert« (1 Sam 25,37). Zehn Tage später war er tot. Für Meir Shalev ein klarer Schierlings-Giftmord durch die, ach, so liebende Ehefrau. »Darauf schickte David (Boten) zu Abigail (mit dem Angebot), er wolle sie zur Frau nehmen« (1 Sam 25,39). Sie ließ sich nicht lange bitten, »machte sich … in aller Eile auf … und wurde seine Frau« (1 Sam 25,42). Es war Davids zweite, und die nächsten folgten gleich. Wir überspringen die übrigen sechs Ehefrauen Davids und kommen zur achten, zu Batseba (2 Sam 11). Die Talmudischen Weisen sprechen von 18 Ehefrauen Davids, die »Kebsen« beziehungsweise Nebenfrauen nicht eingerechnet. Erwähnt sei, dass Gott vor der Batseba- und nach der Nabal-Abigail-Schurkerei David (als Belohnung?) ein weitgehendes Versprechen offenbart: »Dein Haus und dein Königtum sollen durch mich auf ewig bestehen bleiben« (2 Sam 7,16). Vier Kapitel später wird der starke König wieder liebesschwach. Vom Flachdach seines Palastes sieht er »eine Frau, die badete. Die Frau war sehr schön anzusehen« (2 Sam 11,2). Er erfährt: Sie ist die Frau des Hetiters Urija, eines Fremden also, der im Militär Davids diente. Der König »ließ sie holen, sie kam zu ihm, und er schlief mit ihr« (2 Sam 11,4). Sie wurde schwanger. David schickt Urija an die vorderste Front, wo er natürlich den Tod fand. »Sobald die Trauerzeit vorüber war, ließ David (Batseba) zu sich ins Haus holen. Sie wurde seine Frau und gebar ihm einen Sohn« (2 Sam 11,27). »Dem Herrn aber missfiel, was David getan hatte«, lesen wir (ebd.). Der Sohn stirbt. David tröstet Batseba, schläft mit ihr. »Und sie gebar einen Sohn, und er gab ihm den Namen Salomo« (2 Sam 12,24), hebräisch: Schlomo, was, jedermann versteht's, etwas mit dem Wort »Schalom« zu tun hat, Frieden. Und siehe da: »Der Herr liebte Salomo« (2 Sam 12,25). Wieder die dialektische Ethik der Hebräischen Bibel: Verheißung, dann Missfallen inklusive harte Strafen, nämlich Familien- und Bürgerkrieg. David leidet, aber bleibt an der Macht.

Zum dritten Fall der dialektischen Ethik in der Geschichte des Messias-Ahnen David: der Ermordung des, wie Meir Shalev ihn im »Sündenfall« nennt, »Braven Soldaten Joab«. Joab war mehr als nur Soldat. Er war Davids lebenslang treuer, loyaler, also wirklich »braver« Generalstabschef-Soldat und zugleich sein Neffe, nämlich der Sohn von Davids Schwester Zeruya. Seiner Zeit um Jahrtausende voraus, hielt sich General Joab strikt ans Primat der Politik. Nur einmal, während David im Sterben lag, »wagte« Joab, eine eigene politische Meinung kundzutun. Als Nachfolger des Königs bevorzugte Joab, dem üblichen Senioritätsprinzip entsprechend, Adonia, den Sohn der Chagit, und nicht Salomon, Batsebas Sohn. Das sollte ihm nicht gut bekommen. Auf dem Sterbebett erteilt David Salomon letzte Anordnungen und versteigt sich zu einer unglaublich dreisten Lüge: »Du weißt selbst, was Joab, der Sohn der Zeruya, mir angetan hat« (1 Kön 2,5). Salomon wusste, die Bibelredakteure wussten, wir wissen: Joab hatte nichts gegen, wohl aber alles für den König getan. Es kommt noch schlimmer. O-Ton David zu Salomon: »Lass dich von deiner Weisheit leiten und sorge dafür, dass (Joabs) graues Haupt nicht unbehelligt in die Unterwelt kommt ... Schick sein graues Haupt blutig in die Unterwelt« (1 Kön 2,6–9). Gesagt, getan, gefrevelt.

David stirbt versöhnt mit Gott und Gott mit ihm, denn zu Davids letzten Worten gehörte dieser Satz: »Der Geist des Herrn sprach durch mich« (2 Sam 23,3). David wurde zum Mythos.

Der geschönte David – Alttestamentliche, talmudische, christliche und islamische Kosmetik

Jenseits der Bücher 1 und 2 Samuel sowie 1 Könige wird David schon im Alten Testament ein Instrument moralischer Aus- und Aufrüstung der Tempel- beziehungsweise Priesteraristokratie.

Die theologische Reinwaschung oder Kosmetik Davids beginnt bereits, wie erwähnt, in Könige beziehungsweise Chronik 1, dann bei den sonst ethisch eher rigoristischen Propheten und endet gesamtbiblisch im Neuen Testament. Fortsetzung folgt: in Teil 1 des Talmud, der Mischna, sowie in Teil 2, der Gemara – von der christlichen Glorifizierung des Hauses David ganz zu schweigen.

David in der *Mischna* sei beispielhaft anhand der »Sprüche der Väter« (Pirkei Avot) vorgestellt. Hier ist viermal von ihm die Rede, in der restlichen Mischna etwa ebenso oft.[234] Dreifach wird er gepriesen: erstens als Vorbereiter des Tempels. Zweitens als eifriger Student der Torah, also des Pentateuch, der Fünf Bücher Mose, und drittens als Psalmen-Dichter.

Der Lobpreisung im Talmud, besonders in dessen Teil 2, der Gemara, ist kein Ende. David der Weise; der Dichter, Komponist und Sänger der Psalmen. »Eine Geige hing über seinem Bett. Um Mitternacht umwehte ihn Nordwind und musiziert über ihm. Sofort stand er auf und befasste sich mit der Torah bis zum Morgengrauen.«[235] David, der Gottesfürchtige. David, der Mann, der alle Gebote ganz genau einhält. David, der überall und jederzeit brav betet. David, der Gerechte. David, der sein eigenes Geld Bedürftigen spendet und niemandem etwas wegschnappt. David, der Prediger und Tröster. David, melech israel chai, chaj wekajam – David, König Israels, lebt ewig. Rabbi Jehuda Hanassi, der tannaitische Patriarch – also der »Präsident« des Sanhedrins, der obersten religiösen, politischen sowie rechtlichen Instanz der unter Rom autonomen Juden Palästinas, Rabbi Jehuda, der Kanonisierer der Mischna (er lebte um 200 nach Christus), verfasste diese wenigen David-melech-israel-chaj-wekajam-Worte als Kommunikationscode.[236] Heute sind sie ein allgemeinjüdischer und besonders israelischer Gassenhauer. Trivialer geht's kaum, und vor allem jeder nationalistisch-religiöse Israeli brüllt sich seinen Neu-David aus voller Kehle: »Begin, melech israel«; Arik (Scharon) melech israel; ebenso »Bibi, melech israel chaj, chaj wekajam.«

König David, David, David, der Große, der Größte, der Allergrößte. Ganz anders, nämlich vielschichtig oder ethisch-dialektisch beschreiben ihn 1 und 2 Samuel sowie der Anfang von 1 Könige beziehungsweise Chronik der Hebräischen Bibel.

Im agadischen (also erzählend-interpretierenden) Teil der Gemara beschäftigen sich die Weisen eingehend mit Davids Sünden – und waschen ihn weitgehend rein. So auch von dem faktischen Auftragsmord an Urija, Batsebas Gatten. Oft emanzipieren sich die talmudischen Weisen in ihren Kommentaren der biblischen Geschichten auch ethisch geradezu bravourös von der Wortwörtlichkeit des Originaltextes, indem sie aus der Geschichte A eine Geschichte B zaubern und suggerieren, es wäre doch die Geschichte A. So auch im Traktat Sabbat (V, iv, Fol. 56a).[237]

»Rabbi Schmuel ben Nachmani sagte im Namen Rabbi Jonathans: Wer da glaubt, David habe gesündigt, irrt sich nur. Denn es heißt (in 1 Sam 18,4): »David war in allen seinen Wegen erfolgreich, und der Herr war mit ihm. Wäre es denn möglich, dass die Göttlichkeit mit ihm war, wenn er eine Sünde begangen hätte?« Das Urteil: »Nicht strafbar«, weil Urija »Majestätsverbrecher war, denn er sagte (1 Sam 11,11) in (Davids) Gegenwart: Mein Herr Joab und die Knechte meines Herren lagern auf dem Feld«. Tatsächlich hatte Urija das gesagt, aber ganz anders gemeint als von Rabbi Nachmani, nämlich seinem Herrn Joab, seinen Kameraden und auch David gegenüber rücksichtsvoll.

Kein Geringerer als Rav widersprach Rabbi Schmuel. *Der* Rav, nicht irgendeiner der vielen talmudischen oder gar neuzeitlichen Rabbis: Rabbi Aba bar Ivo beziehungsweise Aba Aricha, der Gründer der Jeschiwa (Talmud-Thora-Schule) von Sura, dem heutigen Nadschaf im heutigen Irak. Er war so etwas wie der Rabbiner-»Papst« nicht nur seiner Zeit (175 bis 247 nach Christus) und gilt als eher strikter Gesetzes- und Textinterpret.

»Rav sagte: Wenn du über David nachdenkst, so findest du an ihm nichts weiter als die Angelegenheit mit Urija« (Sabbat V, iv, Fol. 56a).[238] Eine »Angelegenheit« und »nichts weiter«? Das ist doch wohl geschönt. Der rabbinische Disput geht weiter. Am Ende einigen sich diese beiden sowie spätere Talmudisten ganz allgemein auf David bezogen auf diese Formel: Er sei die paradigmatische Personifizierung eines »Baal Tschuwa«, eines Menschen, der Umkehr (»tschuwa«) leistet. Im Garten Eden sitze er neben den Stammvätern und Propheten, ja sogar an ihrer Spitze. Bei dieser talmudischen *Geschichten- und Ethik-Kosmetik* kommen noch deftige Salomon-Prisen in die David-Mischung, zum Beispiel unübertreffliche Weisheit sowie übermenschliche oder überzeitliche Richter-Qualitäten.[239]

Diese David-plus-Salomon-plus-Talmud-Mischung, ergänzt um eine Prise Propheten, finden wir dann auch in der islamischen David-Tradition, besonders in Sure 38,17–30:

Und denke an unseren kraftvollen Knecht David.
Siehe, er war bereit zur Buße.
…
Und stärkten seine Herrschaft und gaben ihm Weisheit und Urteilskraft.
Kam zu dir die Kunde der Streitenden?
…
David! Siehe, wir haben dich zum Nachfolger im Lande gemacht.
…
Ein Buch voll Segen [den Koran; M. W.], wir sandten es zu dir herab,
auf dass sie seine Verse recht bedenken
und die Einsichtsvollen sich mahnen lassen.
Wir schenkten David Salomo. Welch guter Knecht![240]

Jene Geschichten- und Ethik-Kosmetik, diese Mélange beziehungsweise Mischung, haben freilich weder der Islam noch die Talmudisten erfunden. Diese *Kosmetik* lässt sich leicht aus der *ethischen Dialektik* der Hebräischen Bibel ableiten.

In 2 Samuel 7,16 verheißt der Prophet Nathan im Namen Gottes dem Schier-endlos-Sieger David: »Dein Haus und dein Königtum sollen durch mich ewig bestehen bleiben; dein Thron soll auf ewig Bestand haben.«[241] Auch daraus wiederum folgte logisch und theologisch zwingend fürs Christentum die Stammbaum-Herleitung Jesu aus dem Hause David – INRI, Jesus Nazarenus Rex Iudaeorum. Nur aus dem Hause David konnte ein und erst recht »der« Judenkönig stammen. Ethisch ist das überraschend, wenn man bedenkt, wie nachteilig und vorwurfsvoll die nachdavidischen Könige seiner Dynastie in den biblischen Büchern Könige 1 und 2 dargestellt werden. Fast alle waren regelrechte Schufte, Mörder oder Götzendiener. Der David-Mythos lebte und lebt weiter – über die Kabala, die jüdisch-mittelalterlich-frühneuzeitliche

Mystik, Moses Maimonides, den »Rambam« (gestorben 1204)[242] bis zur politischen Instrumentalisierung im modernen Israel seit 1948.

Doch Vorsicht. Die – boshaft interpretiert – verzerrende Instrumentalisierung Davids oder – wohlwollend interpretiert – die Zentralität Davids ist eben keine exklusiv jüdische Erfindung. Das Christentum braucht sie ebenso wie der Islam. Jede der drei monotheistischen Religionen braucht David für je ihre eigene und doch auf dem alttestamentlichen Judentum aufbauende *Theologie* und, ja, *Politik.*

Denkmalsturz

Die jüdische Moderne kratzt am Denkmal oder stürzt es. Heinrich Heine zum Beispiel in seinem Gedicht »König David«:

Lächelnd scheidet der Despot,
Denn er weiß, nach seinem Tod
Wechselt Willkür nur die Hände,
Und die Knechtschaft hat kein Ende.

Armes Volk! wie Pferd und Farr'n
Bleibt es angeschirrt am Karr'n,
Und der Nacken wird gebrochen,
Der sich nicht bequemt den Jochen.

Sterbend spricht zu Salomo
König David: »Apropos,
Dass ich Joab dir empfehle,
Einen meiner Generäle.

Dieser tapfre General
Ist seit Jahren mir fatal,
Doch ich wagte den Verhassten
Niemals ernstlich anzutasten.

Du, mein Sohn, bist fromm und klug,
Gottesfürchtig, stark genug,
Und es wird dir leicht gelingen,
Jenen Joab umzubringen.«

Renaissance und »Auferstehung«

Auf dem Weg zu einem neuen Jüdischen Staat und zu dessen Festigung, also für Zionismus und Staat Israel, wurde David quasi unverzichtbar, auch wenn in der zionistischen Bewegung niemand ernsthaft an eine Monarchie gedacht hatte. David war zwar nicht der erste, aber doch der eigentliche Staatsgründer in der jüdischen Antike. Keine Nation, kein Staat ohne Mythen. Das mag gefallen oder nicht, so ist es. Christopher Clark hat es, bezogen auf die deutsche Geschichte jüngst kenntnis- und gedankenreich in seinem Buch »Von Zeit und Macht« beschrieben.[243]

Folglich brauchten, brauchen (oder missbrauchen …?) Zionismus und Staat Israel vor, für sowie unmittelbar nach der Staatsgründung die jüdische Vergangenheit als Argument oder Waffe für Gegenwart und Zukunft. Das war Ursache und Anstoß der jüdischen David-Renaissance.

Politisierungen

Politisierung 1 – gesamtstaatlich:
Was für ein trefflicher Zufall (oder vielleicht doch Vorsehung …?), dass auch Neu-Israels Staatsgründer David hieß – David Ben Gu-

rion, der Chef der israelischen Sozialdemokratie. Wie König David ebenfalls ein scheinbar allmächtiges Über-Ich.

»David, melech israel, chai wekajam« (David, König Israels, lebt ewig) dieser knapp 2000 Jahre alte Textcode aus dem Babylonischen Talmud[244], wurde 1954 von Mordechai Zeyra umfunktioniert, sprich: in ein neu komponiertes, total primitives Fünf-Wörter-Lied mit Dauer-Refrain integriert. Inzwischen ist es ein sozusagen israelisch-gesamtjüdischer »Klassiker«, obwohl oder gerade weil ein »Brüller« im doppelten Wortsinn. Ob Mordechai Zeyra mit diesem Ohrwurm (s)einen Beitrag zum demokratisch abgefederten Personenkult um Ben Gurion liefern wollte, weiß ich nicht. Es ist nicht sehr wahrscheinlich, weil er zunächst die Nähe der Linkssozialisten vom »Haschomer Hazair« suchte und sich erst allmählich sozialdemokratisierte. Wahrscheinlich waren Text und Musik als gesamtstaatlich-autosuggestiv-historisch-politische Selbstvergewisserung gedacht. Tenor: Staatsgründung einst – Staatsgründung heute, David als »Beweis«-Brücke jüdischer Kontinuität und Legitimität im Heiligen, »Gelobten« Land.

Politisierung 2 – Israels gesamtstaatliches Image:
Damals: David war klein, stand dem Riesen Goliath gegenüber und obsiegte kraft seines Verstandes.

1948 bis heute: Israel ist klein, steht der riesigen arabisch-islamischen Welt gegenüber – und obsiegt kraft seines Verstandes.

Politisierung 3 – parteipolitisch rechts:
Vor allem seit dem Wahlkampf 1981 hat Israels politische Rechte jenen David-Song quasi für sich vereinnahmt, genauer: für die eigenen Führungspersönlichkeiten Begin, Scharon, Netanjahu. Man tausche den Namen David gegen Begin, Arik (Scharon) oder Bibi (Benjamin Netanjahu): »Begin oder Arik oder Bibi »melech israel« … So verleiht man, in die weit zurückliegende Vergangenheit

springend, dem eigenen Gegenwartsidol das David-Charisma für die Zukunft der eigenen Ideologie und Partei.

Politisierung 4 – territorialpolitisch:
Sowohl Israels Linke als auch Rechte und (National-)Religiöse können David als politisches Argument oder Instrument nutzen. Rechte und (National-)Religiöse können, sich auf David berufend, ein noch größeres Groß-Israel als Israel + Westjordanland + Gaza + Golan fordern. Linke und Pazifisten können, sich ebenfalls auf David beziehend und ihre ethisch-territorialpolitische Noblesse selbst betonend, darauf hinweisen, dass sie trotz und nach David auf sein territorialpolitisches übergroßisraelisches Erbe verzichten – »um des lieben Friedens willen«. Der Harfe spielende David ist ihnen ganz allgemein sowie erst recht selbstdarstellerisch näher als der Waffen tragende.

Politisierung 5 – Multikulti? Zum jüdischen Charakter des Jüdischen Staates:
Jüdische Staatlichkeit, Staat der Juden, Jüdischer Staat, Einheit der Juden – für all das gilt König David als gedankliche und gefühlsgeprägte Chiffre. Doch Vorsicht. Auch hier haben die Autoren und Redaktoren der Hebräischen Bibel ethnisch und religiös jüdischen Partikularisten ein ausgeklügeltes Schnippchen geschlagen. Man könnte auch hier in gewisser Weise von »Dialektik« sprechen.

So »rein jüdisch«, wie Davids Herkunft, Lebensumfeld und Reich scheinen, waren sie bei genauer Bibellektüre keineswegs. Ruth, Davids Großmutter, war keine Jüdin. Hilachisch, also religionsgesetzlich jüdisch, wäre David demnach auch kein Jude. Mindestens eine seiner acht namentlich bekannten Hauptfrauen, nämlich Maacha, Tochter des Aramäer-Königs von Gschur am Golan, war keine Jüdin. Sie gebar David zwei Kinder: Tamar und Absalom, dessen Rebellion David um ein Haar vom Thron gestoßen hätte.

Davids Offizier Urija, der gehörnte Ehemann Batsebas, war Hethiter. Der Ismaelit Obil war als Minister für die wertvollen (echten) Kamele zuständig (und nicht für die Menschen, die von ihren Gegnern Kamel genannt wurden). Der arabische Hagarit Jasis führte das Ressort der Schafe.[245] Weil Davids Sohn und Nachfolger zahlreiche nichtjüdische Haupt- oder Nebenfrauen erfreute (oder sie ihn) und ihren Götzendienst amtlicherseits gestattete, wurde das davidisch-salomonische Reich, so die biblische Begründung, geteilt. Hier das größere Israel mit der Hauptstadt Samaria, dort das kleine Judäa mit Jerusalem als Hauptstadt.

Relativierung und Revidierung – in Literatur und Wissenschaft

Der Schriftsteller Meir Shalev (Jahrgang 1948) gehört generationell und ideologisch zu den Denkmalen kratzenden oder diese gar umstürzenden Israelis. Er ist nicht der Einzige, er steht für die David-Relativierer, also für diejenigen, die jedem Personenkult und nicht zuletzt dem David-Kult abhold sind.

Die Wissenschaft der Archäologie hat ihrerseits den David-Mythos, nicht zuletzt den großisraelisch-territorialpolitischen, vollkommen relativiert, ja revidiert. Hier seien die Arbeiten von Finkelstein und Silberman hervorgehoben. Wenn man zum Beispiel ihr Buch »David und Salomo. Archäologen entschlüsseln einen Mythos« liest, erfährt man, dass von einem davidischen Großreich historisch-faktisch keine Rede sein könne. Sein Reich sei winzig gewesen.[246] Einer ihrer Kernbefunde: »Aus archäologischer und historischer Sicht können wir davon ausgehen, dass das erste richtige Königreich Israel im frühen 9. Jahrhundert vor Christus entstand«[247] und nicht ums Jahr 1000, wie israelischen, diaspora-jüdischen und weltweit Kindern in der Schule erzählt wurde. »Doch dieses vereinigte Königreich«, so beide Archäologen weiter, »wurde nicht von den Omriden und nicht von den Daviden regiert, und seine Hauptstadt war Samaria, nicht Jerusalem.«[248] Eine »umfassendere

Bautätigkeit« lasse sich in Jerusalem erst »aus dem 9. Jahrhundert vor Christus« feststellen, also 150 bis 200 Jahre nach David.[249] Die »biblische Geschichte von David und Salomo« sei, so ihr revisionistisches Fazit, »ein raffiniertes Propagandawerk«.[250] Die »biblische Idee von einem davidisch-salomonischen Großreich stammt aus dem 7. Jahrhundert, hat also keine historische Basis«, bilanziert der Münchener Alttestamentler Eckart Otto.[251] Konkret meint er damit die Ära des judäischen Königs Josia.

Re-Glorifizierung

Ein »raffiniertes Propagandawerk«. Dieser Befund, diese Total-Widerlegung der biblischen Kunde, scheint eindeutig. Ist sie es wirklich? Trotz und gegen Empirie und Wissenschaft sind diese ebenso wie andere biblischen Geschichten aus meiner Sicht literarisch und ethisch geradezu überirdisch so genial und – soll ich sagen? –»göttlich«, dass man trotz aller Zweifel schon wieder gläubig wird.

»DU SOLLST DIR KEIN BILDNIS MACHEN«: ANNE FRANK UND ANDERE JUDEN

Anne Frank ist Jahrgang 1929. Meine Mutter ist Jahrgang 1922. Ich bin Jahrgang 1947. Anne Frank war deutsche Jüdin aus Frankfurt am Main, meine Mutter ist deutsche Jüdin aus Bamberg. Rein zeitlich, örtlich und historisch könnte also Anne Frank theoretisch meine Mutter sein.

Meine Mutter ist heute 97 Jahre, eine alte Dame, wenngleich immer noch mit dem bei jüdischen Müttern nicht seltenen Raketenantrieb. Anne Frank wäre jetzt 90. Aber unser Bild von Anne Frank ist und bleibt das unsterbliche, zwar faktisch ermordete, doch durch ihr Tagebuch in unserem Kopf und Herzen lebende »Ewige Mädchen«.

Oft überleben Bilder die auf ihnen dargestellten Menschen. So auch das Bild des Mädchens Anne Frank. So wie die »Venus« von Botticelli lange nach ihrem Tod die ewig schöne junge Frau dieses Bildes in den Augen der Nachwelten bleibt. Wer kennt schon ihren Namen, Simonetta Vespucci? Jene im Alter von nur 22 Jahren verstorbene Frau bleibt durch das Bild unverändert. »La Bella Simonetta«, so wurde sie zu Lebzeiten in Florenz genannt, bleibt, auch als Tote, die ewig junge und schöne Frau. Sie ist eine sichtbare Figur, repräsentiert als Körperhülse eine Göttinenvorstellung, keine eigenständige Persönlichkeit, auch wenn wir wissen, dass Giuliano de Medici ihr Liebhaber war.

Das durch Worte oder, wie bei Anne Frank, durch ein Tagebuch geprägte Bild ist, beim späteren Betrachter, unterschiedlich. Aber es ist das Bild, das sich eindeutig auf eine authentische Persönlichkeit mit Individualität bezieht. Fast jeder Betrachter, also Leser, eines Wortbildes sieht mit den Augen und dem Herzen. Jeder von uns hat sein Bild von Anne Frank, doch jedes dieser verschiedenen

Anne-Frank-Bilder ist eher statisch – weil sie tot ist. Von den Toten müssen wir uns Bilder zeichnen, um sie, wenigstens im Geiste, zu vergegenwärtigen.

Wir alle haben von bekannten und unbekannten Menschen ein »Bild« oder Bilder. Meist sind es Ideal- oder Zerrbilder, selten Realbilder, die Menschen vom und von anderen Menschen haben, zeichnen oder malen. Womit wir erstens beim alttestamentlich und auch neujüdisch-talmudisch, heute noch religionsgesetzlich verbindlichen Bilderverbot der Zehn Gebote wären. »Du sollst dir kein Bildnis machen …« Das jüdische Bilderverbot gilt nicht nur bezogen auf Gott, sondern nicht zuletzt auch auf Menschen.

Nebenbei: Auch das Frühchristentum hielt sich an jenes jüdische Bilderverbot, bis es als kirchliches und staatliches Christentum durch römisch-heidnische, kaiserlich-konstantinische Überstülpung sozusagen »paganisiert« und endgültig antithetisch, antjüdisch und eben bildhaft wurde. Den byzantinischen Bilderstreit entschied rund 400 Jahre später nicht zuletzt dieses Argument: Das Bilderverbot sei jüdisch und deshalb vom Christentum abzulehnen. Das alles ist, bezogen auf »Bilder von Anne Frank«, ein zu weites Feld. In meinem Buch »Juden und Christen« (2008) habe ich es beackert. Wer hierüber mehr wissen möchte, sei mit diesem Hinweis versorgt.

Zweitens zeichne ich (in Worten) Bilder vom Ewigen Mädchen Anne Frank, drittens die von ihr selbst im Tagebuch für die Nachwelt geschaffenen Bilder ihrer Mitwelt und Umwelt. Teil zwei und drei sind der eigentliche Hauptteil meines Textes, den ein vierter Teil abschließt. Er gilt dem in die Gegenwart projizierten Bild von Anne Frank, einer 90-jährigen Jüdin, die den millionenfachen Holocaust-Judenmord überlebte und in Israel oder der seit 1948 freiwilligen Diaspora, sagen wir in der Bundesrepublik Deutschland, lebt – anders als das ermordete Ewige Mädchen lebt. »Und wenn sie nicht gestorben ist, so lebt sie noch heute.« Die aus ihrem Tagebuchtext gezeichneten Bilder vom Mädchen Anne Frank seien durch das Märchen von Anne Frank umrahmt, einem zeithistorisch-politischen Märchen.

Juden als Opfer – Das Mädchen Anne Frank

Opferdasein und Selbstbestimmung schließen einander aus, auf der individuellen ebenso wie der kollektiven Ebene. Auch ohne diese allgemeine Feststellung zu kennen oder zu formulieren, wurde die gerade 13-jährige Anne Frank in diese Erfahrung geschleudert. Mein »Zeugnis ist gar nicht so schlecht«, kommentiert Anne Frank ihre erfolgreiche Versetzung am 5. Juli 1942.[252] Sie wollte »nicht schlecht sein«, musste jedoch genau dies fürchten, denn »ich hätte eigentlich noch die siebte Klasse in der Montessorischule bleiben sollen. Aber als alle jüdischen Kinder in die jüdische Schule mussten«, wurde sie »unter Vorbehalt ins Lyzeum aufgenommen«.

Spätestens hier und jetzt wurden dem Mädchen Anne, wurden »allen jüdischen Kindern«, die kollektiv bedingten Grenzen individueller Selbstbestimmung verdeutlicht. Jeder Jude, so die frühe Erfahrung, ist als Jude potentielles Opfer. Vorsichtiger ausgedrückt: Kein Jude ist Herr (beziehungsweise Frau) seiner (ihrer) selbst. Jüdisch und selbstbestimmt? Das Eine schloss das Andere aus.

Wie viele andere erfuhr 1942 die 13-Jährige am eigenen Leib die mehr als 2000-jährige leidvolle Erfahrung ihrer Vorfahren, die in der Pessachgeschichte, der »Haggadah«, vor Jahrhunderten in einem Satz »auf den Punkt« gebracht worden war: »Nicht nur einmal wollte man (wollten die Nichtjuden) uns (Juden) vernichten, in jeder Generation wollen sie es.« Das ist der Kern jüdischer Weltsicht, das Selbstbild der Juden von Juden: »Wir waren, sind und bleiben Opfer.«

Das aufgeklärte, liberale, germanozentrische und doch auch kosmopolitische deutschjüdische Bürgertum (zu dem Anne Franks Familie zählte) hatte sich von dieser Weltsicht zunehmend befreit beziehungsweise »emanzipiert« und weitgehend assimiliert, bis zur Selbstaufgabe. Als Opfer haben sich die deutschen Juden vor Hitler nicht gesehen, und viele übersahen auch deshalb ab 1933 die heraufziehende Lebensgefahr. Nicht so Familie Frank, denn sie verließ Deutschland bereits 1933, unmittelbar nach der »Machtergreifung«. Die Franks zogen in die Niederlande. Sie waren weiser als andere deutsche Juden, meine Großeltern (und damals jungen Eltern) eingeschlossen, die länger oder zu lange blieben.

Anne Frank musste nicht jüdische Geschichte in der Schule oder woanders lernen, um zu wissen, was in Wahrheit jüdische Geschichte fast immer war: Fremdbestimmung oder gar Opferdasein. Diejenigen deutschen Juden, die aus religiöser oder historischer Überzeugung selbstbestimmt jüdisch fühlten, dachten und lebten, waren, von der Mitte des 19. Jahrhunderts bis 1933, eine kleine Minderheit.[253]

Das von Generation zu Generation bis Mitte des 19. Jahrhunderts in der jüdischen Tradition (wörtlich) »Weitergegebene« und von den meisten deutschen Juden seitdem Verworfene wurde durch Selbst-Erlebtes altneue Erfahrung: »Juden als Opfer«. Dem jüdischen Traditionsbruch und dem nationalsozialistischen Zivilisationsbruch folgte die Rückkehr der (meisten) Juden zur Tradition jüdischer Weltsicht. Wer sich als Nichtjude darüber beklagt, befrage sich nach den Ursachen. Sie nicht zu erkennen, bedarf großer Anstrengung.

Je weiter wir Anne Franks Tagebuch lesen, je mehr Juden in jenen Jahren verfolgt und vernichtet wurden, desto mehr verdichtet sich ihre traditionell jüdische Weltsicht; empirisch und alternativlos. Dabei wurde trotz allem besonders von Annes Vater gegengesteuert: »Mach dir keine Sorgen darüber, das regeln wir schon. Genieße dein unbeschwertes Leben, solange du es noch genießen kannst«, beruhigt er am 5. Juli 1942.[254]

Aber schon drei Tage später schreibt Anne: »Kein Jude in unserer Lage hätte es gewagt, mit einem Koffer voller Kleider auf die Straße zu gehen«.[255] »Weg wollten wir, nur weg und sicher ankommen, sonst nichts.«[256] Am nächsten Tag, ganz früh, huschen Anne und ihre Eltern in strömendem Regen durch die Straßen Amsterdams. Mitleidsvolle Blicke begegnen ihnen, denn der »auffallende gelbe Stern sprach für sich selbst.«

»Es beklemmt mich doch mehr, als ich sagen kann, dass wir niemals hinaus dürfen, und ich habe große Angst, dass wir entdeckt und dann erschossen werden«[257] – nur aus einem Grund: weil sie Juden waren.

Und wenn sich Peter van Daan erkälten sollte, »könnte noch nicht einmal ein Doktor vorbeikommen«, resignierte Anne am 2. September 1942.[258] Als ihr Vater am Monatsende krank wird, offenbart Anne ihrer fiktiven Tagebuchfreundin Kitty die gleiche bange Sorge.[259]

Freitag, 9. Oktober 1942: »Unsere jüdischen Bekannten werden gleich gruppenweise festgenommen.« Eben weil sie nur Juden sind. »Sie werden in Viehwagen nach Westerbrok gebracht … Wenn es in Holland schon so schlimm ist, wie muss es erst dann in Polen sein? Wir nehmen an, dass die meisten Menschen ermordet werden. Der englische Sender spricht von Vergasungen, vielleicht ist das noch die schnellste Methode zu sterben.«[260]

Albert Dussel, gute Seele und niederländischer Helfer der im Hause von Miep Gies und ihrem Mann Versteckten, »hat uns viel von der Außenwelt erzählt«: Elend, Elend, Elend, nichts als Elend, registriert Anne und schließt verzweifelt: »Und das alles, weil sie Juden sind.«[261]

»Ich habe Angst, dass ich meinen Vorrat an Vernunft, der ohnehin nicht besonders groß ist, viel zu schnell verbrauche, und für die Nachkriegszeit nicht mehr übrig behalte. Deine Anne«, am 22. Dezember 1942.[262]

In diese Nachkriegszeit des Märchens Anne Frank springen wir. Das Mädchen Anne Frank ist zwar gestorben, verendete im Frühjahr 1945 in Bergen-Belsen, doch auch fürs Märchen Anne Frank gilt: »Und wenn sie nicht gestorben ist, dann lebt sie noch heute.«

Das Märchen Anne Frank

»Nie wieder!«, sagt Anne Frank heute, im Jahre 2009. »Nie wieder Opfer!« Hat das Märchen Anne Frank Unrecht?

Nein, beteuert der reale Deutsche anno 2009, das Märchen Anne Frank hat Recht. Was denkt und sagt der reale Deutsche, der, wie Märchen-Anne Frank seine richtigen Lehren, die einzig richtigen Lehren aus der deutschen Geschichte gezogen hat? »Nie wieder!«, sagt auch der reale Deutsche. Und fügt ebenfalls eine Winzigkeit hinzu, und diese Winzigkeit ist riesig. Sie kennzeichnet den gegenwartsrelevanten, vergangenheitsbedingten Gegensatz zwischen Märchen-Anne Frank, ja zwischen »den« Nachkriegsjuden und »den« Nachkriegsdeutschen.

Diese sagen nämlich: »Nie wieder Täter!« Jene, »die« Nachkriegsjuden, sagen wie Märchen-Anne Frank, »Nie wieder Opfer!« … und können einander nicht finden; nicht im heutigen politischen Alltag finden.

Das Märchen Anne Frank sagt heute: »Notfalls, nicht gleich und unbedingt, aber unbedingt notfalls müsste die iranisch-islamistische Atombedrohung militärisch verhindert werden, um den Weltfrieden zu sichern. So wie seinerzeit Hitler nur durch den selbst ausgelösten Krieg beseitigt und Frieden hergestellt wurde.«

»Gott behüte«, erregt sich der reale deutsche Michel über so viel »Aggressivität und »Militanz«. Krieg löst kein Problem«, weiß der deutsche Michel, während Märchen-Anne Frank weiß: Das Problem Holocaust und Hitler hat ein Krieg gelöst, der Zweite Weltkrieg.

Gerade weil Märchen-Anne und der deutsche Michel ihre jeweils einzig richtigen »Lehren aus der Geschichte« gezogen haben, kommen sie hier nicht zusammen; so wenig wie bei der Beurteilung des israelisch-arabischen Konfliktes oder der US-Rolle in der internationalen Politik vor und sicher auch nach Präsident Donald Trump.

Dem Mädchen Anne stimmt der deutsche Michel zu, der lebenden Märchen-Anne widerspricht er heftig. Der Michael, Michael Wolffsohn, ich, habe, wie viele andere Gegenwartsjuden, Überlebende und Nachgeborene, diese Erfahrung seit Jahrzehnten erlebt, manchmal erlitten. Erlitten, trotz mehrfacher Morddrohungen, nicht körperlich, doch politisch und teilweise zumindest wirtschaftlich und gesellschaftlich existentiell, keineswegs nur situationell; zum Beispiel bezüglich des Iran, der Golfkriege, Israel und Palästina, Nahost allgemein, Afghanistan, Terrorismus.

Mit der toten Mädchen-Anne tut sich der deutsche Michel erheblich leichter als mit der überlebenden Märchen-Anne der Gegenwart. Über Mädchen-Anne wird geweint, über Märchen-Anne wuchtvoll gewütet.

Weder Weinen noch Wut ersetzen nüchterne Analyse der Fakten. »Fakt ist« (in der Sprache von Märchen-Anne), dass Mädchen-Anne, der wir uns wieder zuwenden, durchaus keine Appeaserin war und Abwiegler (wie ihre Schwester Margot) für zu leicht bewog: Margot »ist mir viel zu lasch und gleichgültig, lässt sich von jedem überreden und gibt in allem nach. Ich will einen kräftigeren Geist!«[263]

Die »Bombardierungen auf Deutschland« fand im März 1943 im Kreise der Versteckten wohl nicht nur Frau van Daan »viel zu lasch«.[264]

Genau diesen, den wehrhaften Juden, wollen die überlebenden Juden und die Nachfahren der Opfer.

Die Nachfahren der Täter wollten – siehe Grundgesetz, das wir zu Recht feiern – eine »wehrhafte Demokratie«. Wie »wehrhaft« ist sie? Und wem gegenüber wehrt sie sich wie? Auf jeden Fall anders als die wehrhaft gewordenen Juden wie Märchen-Anne als Folge und in der Tradition von Mädchen-Anne.

Einmal, so Mädchen-Anne im April 1944, »werden wir doch wieder Menschen und nicht nur Juden sein … Wenn wir all dieses Leid ertragen und noch immer Juden übrig bleiben, werden sie einmal von Verdammten zu Vorbildern werden.«[265]

Klingt das nicht in unseren Nach-Hitler-und-Nach-Holocaust-Ohren wie die fast messianische Selbstgewissheit so mancher Israelis, die nicht nur den braven deutschen Michel in Rage versetzt?

Nicht in Rage, doch in Ratlosigkeit versetzt heute dieser Satz Deutschlands Michel: »Wir [Juden; M. W.] können niemals nur Niederländer oder nur Engländer oder was auch immer werden, wir müssen daneben immer Juden bleiben. Aber wir wollen es auch bleiben.« Wer hat das geschrieben? Irrtum, nicht Märchen-Anne, sondern Mädchen-Anne am 11. April 1944.[266]

Die partikularistische, überwiegend, ja fast ausschließlich auf Juden und Judentum bezogene Weltsicht gehört seit mehr als zwei Jahrtausenden zur jüdischen Weltsicht. Zur ihr gehört jedoch auch – oft, wenngleich nicht immer – die universalistische, auf die gesamte Menschheit bezogene. Die Vision des Propheten Jesaja ist fester Bestandteil jüdischer Gebete: »An jenem Tag«, sprich: beim Eintreffen des Messias, »wird es nur einen Gott geben und sein Name einzig« (»bajom hahu ihije adonai echd uschmo echad«). Schiller hat es in der »Ode an die Freude« weltlich, wunderschön variiert: »Diesen Kuss der ganzen Welt«. Das ist die Variante des Mädchens Anne Frank in ihrer und ihres Volkes Not: »Wenn ich also für sie bete, bete ich für alle Juden und alle armen Menschen.«[267]

Das wiederum führt zu Levitikus 19,18: »Liebe deinen Nächsten wie dich selbst« und, oft übersehen, zu Levitikus 19,36: »Liebe den Fremden wie dich selbst.«

Wie erzählen wir das Märchen Anne Frank, das Märchen von der Überlebenden bei der Wahl zwischen Partikularismus und Universalismus? Anne-Variante eins: Der an uns Juden begangene Völkermord ist einzigartig. Wer den Holocaust mit anderen Massenvernichtungen vergleicht, verharmlost den millionenfachen Judenmord, den Holocaust. Anne-Variante zwei: Der Holocaust war ein Urverbrechen der Menschheit; leider nicht das erste und letzte, und wir stellen keine Rangfolge der Verbrechen auf, doch die Solidarität aller Opfer her.

Die gesamtjüdische und nichtjüdische Realität nach der (kriegsbedingt von außen, leider nicht von innen erfolgten) Befreiung von Hitler kennt sowohl die erste als auch die zweite Variante. Wer, wie das Mädchen Anne Frank, selbst in der Not an Fremde denkt, dürfte freilich in Realität und Märchen trotz und nach allem weltoffen denken und handeln, nicht die ganze Welt küssen wollen, ihr aber auch nicht sagen »küss' mich am Ärmel.« Realität und Märchen sind freilich auch hier nicht deckungsgleich.

Am schönsten sagte es das Mädchen Anne Frank am 16. Februar 1944 im Gespräch mit ihrem Freund Peter. Dieser sagte ihr: »Die Juden sind immer das auserwählte Volk gewesen und werden es wohl immer bleiben!« Darauf Anne: »Ich hoffe nur, dass sie einmal zum Guten auserwählt sind.«[268]

Gott und die Welt – Das Mädchen Anne Frank

Religion ist mehr als Ethik. Sie ist »von Gott«. Das jedenfalls ist das Selbstverständnis jeder Offenbarungsreligion. Die Perversion der Religion ist Menschenwerk, orthodoxe Menschen eingeschlossen. Dem 13-jährigen Mädchen Anne Frank war diese Menschenschwäche wohlbekannt: »Appie Riem ist ziemlich orthodox, aber auch ein Dreckskerl«, notierte Anne am 15. Juni 1942.[269]

Seinem Judentum konnte und wollte das Mädchen Anne Frank nicht entfliehen. Aber ihr Weg zum einen Gott führte nicht allein über das Judentum. Im Dezember 1942 feierten die Franks (wahrscheinlich nicht zum ersten Mal) sowohl das jüdische Chanukkafest als auch »Nikolaus«. »Chanukka und Nikolaus fielen dieses Jahr fast zusammen, der Unterschied war nur ein Tag. Für Chanukka haben wir nicht viel Umstände gemacht … Der Nikolausabend … war viel schöner.«[270]

Diese (uns) Menschheitsmenschen beglückende Toleranz und Vielfaltsakzeptanz wurde und wird von der jüdischen und christlichen Orthodoxie verworfen. Beide kennen jeweils nur einen Weg zu Gott – ihren. Der Menschen Heil führe nur über die Kirche, sagen orthodoxe Christen, und für orthodoxe Juden ist »minhag hagojim«, das Brauchtum der Nichtjuden, verwerflich, zumindest für den Heilsweg von Juden.

Holocaust und Hitler als »Gottes gerechte Strafe« für die Juden? Kann man, will man diese Ungeheuerlichkeit verstehen? Nein, sagen wir zunächst und zu Recht. Doch »verstehen« heißt nicht »verdammen«. Versuchen wir also zu verstehen.

Trotz ihrer Universalität haben selbst die jüdischen Propheten nicht wirklich anders gedacht. Unheil drohe den Juden immer, wenn sie sich vom jüdischen Heilsweg ab- und auch oder ausschließlich Nichtjüdischem zuwenden. Dann folge Gottes Strafe schon in dieser Welt, nicht erst beim Jüngsten Gericht: Einige konkrete Folgen nennt zum Beispiel das jüdische Hauptgebet »Schma Israel« (»Höre Israel«): Regen werde ausbleiben, die Ernte also ausfallen und so weiter und so weiter.

Warum bleibt der Regen im Land Israel fürs Kollektiv der Juden aus? Der orthodoxe Jude antwortet: Weil das Volk Israel die »Halacha«, ganz wörtlich: den »Weg zu Gott« verlassen habe. Warum wird der Einzelne für dieses oder jenes Vergehen bestraft? Der orthodoxe Jude antwortet: Weil er oder sie vom Gottespfad abwich.

Warum die Katastrophe, hebräisch »Schoah«, für ganz Israel und einzelne Juden? Der orthodoxe Jude antwortet: Weil er oder sie die Halacha verließ. Das sei, wie das von den Propheten vorhergesagte erste und zweite Exil (721 und 586 vor christlicher Zeitrechnung), »Gottes (natürlich) gerechte Strafe« am Volk Israel, kollektiv und individuell.

Weltlich atheistisch (de)formiertem Denken ist dieses Gottes- und Weltverständnis unverständlich. In sich schlüssig ist es zweifellos, ob man es für sich akzeptiert, eine andere Frage.

Die traditionelle, orthodox jüdische Antwort nachzuvollziehen, fällt modernen Atheisten und Christen schwer. Ablehnung, gar Anwiderung mag die Regel sein, auch bei denen, die Anbiederung mit Versöhnung verwechseln. Echte Versöhnung ist jedoch ohne Verstehen unmöglich.

Das Verhältnis Gott-Mensch ist im Judentum anders als im Christentum und erst recht abweichend von der vermeintlich aufgeklärten Sichtweise der modernen Dienstleistungsgesellschaft, die Gott, polemisch pointiert, als obersten Kuschelvater der Menschheit versteht.

Das Christentum sieht es, vereinfacht, so: In seiner grenzenlosen Liebe zum Menschen hat Gott sein Liebstes, seinen Sohn, Jesus, zu den Menschen geschickt, um sie zu (er)retten. Daraus abgeleitet: Gott ist für den Menschen da. Und daraus areligiös abgeleitet: Wenn Gott, dann Gott als Oberster Dienstleister der Menschheit.

Totaliter aliter, also ganz anders, das jüdische Grundverständnis: Wenn der Mensch dem Gottesweg folge, der Halacha, erreiche er die wahre Ebenbildlichkeit Gottes, individuell-menschlich ebenso wie kollektiv-menschheitlich.[271] Folgerichtig sei Religion Dienst des Menschen an und für Gott – und Gott nicht Dienstleister des oder für den Menschen.

»Gottesdienst« ist daher für den Juden »Avodat Hakodesch«, wörtlich »Heilige Arbeit« beziehungsweise Arbeit für den Heiligen,

Arbeit für, Dienst an Gott. Der Mensch dient Gott, um gottgleich zu handeln. Wenn der Mensch gottgleich handelt, verbessert er sowohl sich selbst als auch die Welt. Dieser Dienst an Gott ist zugleich der Weg zu Gott und über Gott die Belohnung des Menschen und der Menschheit durch Gott im Diesseits. Weshalb? Ganz einfach: Weil durch die Beachtung der Halacha, durch den Dienst an Gott der Mensch, die Menschheit, eben die ganze Welt besser, menschlicher, man müsste eigentlich sagen: göttlicher werde.

Für das Mädchen Anne Frank und ihre Familie bestand der Gottesweg offenbar aus vielen Pfaden, dem jüdischen vor allem, doch zumindest teilweise auch dem christlichen. Daher Chanukka und Nikolaus. Im Überlebensmärchen würde Anne Frank, wie alle nichtorthodoxen Juden sowie die nichtjüdischen Leser und Hörer der Gegenwart, sicher gegen jene orthodoxjüdische Provokation »Hitler als Strafe für Juden ohne Halacha« argumentieren.

Märchen-Annes Argument verkennt Folgendes: Die vermeintliche Provokation des orthodoxen Judentums versucht, dem Sinnlosen Sinn zu geben, dem Unmenschlichen eine göttliche und durchs Göttliche eine menschliche Erklärung. Auch die Orthodoxen wissen: Hitler und Holocaust waren nicht zu rechtfertigen. Doch wie Hiob in der Bibel, wie jeder unschuldig Leidende, fragen sie »warum«? Es ist die immer gleiche Frage nach der Theodizee, der Gerechtigkeit Gottes. Der verzweifelte Mensch will selbst das Nicht-zu-Rechtfertigende rechtfertigen, und wenn nicht rechtfertigen, so doch verstehen.

»Es ist eine alte Geschichte, / Doch ist sie immer neu / Und wem sie just passieret, / Dem bricht das Herz entzwei« (Heinrich Heine – in freilich ganz anderem Zusammenhang).

Mädchen- und Märchen-Anne sind den meisten von uns näher als die vereinten oder getrennten Orthodoxen »aller Länder« und Religionen, aber wir müssen uns von diesen nicht provoziert fühlen, denn auch sie suchen eine Antwort auf dieselbe verzweifelte Frage wie wir. Ihre Antwort ist im Kern durchaus selbstkritisch: Nicht nur die Juden, der Jude, auch der orthodoxe, hätten Gott nicht genug gedient und wären deshalb bestraft worden.

Wie die orthodoxen Juden ihrer Um- und Nachwelt sehen Mädchen- und Märchen-Anne Gott als den Allmächtigen, der ins Weltgeschehen eingreift. Als Ohnmächtigen sah ihn der jüdische Philosoph Hans Jonas. Er knüpft an die mystisch (kabbalistische) Vorstellung vom »Zimzum«-Gott an, dem Gott, der sich selbst nach der Allmacht der Schöpfung in die Ohnmacht des »Zusammenschrumpfens« (hebräisch »zimzum«) zurückzog.[272] Wer fragt, warum Gott Hitler und Holocaust zuließ, glaubt an Gott, den Allmächtigen. Wer trotz und nach Hitler und Holocaust an Gott glaubt, glaubt eher an Gott, den Ohnmächtigen.

An einen allmächtigen Gott, der Hitler und Holocaust zulässt, kann und will ich nicht glauben, sagen Überlebende, Juden wie Nichtjuden. Dieser Gott sei nicht ihr Gott. Wozu an einen ohnmächtigen Gott glauben, der mir sowieso nicht helfen und die Welt nicht lenken kann, fragen andere und begründen damit ihre Gottesferne.

Über Mädchen- und Märchen-Anne gelangten wir zur Einführung in die jüdische »Theologie« »nach Auschwitz«, die letztlich auch »vor Auschwitz« galt.

Beide Formen der soeben geschilderten Gottesferne und -fremdheit sind nicht jüdisch, denn sie verkennen den Sinn des jüdischen »Gottesdienstes«, der »avodat hakodesch«. »Avoda« heißt auf Hebräisch »Arbeit«. »Avodat hakodesch« war historisch, ursprünglich, zur Zeit der beiden Tempel, Arbeit im und am Heiligtum, also Arbeit für den Heiligen, sprich: für Gott. Nach der Zerstörung des Zweiten Tempels (70 nach Chr.) wurde avodat hakodesch in erster Linie, nennen wir es christlich-evangelisch, »Bibelarbeit«: Bibel lernen und lehren, interpretieren, kommentieren und recherchieren.

Avodat hakodesch ist nicht das stille Gebet des in sich selbst versunkenen Gläubigen, der Gott seine ganz persönlichen Wünsche kundtut. Avodat hakodesch ist seelisch, intellektuell oder auch körperlich durchaus harte Arbeit, sie ist Teil der »vita activa«, des aktiven Lebens, nicht nur der »vita contemplativa«, des kontemplativen, ebenso schauenden wie beschaulichen Lebens.

»Avodat hakodesch« und »Gottesdienst«, der jüdische und der christliche Begriff, beinhalten, recht besehen, mehr jüdisch-christliche Gemeinsamkeiten, als man zunächst denkt. Beide, der jüdische und christliche Begriff beinhalten einen Auftrag an den Menschen: »Du bist auf Erden, um Gott zu dienen. Gott ist nicht, um dir zu dienen.« Oder: »Frage nicht, was Gott für dich tun kann, frage was du für Gott tun solltest.«

Das Mädchen Anne Frank hat keinen Gottesdienst geleistet. Sie hat gebetet und in ihren Gebeten Gott wohl auch gebeten, ihr, ihrer Familie, »den« verfolgten Juden zu helfen. »Gestern abend lag ich im Bett und wartete, dass Vater zum Beten und Gutenachtsagen kommen würde.«[273]

Wer betet und bittet, bekommt? Mitnichten. Diese Hiobserfahrung hatte die 14-jährige Anne verinnerlicht. Sie wusste, dass Gottesglaube und Frömmigkeit keine Lebensversicherung sind. »Gestern vor dem Einschlafen stand mir plötzlich Hanneli vor Augen«.[274] »Sie war mindestens so fromm wie ich, sie wollte auch das Gute. Warum wurde ich dann auserwählt, um zu leben, und sie musste womöglich sterben. Welcher Unterschied war zwischen uns?«[275] »Ich werde sie niemals vergessen und immer für sie beten«,[276] beten im Sinne von »bitten«, Gott für sie bitten. Wobei die Franks und ihre Leidensgefährten im Amsterdamer Versteck diesen Gott sowohl jüdisch als auch christlich ehrten, durch Chanukka ebenso wie Nikolaus und Weihnachten.[277]

Gott als Buchhalter. Wer betet, bekommt. Auch das Mädchen Anne Frank war nicht frei von dieser landläufigen Gläubigkeit vor und nach ihrer Zeit: »Und Hanneli? Lebt sie noch? Was tut sie? O

Gott, beschütze sie und bringe sie zu uns zurück … Aber man kann nur beten, dass Gott ein Wunder geschehen lässt und einige von ihnen verschont. Ich hoffe, dass ich das ausreichend tue!«[278]

Für Hanneli hat es nicht gereicht, am Ende auch nicht fürs Mädchen Anne. Zwischendurch aber doch: Am 12. Januar 1944 notiert das Mädchen Anne: Jetzt »hat Gott mir eine Hilfe geschickt: Peter.«[279]

Für Anne Frank, das Mädchen, war und für Anne Frank, das Märchen, ist Gott, wie für die meisten Menschen, letztlich der beste Lebensversicherer des Universums, ein Dienstleister, der oberste Dienstleister an der Menschheit, die ihrerseits inzwischen seltener als zuvor Gottesdienst leistet. Sie hat dabei, mehr als je zuvor, »nach Auschwitz« ein gutes Gewissen – »wegen Auschwitz«. Wie im Märchen Anne Frank machen wir Heutigen uns ein falsches Bild vom religiösen Gott-Mensch-Verständnis und -Verhältnis. Wegen »Gottes Schweigen« in und zu Auschwitz übertragen wir ohne Seelen- und Glaubenspein unser Bild von der modernen Dienstleistungsgesellschaft auf unsere Beziehung zu Gott, den wir mit Liebesentzug strafen, wenn er uns nicht gut genug (be)dient. Mit einem Unterschied: Für das Mädchen Anne Frank galt (in meinen Worten): »Alles ist von Gott.«[280]

Am 4. August 1944 wurde das 15-jährige Mädchen Anne Frank mit ihrer Familie und den übrigen Versteckten von den Nationalsozialisten abgeholt und verschleppt. Am 1. August 1944 endet das Tagebuch der Anne Frank. Kurz davor, am 6. Juli 1944, schreibt sie über Religion, Gott, den Menschen und die Welt Gedanken nieder, die wir – sogar mit ähnlichen Worten – in den »Pensées« des ebenfalls früh verstorbenen, doch nicht ermordeten Mathematikers und Philosophen und Theologen Blaise Pascal finden: »Menschen, die eine Religion haben, dürfen froh sein, denn es ist nicht jedem gegeben, an überirdische Dinge zu glauben. Es ist nicht mal nötig, Angst zu haben, vor Strafen nach dem Tod. Das Fegefeuer, die Hölle [beide kein

Teil jüdischen Glaubens; M. W.] und der Himmel sind Dinge, die viele nicht akzeptieren können. Trotzdem hält sie irgendeine Religion, egal welche, auf dem richtigen Weg. Es ist keine Angst vor Gott, sondern das Hochhalten der eigenen Ehre und des Gewissens. … Ein ruhiges Gewissen macht stark.[281] Worte eines irdisch-körperlich schwachen, 15-jährigen Mädchens, das seinen Mördern hoffnungslos unterlegen war, den Lagertod durch Hunger und Krankheit starb und unsterblich wurde – durch seine gedankentiefen Worte.

»Am Anfang war das Wort«. So beginnt das Evangelium nach Johannes. Ob Gottessohn oder nicht, Messias oder nicht, Heilsgeschichte oder nur Geschichte – wie nach ihm Anne Frank war auch Jesus, bei allen fundamentalen Unterschieden zwischen den beiden, irdisch-körperlich schwach und seinen Mördern hoffnungslos unterlegen. Jesus starb am Kreuz, Anne Frank im KZ. Unsterblich wurden beide – durch ihr Leben, Leiden und Sterben.

Die jesuanisch heilsgeschichtlich religiöse und, auf Anne Frank bezogen, realgeschichtlich moralische Botschaft ist unmissverständlich: Stark sind die Schwachen. Kurzfristig mögen Mörder siegen, langfristig werden sie von den Ermordeten besiegt, von der Kraft der Moral. Gott ist nicht nur allmächtig, er ist auch ohnmächtig. »Zimzum«, zeitweise-irdisches Zusammenschrumpfen der Kraft, ist letztlich doch dauerhafte Macht. Die Macht der Moral. Moral – oft verdrängt und unbesiegbar.

Anne Frank, 5. April 1944: »Ich will fortleben, auch nach meinem Tod. Und darum bin ich Gott so dankbar, dass er mir bei meiner Geburt schon eine Möglichkeit mitgegeben hat, mich zu entwickeln und zu schreiben, also alles auszudrücken, was in mir ist.«[282]

Zeitlos bleibt das Bild von Anne Frank. Das Mädchen Anne Frank lebt, »und wenn ihr wollt, ist es kein Märchen.«

Zerrbilder, Realbilder – Über das Judentum

AUF DER SUCHE NACH »DEM« JUDENBILD

Fremd- und Selbstbilder entsprechen selten der Wirklichkeit. Das betrifft auch die Wirklichkeit von Juden, Judentum und Israel.

Ein Beispiel: Über *die* amerikanischen Juden wird hierzulande gern folgendes Bild gezeichnet: Sie seien ein in sich geschlossener, mächtiger, rechter, pro-israelischer Block, also anti-Obama, pro-Trump und natürlich ausnahmslos Republikaner. Zwar ist Trumps jüdischer Schwiegersohn Jared Kushner ebenso wie der Casino-Tycoon Sheldon Adelson für Trump. Genau so vehement gegen Trump sind aber der jüdische Medienunternehmer Haim Saban und etwa 80 Prozent der amerikanischen Juden, die traditionell die Demokratische Partei wählen.

Welches Bild von den US-Juden, von den Juden überhaupt stimmt? Zerr- und Idealbilder von dem, was jüdisch sei, gibt es zuhauf. Die Zerrbilder sind so judenverachtend wie eh und je, die heutigen Idealbilder aber enttäuschen, weil der Realzustand nie dem Ideal gleichkommen kann – und durch Enttäuschung Hass provoziert.

Das einzig richtige Bild eines Menschen gibt es nicht, und noch weniger gibt es dies von Kollektiven. Jedes Bild, das wir uns von jemandem machen, auch von uns selbst, bleibt entweder Idealbild oder Zerrbild. Dem Realbild können wir uns bestenfalls annähern. Was folgt daraus?

»Du sollst dir kein Bildnis machen«, lautet das zweite der Zehn Gebote. Vom Religiösen ins Weltlich-Politische übertragen, kann man dieses Gebot als Empfehlung auch für den Umgang mit Juden, Judentum und Israel verstehen.

Noch ein Beispiel: Israels Ministerpräsident Benjamin Netanjahu gilt besonders in Deutschland als knallharter Rechter und Kriegstreiber, der gnadenlos gegen die Palästinenser und für die jüdische Besiedelung des Westjordanlandes eintritt. Rechte in Israel jedoch, wie der zurückgetretene Verteidigungsminister Avigdor Lieberman oder der Bildungsminister Naftali Bennett, werfen Netanjahu vor, in der Palästinenser- und Siedlungspolitik »viel zu weich« zu sein. Was stimmt?

Ein Merkmal von Zerrbildern über Juden oder Israel ist das Übertriebene, Alarmistische, Disproportionale. Es zeigt sich in alten und neuen Schlagworten wie »Jüdische Weltmacht«, »Weltverschwörung« und »Israelischer Staatsterror«.

Doch solche Verzerrungen sind kein Privileg von Nichtjuden. Vor allem nichtreligiöse Juden in Israel wie in der Diaspora missverstehen seit jeher das religiöse Wort vom »Auserwählten Volk« als Würdigung ihrer persönlichen Fähigkeiten, ja als Aufwertung ihrer selbst. Dieses Verständnis von Auserwähltheit als individuelle oder kollektive Selbstkrönung ist theologisch vollkommen absurd. Tatsächlich meint der Begriff aus dem Tenach, also jenen heiligen Schriften des Judentums, die die Christen als Altes Testament bezeichnen, die Pflicht zum Dienst an Gott. Auserwählt zu scin, ist also mehr Last als Lust.

Woher nun rühren die Zerrbilder von Juden? Woher die Übertreibungen der Gegenwart? Sie haben drei Urgründe, zwei davon religiös, einer machtpolitisch.

Erstens: Solange Christen noch wortgläubige Christen und Muslime wortgläubige Muslime sind, gibt es kaum eine andere Seinsrechtfertigung für die eigene, jüngere Religion als eine Abgrenzung gegen die ältere monotheistische Religion der Juden. Diese Abgrenzung zeigte sich stets auch als Diskriminierung. Zwar war die kollektive Judenvernichtung, die sogenannte Endlösung, erst eine »Errungenschaft« der religionsfernen, verweltlichten Moderne – und ihrer Form nach eine deutsche Erfindung. Der sechsmillionenfache Tod war »ein Meister aus Deutschland«, aber er fand fast überall willige Gesellen. Worauf es heute ankommt, ist, dass nach der weltlichen Judenvernichtung kaum ein Teil der Welt noch entspannt bleiben kann gegenüber Juden. Und gegenüber Israel, dem Jüdischen Staat, fällt Gelassenheit ebenfalls schwer, denn Nahost ist ein weltpolitisches wie weltwirtschaftliches Pulverfass.

Zweitens: Historisch betrachtet sind die Zerrbilder von Juden keine christliche, muslimische oder gar deutsche Erfindung. Der Judaist Peter Schäfer führt, überzeugend belegt, die Anfänge des Antisemitismus ins Alte Ägypten zurück. Schon im 2. Jahrhundert nach Christus beschrieb Tacitus die Juden als Seuchenüberträger, die eben darum aus Ägypten vertrieben worden seien. Solche Schmähungen setzen sich in den heiligen Schriften der Christen und Muslime fort. »Ihr habt den Teufel zum Vater«, schleudert Jesus im Johannes-Evangelium den Juden entgegen. Im Koran werden sie mehrfach als Affen und Schweine bezeichnet. Das Schweine-Motiv übernahm die katholische Kirche nach dem Laterankonzil von 1215 im Bild der »Judensau«, und die Protestanten tradierten es als vulgärste antisemitische – ja: Schweinerei. Man stellte jüdische Männer dar, die Obszönes mit dem Tier trieben, und meinte damit: Das Schweine-Tabu der Juden wäre Heuchelei, die Juden selbst Schweine.

Noch heute sieht man an deutschen Kirchen Darstellungen der »Judensau«, so in Wittenberg an der Predigtkirche Martin Luthers, der für die Metapher geradezu schwärmte. Von dieser »Judensau« war es nicht weit zu den Bildern im NS-Hetzblatt »Stürmer«. Nicht so bekannt ist: Selbst im Alten Testament findet man Zerrbilder von *den* Juden. Wenig zimperlich waren dabei die Propheten, etwa Hosea, der sie wegen ihrer Untreue zum Einen Gott als Prostituierte beschimpfte.

Worin aber unterscheiden sich jüdische von nichtjüdischen Zerrbildern über Juden? Die jüdischen sind Aufforderungen zur Umkehr, die nichtjüdischen zur Diskriminierung oder gar Liquidierung. Nichtjüdische Zerrbilder bedienen sich dabei auch des Mittels der Dämonisierung. Bis heute zeichnen sie *die* Juden, nur 0,2 Prozent der Menschheit, als Menschheitsgefahr, die einer (End-) Lösung bedarf. Unerheblich ist dabei, dass jüdische Minderheiten der jeweiligen Mehrheit stets nur genützt und nie Terror ausgeübt haben, während Judenvertreibung oder -vernichtung immer auch den Tätern selbst massiv schadete.

Trotzdem setzt sich die Dämonisierung des Judentums fort, und so taucht heute in der Debatte über Israel und den Nahostkonflikt auch das Bild vom »alttestamentarischen jüdischen Rachegott« auf. Ein Beispiel: Vor einigen Jahren erklärte der ehemalige SPD-Vorsitzende und spätere Linken-Politiker Oskar Lafontaine Israels »Unnachgiebigkeit« aus der Bibel heraus: Das Gebot »Liebe deinen Nächsten wie dich selbst« sei eben christlich, jesuanisch, und nicht jüdisch. Jüdisch wäre die Weisung »Auge um Auge, Zahn um Zahn«. Unumwunden setzte der Meisterinterpret jüdisch mit israelisch gleich – nicht wissend, dass die Quelle jenes Bergpredigt-Zitats die Tora ist (Levitikus 19,18); dass zur vielschichtigen jüdischen Vorstellung von Gott sowohl Liebe und Barmherzigkeit als auch Zorn und Strafe gehören; und dass »Auge um Auge« mitnichten eine Aufforderung zur Rache ist, sondern eine Forderung nach der Verhältnismäßigkeit von Straftat und Strafe. Also der Grundstein eines aufgeklärten Rechtsverständnisses.

Der dritte, der machtpolitische Urgrund für die verzerrten Bilder von *den* Juden liegt im Wunsch nach der Liquidierung derer, die anders sind. Man kann das heute sehr gut an der Delegitimierung des Staates Israel erkennen, der gern als »Zionistische Einheit« geschmäht wird. Statt »Staat« sagt man »Einheit«, und statt »jüdisch« oder »israelisch« sagt man »zionistisch« – so als ginge es nicht gegen Juden, sondern »nur« gegen Zionisten. Ein Beispiel: Im Frühjahr 2018 wurde in einer Karikatur der *Süddeutschen Zeitung* Israels Premier Netanjahu ganz ähnlich wie einst im *Stürmer* dargestellt: als »typischer« Jude, nämlich klein, mit abstehenden Ohren, langer Nase und wulstigen Lippen. In der Hand hatte Netanjahu eine Rakete plus Davidstern, gewissermaßen als Symbole eines jüdischen Killers. Die Karikatur war besonders lustig, wenn man sich klarmacht, dass zu diesem Zeitpunkt fast täglich palästinensische Hamas-und-Jihad-Raketen aus dem Gazastreifen auf israelische Zivilisten niederprasselten. Doch Kriegstreiber war Netanjahu. Realbild? Fehlanzeige!

Auch die Doppelmoral gehört zum Zerrbild. Wenn Juden und Israelis solche Karikaturen nicht lustig finden, dann nennen ihre Kritiker das auch neurotisch-jüdisch. Doch diese »Neurose« ist in Wahrheit nur eine Reaktion auf die 3000-jährige Geschichte der Verfolgungen und Vernichtungsdrohungen. Auf Anti-Israel-Demonstrationen hört man bis heute Parolen wie »Juden ins Gas!« (Berlin im Juli 2014!) und »Tod den Juden« (London im November 2018).

Und wie ist es nun mit den Idealbildern? Das historische Idealbild vom klugen und menschenfreundlichen Juden finden wir in Lessings Drama »Nathan der Weise«. Dieser Nathan ist jedoch so wunderbar, dass er unglaubwürdig wirkt. Tatsächlich haben auch Antisemiten kritisiert: So weise und tugendhaft wie Nathan sei kein Mensch. Recht hatten sie. Leider. Und die Aufklärung bot ja nicht nur Idealbilder, sondern auch Zerrbilder von Juden. In Voltaires »Candide« wird der Jude Don Isachaar persifliert als mieser, geldgieriger, geiler Bock. Woraus wir lernen, dass auch Aufklärung keine Garantie gegen Antijudaismus, Dummheit oder Niedertracht ist.

Gut gemeinte, doch politisch schädliche Idealbilder des Jüdischen gab es auch nach Lessing zuhauf. In der Bundesrepublik werden Juden, besonders jüdische Amtsträger, von Politik und Medien gern als moralische Instanzen präsentiert und gefeiert – so geschehen bei den deutschjüdischen Spitzenrepräsentanten Werner Nachmann und Ignatz Bubis. Entsprechend groß war das Entsetzen, als 1988, kurz nach Nachmanns Tod, bekannt wurde, dass er andere Juden um zirka 30 Millionen D-Mark an Wiedergutmachungsgeldern geprellt hatte. Vorsicht bei der Idealisierung wäre fortan geboten gewesen. Doch schon Nachmanns Nach-Nachfolger Ignatz Bubis wurde Deutschlands neue Lichtgestalt. Als Geschäftsmann war er wohl keineswegs über jede Kritik erhaben. Doch der Filmemacher Rainer Werner Fassbinder übertrieb die Kritik an Bubis in dem Stück »Der Müll, die Stadt und der Tod« maßlos. Hauptperson war ein fieser Immobilienkapitalist, der nur »Der Jude« hieß. Unmaskierter Antisemitismus. Man könnte auch sagen: Fassbinder reagierte auf das Idealbild nicht mit dem Realbild, sondern dem Zerrbild.

Die Folge: Das Theaterstück wurde zwar abgesetzt, aber ernsthaft stritt die Öffentlichkeit, ob es wirklich antisemitisch gewesen sei. Warum? Weil nicht sein konnte, was für manche auch heute noch nicht sein darf: dass auch Linke rechte Zerrbilder von Juden verbreiten.

Das Beispiel Bubis lehrt auch: Jeder Rückschluss vom Einzelnen auf ein Kollektiv ist absurd. Ein letztes Beispiel für die Absurdität von Idealbildern: Es geschieht immer wieder, dass Juden als Fachleute zu geistig-geistlichen Themen befragt werden, weil man annimmt, *die* Juden wären nun mal Intellektuelle. Tatsache ist, dass *die* Juden sich zwar als »Volk des Buches« verstehen und dass sie, bedingt wohl durch mehr als 2000 Jahre »Schulpflicht« sowie ein kollektiv gepflegtes Bildungs- und Leistungsideal, heute zur Spitzengruppe der Nobelpreisträger gehören. Doch so wenig wie jeder geborene Deutsche durch seine Volkszugehörigkeit automatisch »Dichter und Denker« ist, zählt jeder Jude durch Geburt zur Geistes- oder Moralelite.

Warum ist es so wichtig, sich ein Realbild zu machen? Zerrbilder ebenso wie Idealbilder entmenschlichen den Menschen, weil sie ihn entweder als Untermensch oder Übermensch verzeichnen. Der Umgang von Nichtjuden mit Juden und Israelis (und umgekehrt) wird erst dann normal, sprich: unverkrampft, wenn der eine vom anderen ein Realbild hat. Erst dann können auch Juden sich beruhigt die Frage stellen: Wo bin ich Mensch, wo darf ich's sein? Hier!

ANTISEMITISMUS – WIDER PHRASENDRESCHEREI. ODER: DIE DÜMMSTEN KÄLBER

Unerträglich. Über Juden und Antisemitismus wird meistens undurchdacht, schablonenhaft, nicht reflektierend, sondern reflexartig, repetitiv, zementiert, ritualisiert und deshalb langweilig sowie vor allem defensiv, letztlich dumm, dahergeredet und geschrieben. Jedenfalls oft, nicht immer. So hat Natan Sznaider, bezogen auf Deutschlands Juden, in der *NZZ* (24.10.2019) selbstbewusst, klug, kess, offensiv verkündet: Juden hätten einen Anspruch darauf, in Deutschland zu leben. Richtig, doch nicht nur in Deutschland. Auch woanders. Fürs Westjordanland und Ost-Jerusalem wird ihnen dieses Recht bestritten, doch das ist ein anderes, weites Feld. Freilich gilt das Recht auf Niederlassungsfreiheit nicht nur für Juden, sondern, im Rahmen bestehender nationaler und übernationaler Gesetze, für jedes Individuum und jedes Kollektiv.

Juden sind auch keine Klientel für Integrationsbeauftragte und ihresgleichen. Juden – außer in einem jüdischen Staat stets Minderheit – sind integriert. Sie waren es seit jeher – wenn die Mehrheit es zuließ. Ein Beleg von vielen: Seit dem ersten Drittel des 19. Jahrhunderts bis 1930 wählten zwischen 80 und 90 Prozent der deutschjüdischen Eltern (und auch anderswo in Westeuropa) für ihre Kinder nicht nur nichtjüdische, sondern gerade extrem assimilationistische Vornamen wie zum Beispiel Siegfried. Ein jüdischer Witz komprimiert diesen Sachverhalt. Erna teilt ihrer Mutter mit, dass sie Siegfried heiraten werde. Die Mama kommentiert: »Fein, aber muss es ein Jude sein?« Ganz anders die heutige Minderheit von Muslimen in Deutschland. Im Jahre 2019 war Mohammed der in Berlin am häufigsten vergebene Vorname. Erstens, weil Muslime mehr Kinder als andere Bevölkerungsgruppen bekamen, und zweitens, weil sie bewusst und sich von der Mehrheit abgrenzend ihre muslimische Identifizierung hervorheben wollten.

Das mag man erfreut oder erschreckt wahrnehmen, an dieser Frage kommt man jedoch nicht vorbei: Was haben integrationsunwillige oder -skeptische Muslime in der deutschen und europäischen Zukunft zu erwarten, wenn es »damals« nicht einmal gelang, die integrationsfähigen, integrationswilligen und eben integrierten Juden zu tolerieren und sie nicht zu diskriminieren oder gar zu liquidieren?

Offensives Selbstbewusstsein ist Juden heute möglich, weil es Israel gibt. Juden sind nicht mehr von der Gnade anderer abhängig, um überleben zu können. So gesehen geht der Antisemitismus die Juden nichts mehr an. Es ist ein Problem der Nichtjuden, die sich durch Antisemitismus zunächst und vor allem selbst schaden, ja regelrecht demontieren. Diese These sowie einige der vielen Dummheiten über Juden und Antisemitismus seien im Folgenden skizziert.

Einem alten, historisch überlieferten, geradezu verinnerlichten Irrglauben erliegen viele Juden und Nichtjuden gleichermaßen: Es ist *kein Gnadenakt*, Juden im Land A oder B bis Z leben zu lassen. Es sei »ein *Geschenk«*, sagen Politiker des seit 1949/1990 neuen Deutschlands. Sie sagen es, weil Routine, Ritual und Staatsräson des zu Recht schlechten deutschen Gewissens es inzwischen verlangen. Gesagt, geschrieben, abgehakt. Sicher ist sicher. Kein Ausrutschen auf geschichtspolitisch und geschichtsethisch glitschigem Boden. Doch auch ohne schlechtes Gewissen, deutsch oder nicht – nüchtern betrachtet und ohne die vermeintlich »typisch jüdische Arroganz« stimmt jene Aussage. Juden sind – ohne »freundlichen Rassismus« – wirklich für jede Gesellschaft eine echte Bereicherung. Durchaus im wörtlichen Sinne, denn ohne und trotz des antisemitischen Klischees, sind Juden im Durchschnitt wohlhabender beziehungsweise (was immer es sei) »reicher« als Nichtjuden. Gewiss, es gibt auch arme jüdische Schlucker, das ändert nichts am allgemeinen Bild.

Der überdurchschnittliche *Wohlstand* beziehungsweise Reichtum der Juden ist keinen »jüdischen Machenschaften« geschuldet (die gibt es unter Juden wie bei Nichtjuden), sondern ihren messbaren überdurchschnittlichen Leistungen. Maßstab von *Leistung* ist in Leistungsgesellschaften neben Ansehen vor allem Geld. Je knapper das Gut, desto höher der Preis. Je knapper Hoch- und Höchstleistungen, desto höher ihr Preis. Auf bestimmten Gebieten war historisch und ist heute Hochleistung knapp und ihr Preis deshalb hoch. Juden boten und bieten auf ihren Tätigkeitsfeldern häufiger als andere Hochleistungen und werden diesem Faktum gemäß ent- und belohnt. Völlig unideologisch bestimmen Angebot und Nachfrage den Preis. Es ist ein Marktpreis, kein »Judenpreis«, und diese Feststellung ist ebenfalls weder »rassistisch« noch »antisemitisch«, sondern faktisch.

Warum bieten Juden häufiger als Nichtjuden Hochleistungen? Die taktisch richtige, politisch korrekte und sachlich absurde Antwort: »Die« Juden wären bereits genetisch besonders intelligent. Die hohe Zahl jüdischer Nobelpreisträger auf diversen Gebieten sei »der« Beweis. Pustekuchen! Die faktisch richtige Antwort lautet: Zur jüdischen Kultur gehört seit rund 2100 Jahren so etwas wie eine allgemeine Schulpflicht. In Westeuropa gilt sie mehr oder weniger seit etwa 200 Jahren. In der *Bildung* ist es wie beim Sport: Ohne Breitensport und dauerhaftes Üben kein Spitzensport. 2100 Jahre Geistestraining sind eben mehr als nur rund 200 Jahre, und 2100 Jahre Bildung für alle Juden bewirkt mehr Spitzenleistungen von Juden als 200 Jahre, in denen erst allmählich alle Nichtjuden Zugang zu allen Bildungsangeboten bekamen. Auch »jüdische Genies« fallen nicht vom Himmel.

Für Hochleistungen braucht man Hirn und, Entschuldigung, Hintern beziehungsweise Sitzfleisch. Auf Stühlen sitzen und lernen bedeutet Lustverzicht und Opfer. Ohne Erziehung ist die Opferbereitschaft zugunsten des Lern- und Denktrainings undenkbar. Eine undankbare Aufgabe für Erzieher, denn sie erscheinen zunächst als

Lustverderber. Erst später, wenn die Ernte eingefahren wird, erntet der einst auf Lust Verzichtende die Früchte der einstigen Lern-Last. Dieser zeitweilige Lustverzicht zwecks späterem ideellem und materiellem Lustgewinn gehört zur jüdischen Bildungstradition. »Head Start«, Schnellstart, nennt man das.

Leistungsträger, jüdisch oder nicht, verdienen sich unter echt marktwirtschaftlichen Bedingungen redlich und hart ihr Geld – und den Neid derer, die weniger leisten, weil sie weniger Vorleistungen im Sinne von Verzicht vorweisen. Im Dritten Reich ersetzte der Herkunfts- beziehungsweise Ariernachweis den Leistungsnachweis. Jüdische Leistungsträger – auch im Habsburgerreich und danach in Rest-Österreich besonders von 1866 bis 1938 herausragend – wurden, wenn nicht ermordet, so seit 1933 beziehungsweise 1938 massenweise vertrieben. Viele flohen in die USA. Seitdem und dadurch sind die USA (noch?) Wissensweltmacht Nummer eins. Weit abgeschlagen Deutschland. Selbstverschuldet. Ähnliches gilt für die arabischen Staaten. Als Reaktion auf Zionismus und Israels Staatsgründung im Jahre 1948 vertrieben sie ihr jüdisches Bildungs- und Wirtschaftsbürgertum. Dass sie seitdem mehr oder weniger statische Gesellschaften sind, ist ebenfalls selbstverschuldet. *Wer Juden verfolgt, vertreibt oder ermordet, schadet nicht zuletzt sich selbst.* Diese Erfahrung machten im europäischen Mittelalter sowie in der Frühen Neuzeit die »gut«-christlichen Länder, die ihre Juden vertrieben. Im und seit dem 14. Jahrhundert wurden die Juden aus Westeuropa vertrieben. Polen nahm sie unter Kasimir dem Großen auf – und blühte auf. Spanien und Portugal vertrieben die Juden 1492 beziehungsweise 1497. Das war, auf dem scheinbaren Höhepunkt ihrer Weltmacht, der Anfang von ihrem Ende. Wer heute schon aus demografisch defizitären Gründen händeringend (hoch)qualifizierte Einheimische braucht, kann sich den »Luxus« Antisemitismus recht besehen nicht leisten. Obwohl Gott angeblich in Frankreich lebt, hat er den Franzosen diese Einsicht noch nicht vermitteln können. Aus welchen Gründen auch immer haben sie es nicht verhindern können oder wollen, dass zwischen den Jahren 2000 und 2019 rund 100.000 der einst 500.000 Juden Frankreich verließen. Die meisten zogen nach Israel. Von Bildung und Wohlstand dieser französischen Juden profitiert der den Antisemiten ebenfalls verhasste jüdische Staat, den die vor allem muslimischen Franzosen eigentlich schwächen wollen.

Das historische Fazit literarisch formuliert beziehungsweise zitiert: »Nur die dümmsten Kälber wählen ihren Metzger selber.« Antisemiten sind solche dummen Kälber.

Kein Ende antisemitischer Selbstdemontage: Wie die meisten westeuropäischen Christen auf ihre Christlichkeit durch die Säkularisierung beziehungsweise Verweltlichung zunehmend verzichteten, gaben die meisten Juden Westeuropas ihre Jüdischkeit auf. Der neuerliche Antisemitismus – sei er rechts, links, muslimisch oder »nur« biederbürgerlich miefig und muffig – bewirkt eine jüdische Renaissance. Ich nenne das die *Dialektik des Antisemitismus*.

Bildung als Häufung von Fakten- und Methodenwissen ist Voraussetzung von Leistung. Doch, anders als im Kampf gegen Antisemitismus oft behauptet, keine Garantie für Herzensbildung. Im Gegenteil. Die vermeintliche Bildungs- und Geisteselite zählte oft zu den antisemitischen Vorreitern. Oder würde jemand Richard Wagner und die Scharen deutscher Professoren, die ab 1933 dem »Führer« zu Füßen lagen und jüdische Kollegen verjagten, »ungebildet« nennen wollen? Vermeintlich »einfache Leute«, formal ungebildet und mit viel Herzensbildung haben Juden und anderen Menschen in Not eher versteckt und geholfen als die Bildungseliten. Jenseits des Antisemitismus ist Bildung ebenfalls kein Garant für Menschlichkeit. Siehe Lenin, Stalin, Mao, Pol Pot. Ganz sicher wird trotzdem weiter »Bildung« als Allheilmittel gepriesen.

Weder Sympathie noch Pietät, Mitleid, schlechtes Gewissen oder auch nur Toleranz können durch Bildung beziehungsweise Wissen erreicht, geschweige denn eingefordert werden. Bildung könnte allein die Einsicht in die wirtschaftliche Dysfunktionalität, also den Eigenschaden des Antisemitismus fördern. Könnte, hat aber nicht in der Menschheitsgeschichte.

Aus dieser ökonomischen Einsicht folgt jenseits der ethischen Selbstverständlichkeit: Es liegt im *Eigen*interesse aller Staatsbürger und damit des Staates als deren Institution, für die Sicherheit der Juden zu sorgen. Nicht »weil es Juden sind« oder »angesichts der Geschichte«, sondern wegen des Eigennutzes.

Noch ein Grundgedanke muss genannt werden: Der Staat an sich, also jeder Staat, hat einen einzigen (?) Seinsgrund: die Sicherheit seiner Bürger zu schützen. Nach innen und außen. Ist der Staat hierzu unfähig, schafft er sich in letzter Konsequenz selbst ab. Daraus folgt: Die Kosten der Bürger-Sicherheit (ob Juden, Nichtjuden oder Außerirdische) hat der Staat zu tragen, nicht das zu schützende Individuum oder Kollektiv. Diese Schlussfolgerung ist alles andere als fiktiv. Fakt ist, dass die jüdischen Gemeinden sowohl in der Schweiz als auch in Österreich sich an den Kosten für ihren Schutz selbst (mit)beteiligen müssen. In Österreich betrug 2019 der Etatposten Sicherheit 27 Prozent des jüdischen Verbandsbudgets.

»Gegen das Vergessen« – das sei gegen Antisemitismus unverzichtbar. Schön wär's. Echte Antisemiten, allen voran militante, haben nicht vergessen. Versessen sind sie auf Wiederholungen einstiger Judenverfolgungen und -vernichtungen.

Die welthistorisch schlimmsten Judenmorde beging zweifellos der rechtsextremistische deutsche Nationalsozialismus. Das darf man »nicht vergessen«. Ebenfalls nicht vergessen sollte man – ohne Rekordlisten aufzustellen – außer der rechten die linke und islamische Tradition, »Legitimation« und Exekution des Antisemitismus. Wer zu Recht über rechten Antisemitismus redet, darf den linken und islamischen weder verschweigen noch vergessen oder verniedlichen. »Nach Halle«, also nach dem rechtsextremistischen Jom-Kippur-Terror 2019, erwähnt kaum noch jemand antijüdische Gedanken oder Gewalt von Muslimen und Linken. So wird man weder den diskriminatorischen noch gar liquidatorischen Antisemitismus besiegen, den alle drei Hauptvarianten der Judenfeindschaft seit jeher aufweisen. Drei Augen, nicht nur eines sind vonnöten.

Es heißt: Erst das Wort, dann die Tat, also: Erst der diskriminatorische, dann der liquidatorische Antisemitismus. Das kann, muss aber nicht sein und schon gar nicht automatisch. Der makabre, zynische Ausspruch des eingefleischten ungarischen Antisemiten, »Reichsverweser« Miklós Horthy, sei als Beleg des keinesfalls automatischen Übergangs vom Wort zur Tat zitiert. Hitler beschwerte sich im April 1943 darüber, dass sich Ungarn unter Horthy nicht aktiv am Judenmorden beteiligte. Darauf Horthy: Er habe alles getan, was man »anständigerweise« (!) als Antisemit tun könne, aber Morden sei nicht akzeptabel. Missverständnisse seien vorweg ausgeräumt: Auch der diskriminatorische Antisemitismus ist eigentlich nicht hinnehmbar – aber er ist wenigstens nicht tödlich.

»Gegen das Vergessen« ist subjektiv gut gemeint, doch objektiv kontraproduktiv. Die Fixierung des jüdischen Themas auf Tod und Mord und Holocaust fordert unausgesprochen ein schlechtes Gewissen ein. Leider lässt es sich, wie gesagt, nicht einfordern. Der Akzent sollte vom Thema »Juden und Tod« auf »Juden und Lebensleistungen« gesetzt werden. Auf diese Weise würde auch den »dümmsten Kälbern« (vielleicht) klar, dass und wie sehr die jüdische Mini-Mini-Gemeinschaft Fortschritt und Wohlstand der Menschheit seit jeher fördert – um nicht »bereichert« zu sagen, wenngleich jene jüdischen Beiträge die Allgemeinheit sowohl ideell als auch materiell durchaus bereichern. Einst und jetzt.

Henryk Broder, der unnachahmliche Esprit- und Pointenkönig deutscher Sprache, nannte jüngst bitterbösironisch Antisemitismus ein »Weltkulturerbe«. Die Pointe sitzt, und ernsthaft gemeint ist natürlich eine Menschheitsepidemie. Voraussetzung für die Heilung von Krankheiten ist eine zutreffende Diagnose. Gerade im Zusammenhang mit dem Antisemitismus wimmelt es vor Fehldiagnosen. Es wird nicht gemessen, was man messen will oder zu messen vorgibt. »*Validität*« heißt das Problem in der Fachsprache. Dass Befragte meinen, die Zahl der Juden wäre viel höher, als sie tatsächlich ist, wird als Antisemitismus-Indikator eingestuft. Da fällt einem dieser jüdisch-israelische Witz ein: Moische aus dem Kibbutz X trifft in Berlin einen Chinesen. »China, Chinesen?« fragt Moische. »Wie viele von euch gibt es denn?« Der Chinese: »Rund 1,4 Milliarden.« Moische: »Und dann hört man so wenig von euch.«

Die im Oktober 2019 veröffentlichte Studies des Jüdischen Weltkongresses über den zweifellos gestiegenen Antisemitismus in Deutschland alarmierte viele. Zu Recht. Aber nicht immer mit der richtigen Begründung. 16 Prozent der Befragten hatten »unvorteilhafte« (»unfavorable«) Meinungen über Juden. Gewiss, weit mehr als erwartet (?) und erhofft. Bezogen auf Muslime wurden 53 Prozent und auf Christen 23 Prozent »gemessen«. Ist es nicht vermessen, angesichts dieser Daten nur auf Juden zu schauen? Ganz abgesehen davon, dass jede Kollektivschablone eine Variante des bereits erwähnten Kälberzeichens ist. Zumindest der Antichristianismus der praktizierenden Nenn- und Herkunftschristen ist sozusagen eine innerchristliche Dummheit.

Als ein klassischer Antisemitismus-Indikator gilt diese Aussage: »Juden haben in Medien, Wirtschaft und Politik zu viel Macht.« Wer »ja« sagt, gilt als Antisemit. Anstatt zu erklären, weshalb man traditionell Juden häufiger in bestimmten, keineswegs allen, Wirtschaftsbereichen findet, folgt die Verdammung. Sie basiert auf Verdummung. Weil Juden zum Beispiel nie die Möglichkeit hatten, ihr täglich Brot als Hochseefischer oder Holzfäller zu verdienen und das Judentum seit jeher eine Kultur des Wortes war, findet man Juden häufiger zum Beispiel in den Medien. Deren Nähe zur Politik ist bekannt.

»Die« Juden waren zum Beispiel in der vermeintlich »verjudeten« Administration von Präsident Franklin D. Roosevelt in den frühen 1940er Jahren so »mächtig«, dass die USA, anders als von ihnen flehentlich erbeten, das Vernichtungslager Auschwitz nicht bombardierten. Präsident Obama wurde von mehr als 80 Prozent der US-Juden gewählt. Ihre große Mehrheit war gegen das von seiner Regierung 2015 vereinbarte Atomabkommen mit dem Iran. Macht sieht anders aus. Um diese Zusammenhänge der Öffentlichkeit zu erklären, bedarf es keiner »Bildung«. Mangelndes Basiswissen ist nicht automatisch Antisemitismus. Das gilt auch bezüglich des Nichtwissens über den Holocaust. Nichtwissen ist nicht mit Bestreiten gleichzusetzen. Wenn zudem das Nichtwissen zunahm, haben dann neben Wissenschaft und Schulen nicht eher »die«, ach, so »verjudeten« Medien versagt? Oder sind »die« Medien vielleicht doch nicht so »verjudet« oder auch nicht so mächtig wie behauptet?

Es wird Zeit, über Juden und Antisemitismus mehr kenntnis- als bekenntnisreich zu denken, zu sprechen, zu schreiben und zu handeln.

ISRAEL, DIE ORTHODOXIE ODER DAS NICHTS – (DIASPORA-)JUDEN HEUTE

Warum »die« Juden? Warum sind sie weltweit ein *Dauerthema*? Es sind heute doch nur rund 14,5 Millionen beziehungsweise 0,2 Prozent der Menschheit. Ich sehe vor allem zwei Gründe. Der erste ist religiös, der zweite wegen Israel weltpolitisch sowie weltwirtschaftlich.

Solange und wenn Christen und Muslime religiös oder gar fundamentalistisch sind, können sie Juden gegenüber zumindest nicht indifferent sein. Christentum und Islam sind ohne theologische und geografische Bezüge zum Judentum undenkbar. Knapp die Hälfte der Menschheit sind Christen und Muslime. Ergo beschäftigt sie Jüdisches auf die eine oder andere Weise.

Zum Politischen. Auch Nichtgläubige haben nach der Aufklärung und der Fast-Entchristlichung Europas Juden attackiert oder gar liquidiert. Die Aufklärung begann verheißungsvoll: Lessings »Nathan der Weise«. Das *Idealbild* vom Juden. Unter pseudoaufgeklärten Vorzeichen kehrte bei Voltaire (besonders im »Candide«) das alte *Zerrbild* wieder. Auch heute findet man das *Realbild* von Juden, also diaspora-jüdische und israelische Juden, selten. »Kontinuität im Wandel« der jüdischen Geschichte von Diskriminierung oder Liquidierung. Unausweichlich sind die Folgen für Juden und Nichtjuden. Im Bild gesprochen: Wie bei Shakespeare ist der Geist der Ermordeten beim Mörder (Macbeth) und den Opfernachfahren (Hamlet) präsent. Nach und seit dem Sechsmillionenmord der Judenvernichtung sowie dem jüdisch-islamischen Kampf ums »Heilige Land« erleben wir, dass der Geist der Toten sowohl die Nachfahren der Opfer als auch der Täter verfolgt. Die Rede ist von Deutschlands *und* Europas Geschichtspolitik beziehungsweise »Vergangenheitsbewältigung« gegenüber »den« Juden sowie vom Dauerkrieg zwischen Israel und Palästinensern.

Dieser Dauerkrieg ist seit jeher sowohl religiös als auch politisch. Er (be)trifft inzwischen die gesamte islamische, (nenn-)christliche und jüdische Welt. Stichwort internationaler Terror und globale Terrorbekämpfung.

Der zweite globale Schauplatz jenes Konflikts ist die Weltwirtschaft. Einstweilen sind Erdöl und -gas aus islamischen Staaten unverzichtbar. Somit ist allein Israels Existenz für Öl importierende Staaten ein weltwirtschaftlicher Störfaktor.

Diaspora-Juden sind davon aus zwei Gründen besonders betroffen. Erstens: Von der nichtjüdischen Welt, erst recht der muslimischen, werden sie als Israels Fünfte Kolonne betrachtet. Folglich geraten sie direkt in die terroristische oder zumindest politische Schusslinie der Israel-Thematik.

Zweitens: Das Diaporajudentum war nie Israels Fünfte Kolonne, doch für jeden, sogar den antizionistischen Juden ist der Jüdische Staat eine Art Lebensversicherung. Zwar nahm die Israelbindung beziehungsweise -Identifizierung der Diaspora-Juden seit den 1980er Jahren nachweislich deutlich ab, aber die Einwanderung nach Israel nahm zu.

Die zunehmende Ent-Israelisierung der Diaspora-Juden ist eine Folge der innerjüdischen Spaltung in Israel. Sie betrifft die Palästinenser- und Siedlungspolitik, die Theokratisierung, die »Orientalisierung«, die »Russifizierung« und somit den rechtsreligiösnationalen Ruck der jüdisch-israelischen Gesellschaft.

Die jüdische Diaspora hat sich vom Jüdischen Staat re-emanzipiert. Anders als bis in die frühen 1980er Jahre besteht sie auf Partnerschaft unter Gleichen. Damit wird sie gesamtjüdisch scheitern, denn als Reaktion auf die weltweit zunehmenden »klassisch«-christlichen Antijudaismen, den islamischen Terror sowie die Ohnmacht besonders der westeuropäischen Staaten, ihre Juden erfolgreich zu schützen, hat in jüngster Zeit zugleich eine Re-Israelisierung beziehungsweise ein neuer Juden-Exodus begonnen. Vor islamischem

Terror sind die Juden auch in Israel nicht sicher, doch sie wissen: Wenn überhaupt ein Staat seine Bürger schützen kann und will, weil die Gesellschaft dessen Gewaltmonopol billigt und Polizei sowie Militär als Teil ihres Wir wahrnimmt, dann Israel. Im »World Happiness Report 2018« rangiert Israel nach den Spitzenreitern Finnland, Norwegen und Dänemark auf Rang elf, Deutschland 15, USA 18, Großbritannien 19, Frankreich 23. Anders als früher bietet Israel also auch ideell und materiell eine echte Alternative.

Die *Re-Israelisierung* der Juden hängt ebenfalls mit einem weltweit zunehmenden militanten Antizionismus zusammen. Dessen Träger sind wahrlich nicht nur Muslime. Antizionismus ist weit mehr als Israelkritik. Diese richtet sich gegen Maßnahmen der Jerusalemer Regierung, jener gegen das Existenzrecht Israels und gilt scheinbar »nur« Israelis, tatsächlich schwappt er auf »die« Juden über.

Der Anfang des neuen Exodus war die Endphase der Sowjetunion um 1990/91. Rund eine Million Juden strömten seitdem aus dem neuorthodox-christlichen, traditionell, fundamental, »klassisch« antijüdischen *Russland* (plus Ukraine, Weißrussland, GUS-Staaten) nach Israel.

Knapp 40.000 verfolgte Juden (Falaschas) wurden seit den 1980er Jahren aus dem christlich-muslimischen Äthiopien gerettet.

Seit 2000 emigrierten, als Reaktion auf islamische Gewalt sowie der diesbezüglichen Ohnmacht ihres Staates, 150.000 von einst ca. 600.000 Juden aus *Frankreich* nach Israel. Von denen, die blieben, stimmte 2017 ein Drittel für die rechtsextreme Nationale Front. Nicht aus ideologischer Überzeugung, denn die wäre absurd, sondern panikartig aus »Angst vor dem Islam« sowie aus Empörung über ihren Staat, der sie nur unzureichend schützt.

Ähnlich sind die Motive der Minigruppe »Juden in der AfD«. Die große Mehrheit der Juden *Deutschlands* geht zu Recht auf Distanz zur AfD, doch sie fragt: »Können wir bleiben?« Wie in Frankreich ist auch in Deutschland physisch und verbal die islamische Gewalt massiver als die ebenfalls unbestreitbare rechts- oder linksextreme. Deren Träger brüllen mit Islamisten »Juden ins Gas«. Wohlgemerkt, »Juden«, nicht »nur« Israelis.

Bezüglich Islam und Massenmigration ist auch die deutschjüdische Gemeinschaft gespalten. Die einen sagen: »Unsere Vorfahren waren ebenfalls Flüchtlinge und Migranten. Nur Hilfe ist human.« Die anderen kontern: »Stimmt, aber sollen wir freiwillig potentielle Judenhasser aufnehmen?« Staatliche Repräsentanten verdammen Antisemitismus, aber relativieren die empirisch begründete jüdische »Angst vor dem Islam«. Oft wird die reale Gefahr regelrecht geleugnet. Das verunsichert längst nicht mehr nur Juden.

Großbritannien ist eine Hochburg der massiv antizionistischen BDS-Bewegung. Sie hat sich dem politischen und wirtschaftlichen Kampf gegen Israel verschrieben. Hätte die Labour Party unter Jeremy Corbyn nach den Wahlen im Dezember 2019 die Regierung übernommen, wollten Umfragen zufolge ein Drittel der Juden auswandern. Ist Corbyns Labour antisemitisch oder »nur« antizionistisch? Britanniens Juden zerbrechen sich über diese begrifflichen Glasperlenspiele nicht den Kopf, denn beide Antis betreffen sie hautnah.

Verbale und körperliche Gewalt gegen Juden gehört inzwischen zum Alltag der jüdischen Minigemeinden *Schwedens*, besonders in Göteborg und Malmö. Auch in eine *Kopenhagen*er Synagoge wurden schon Brandsätze geworfen.

Glaubt man Berichten aus Orbáns *Ungarn*, denkt man, dass es auch dort brenne. Und doch wurde in Buda, neben dem Nationalmuseum, eine von den Osmanen vor 500 Jahren entweihte Synagoge wiederaufgebaut und eingeweiht. Die Eröffnung einer längst fertiggestellten Holocaust-Gedenkstätte scheiterte bislang an der Eitelkeit weltlich-jüdischer Repräsentanten. Nun sagt die orthodox-jüdische Chabad-Bewegung Ja zu diesem inhaltlich einwandfreien

Projekt. Ob es gefällt oder nicht, und »wer wirft den ersten Stein?«: Orbáns Regierung ist, wie die *Polens, Tschechiens* und der *Slowakei* deutlich israelfreundlicher als die der meisten EU-Staaten. Antijüdische Gewalt gibt es dort, anders als in Westeuropa, (bisher) nicht. Hängt das etwa mit dem geringen Muslimen-Anteil besagter Länder zusammen?

Pittsburgh, *USA*, Sabatgottesdienst, 27. Oktober 2018: Elf Menschen werden erschossen, zahlreiche schwer verletzt. Der Mörder brüllt: »Alle Juden müssen sterben.« An den Universitäten studieren heute die Entscheider von morgen. Immer mehr junge Akademiker sympathisieren mit der antiisraelisch-antijüdischen BDS-Bewegung. Die langfristigen Folgen sind offensichtlich.

Seit 1932 wählen durchschnittlich 80 Prozent der US-Juden die Demokraten. Doch seit der besonders juden- und israelfreundlichen Reagan-Präsidentschaft und seit Obamas von welcher Seite und weshalb auch immer begonnenen Dauerstreit mit Israel wendet sich ein Teil der US-Juden, vor allem orthodoxe, den Republikanern zu. Die hatten mehrheitlich bis in die späten 1960er Jahre zu Juden und Israel (teils durchaus antisemitische) Distanz gehalten. Trumps Israel-und-Juden-Sympathie ist unbestreitbar, doch seine Persönlichkeit und die Ideologie seiner Wählerschaft Lichtjahre vom jüdischen Humanitätsideal entfernt. Antijüdische Gewalt stieg 2017/18 in den USA um 70 Prozent. Allein 2017 wurden 3000 antijüdische Aktionen registriert. Leben die US-Juden so sicher wie sie (und auch ich) lange glaubten? Die meisten US-Juden gehören zur liberalen und konservativen Richtung des Judentums. Das politisch mächtige, eher orthodoxe Oberrabbinat Israels betrachtet beide nicht als jüdisch. Nach dem Pittsburgh-Massaker behaupteten beide Oberrabbiner, die Opfer seien nicht in einer Synagoge ermordet worden, denn liberale und konservative Synagogen wären keine Synagogen. Nicht nur US-Juden erwartet in Israel, wie zuvor die äthiopischen und russischen, ein Kampf um ihr Judentum. »Safety first«, deshalb werden sie trotz der orthodoxen Intoleranz und Arroganz einwandern.

Argentinien beherbergt die größte jüdische Gemeinschaft Lateinamerikas. Bis zum Regierungsantritt des liberalkonservativen Präsidenten Macri im Jahre 2015 unternahmen alle seine Vorgänger alles – auch einen Mord am recherchierenden Generalstaatsanwalt –, um die Iran-Connection des Terroranschlages gegen das jüdische Gemeindezentrum von Buenos Aires im Juli 1994 zu verheimlichen. 87 Menschen wurden damals ermordet, über 100 verletzt.

In *Australien* leben derzeit 120.000 Juden. Auch dort gab es schon islamistische Anschläge. Noch nicht gegen jüdische Ziele. Noch. Wie lange gilt das Noch?

Was bedeutet das globale Szenarium für Diaspora-Juden heute? Die Antwort bedingt zunächst einen Blick nach innen. Während in Israel etwa 30 Prozent der Juden im Sinne der religiösen Gebote leben, beträgt dieser Anteil in der Diaspora nicht mehr als zehn Prozent. Die Synagogen sind sogar an den hohen Feiertagen (Neujahr und Jom Kippur) eher spärlich gefüllt. Unverdrossen bauen deutsche Kommunen neue, um zu beweisen, wie gut sie es mit »den« Juden meinen. Nennenswerten Zulauf verbucht allein die modern orthodoxe und seelsorgerisch vorbildliche Chabad-Bewegung. Wie in Deutschland gehört nur rund die Hälfte der Diaspora-Juden einer Gemeinde an. Das überrascht nicht, denn jedwede, auch nichtjüdische Gemeinde kann einerseits verbinden und andererseits durch »Gemeindemief« oder Engstirnigkeit verprellen. Ob in Gemeinden oder nicht, die meisten Diaspora-Juden sind bezüglich der jüdischen Kultur und Geschichte quasi Analphabeten. Weil in die allgemeine Gesellschaft bestens integriert, suchen sie in der Gemeinde Gemeinschaft, keine Parallelgesellschaft. Ähnliche Familiengeschichten verbinden ebenso wie deren Erziehungsmethoden, Allgemeinbildungs-, Sozial- und

Leistungsideale. Man gehört »irgendwie« zusammen, jeder auf seine Weise und doch als Wir.

Dieses Wir ist oft weniger positiv selbst- als vielmehr negativ fremdbestimmt. Fremdbestimmt durch Negatives: den rechten, linken und – seit der Migration der letzten Jahre heftiger denn je – den islamischen Antisemitismus. Die wahrgenommene Bedrohung durch die *muslimische Migration* ist heute in Deutschland und Westeuropa Kern der jüdischen Situation.

Das bedeutet: Weit mehr als die jüdische Religion, Kultur oder Geschichte bestimmt die nun wieder erkennbar bedrohliche Alltagslebens- und Umwelt-SITUATION sowohl das ideell-inhaltliche SEIN als auch das materiell-physische DASEIN der Diaspora-Juden.

Was, außer der jüdischen Situation, ist an den meisten Diaspora-Juden demnach im religiösen, kulturellen oder historischen Sinne jüdisch? Diese Frage nach der eigenen jüdischen Identität kann nur der Einzelne für sich beantworten. Sozusagen à la carte, doch nicht allgemein verbindlich. So gesehen lebt die Diaspora, weil meistens negativ fremdbestimmt, im jüdischen Nichts.

Zur jüdischen Situation gehört Israel als Staat der Juden. Rund 65 Prozent der Juden leben aber in der Diaspora. Wer sich als Diaspora-Jude an Israel orientiert, versteht sich als »Zionist« und praktiziert Israelismus. Doch Israelismus außerhalb Israels ist auf Dauer eine Lebenslüge und letztlich ebenfalls absurd.

Wer weder religiös und kulturell noch israelistisch lebt, erlebt als Diaspora-Jude nur die jüdische Situation ohne genuin jüdische Inhalte. Sie ist negativ durch klassisch-religiöse, rechts- und linksideologische sowie islamische Judenfeindschaft geprägt – also nur negativ fremdbestimmt.

Das wiederum bedeutet: Diese jüdische Situation ist, jüdisch betrachtet, nicht ausreichend positiv selbstbestimmt. Die jüdische Situation in der Diaspora ist stark bestimmt von Leid, Verfolgung, Traumata, Ängsten.

Das Faktische hat für die meisten Diaspora-Juden das Wesensmäßige ersetzt. Das ist die eine Seite. Die andere: Da, wo das Dasein der Juden unjüdischen Charakter annimmt, ist es Teil der allgemeinen Verweltlichung moderner Gesellschaften. Wie jede moderne Gemeinschaft wurde auch die jüdische von ihr erfasst. Die meisten Diaspora-Juden haben sich von der Religion weitgehend entfernt. Für Deutsche, Engländer oder Franzosen ist die Verweltlichung keine substanzielle Gefahr, wohl aber für Juden. Deutsche bleiben mit oder ohne Säkularisierung Deutsche. Was aber sind Juden ohne Judentum? Eine inhaltslose Folkloregemeinschaft, die sich, mangels Inhalten, irgendwann aufzulösen droht. Diese Inhalte gibt es. Wahre Schätze. Wer lebt sie? Von innen betrachtet, jenseits aller Gefahren von außen, führt die nichtreligiöse, kulturell und historisch ajüdische Mehrheit der Diaspora-Juden eine geradezu klassisch »absurde Existenz«. Sie ist und ist zugleich nicht jüdisch.

Fürs Diaspora-Judentum denkbar ist nur ein Überlebensweg: der religiöse und kulturell-historische Versuch. Das »Alles« der jüdischen Orthodoxie können und wollen die meisten nicht erfüllen. Sie können es nicht, weil sie nicht mehr ungebrochen an Gott glauben. Das ist die eine Seite. Die andere: Nur die Orthodoxen gewinnen auch bei Juden an Boden

Reform-Juden sind Juden, die nicht mehr wirklich traditionell sein können und (noch?) nicht ganz unjüdisch im religiösen, kulturellen und historischen Sinne werden möchten. Das Reform-Judentum ist für die einen Rettungsanker fürs Judentum, für die anderen Sprungbrett vom Judentum ins jüdische Nichts. Gibt es für die jüdische Diaspora nur noch diese Alternative: Israel, die Orthodoxie oder das Nichts? Trotzdem gibt es Hoffnung: Alle Verfolgungen, sogar die »Endlösung«, hat dieses Ethik-, Kultur-, Kreativitäts- und Leistungsvolk überlebt. »Totgesagte leben länger«. So wird es auch diesmal sein. Wie? Das ist noch offen.

Ethik und Gewalt – Militär

RABBINER IN DER BUNDESWEHR?

Ich muss sehr persönlich werden, denn Analyse und Person sind bei diesem Thema nicht strikt voneinander zu trennen. Ich spreche zugleich als Zeithistoriker beziehungsweise Analyst und als Mit-Akteur, wenngleich in Mini-Rollen. Vielleicht, ja wahrscheinlich habe ich deshalb auch nicht die eigentlich für eine nüchterne Analyse notwendige emotionale Distanz.

Mit meinen Geschicht(ch)en aus dem individuellen und familiären Mikrokosmos versuche ich, den bis in die späten 1990er Jahre bestimmenden Zeitgeist im Makrokosmos »Deutschland und die Jüdische Welt« einzufangen. Im Allgemeinen ebenso wie im global- und deutschjüdischen Makrokosmos. Jene Geschicht(ch)en skizzieren Geschichte, genauer: Zeitgeschichte. Hier wird das subjektiv Erlebte zum repräsentativ Untersuchten.

Teil 1

Dezember 1988. Ein Anruf von Bundesverteidigungsminister Rupert Scholz. Kanzler Kohl und er müssten sehr bald entscheiden, ob nach der zweiten auch die dritte Generation deutschjüdischer Holocaust-Überlebender vom Wehrdienst ausgenommen werden solle. Er bitte mich um einen Gedanken- und Faktenaustausch.

Ebenfalls im Dezember 1989. Das Fernsehmagazin »Panorama« nimmt sich des Themas an und interviewt in einem der Seminarräume der Bundeswehruniversität München einige meiner Studenten und mich. Die jungen Offiziere (damals dienten noch keine Frauen in der Bundeswehr) antworteten verständlicherweise vorsichtig. Tenor: »Bloß nicht anecken, der Boden ist glatt, Rutschgefahr.«

Dank der »Gnade meiner Geburt« und meiner professoralen Unkündbarkeit als deutscher Beamter konnte ich Tacheles reden: »Gleiche Rechte, gleiche Pflichten.« Das kennzeichne einen Rechtsstaat und müsse folglich auch fürs Thema Juden und Bundeswehr gelten. Diesbezügliche Ausnahmeregelungen sprächen zwar für das geschichtspolitische Einfühlungsvermögen der Entscheidungsträger, seien jedoch ein Systembruch und daher kontraproduktiv. Bräche nämlich der Damm einmal, bräche er dauerhaft. Gut gemeint sei nicht gut gemacht. Polemisch überspitzt könne man sogar sagen, eine Sonderregelung für Juden wäre – freilich unter wohlmeinenden Vorzeichen – den antisemitischen Nürnberger Gesetzen von 1935 vergleichbar. Sonderregelung sei Sonderregelung und deshalb nicht mit der notwendigen Allgemeingültigkeit des Rechts im Rechtsstaat in Übereinstimmung.

Was folgte? Heute würde man sagen: ein Shitstorm, gewählter formuliert: ein Sturm der Entrüstung. Nicht mit »shit«, wohl aber mit koscheren, sprich: vorwiegend deutschjüdischen Kanonen wurde ich beschossen. Wie man sieht, habe ich die Kanonade überlebt, und dank der stabilen Demokratie in Bundesdeutschland haben sich auch die damaligen Frontlinien inzwischen kampf- und krampflos aufgelöst. Längst regt sich kaum noch jemand – Jude oder nicht – über Juden in der Bundeswehr auf. Ganz im Gegenteil, der jetzige Zentralratspräsident befürwortet, ebenso wie die Bundesministerin für Verteidigung, nachdrücklich und vorbehaltlos die Errichtung jüdischer Seelsorge in der Bundeswehr, also einen Militärrabbiner für die (heute) knapp 300 jüdischen Soldaten.

Ganz anders war das noch im Januar 1989: Hardthöhe, Bonn, Büro des Bundesverteidigungsministers. Rupert Scholz hatte sich etwas verspätet. Er sei bei Bundeskanzler Kohl gewesen. Auch Heinz Galinski habe am Gespräch teilgenommen. Der Chef des deutschjüdischen Zentralrats bestehe auf der Ausnahmeregelung für die dritte Generation der Holocaust-Überlebenden. Er, Scholz, sowie Kanzler Kohl wollten einen öffentlichen Streit mit dem Zentralrat auf jeden Fall vermeiden. Man habe Galinskis Wunsch entsprochen, berichtet der »Militärminister« kleinlaut und fügt kämpferisch hinzu: »Aber ich habe Herrn Galinski gesagt: Das ist das letzte Mal. Andernfalls gäbe es der Sonderregelung wegen einen öffentlichen Aufruhr, und den wolle schließlich keiner von uns.«

Sommer 1991, Hardthöhe, Bonn, Büro des Generalinspekteurs: »Wollen Sie nicht Militärrabbiner in der Bundeswehr werden?«, fragte mich scherzhaft Admiral Dieter Wellershoff, damals Generalinspekteur der Bundeswehr. Es war eher scheinscherzhaft, denn das ernste Thema »Juden in der Bundeswehr« köchelte konstant weiter. Jedenfalls intern und eben keineswegs nur scherzhaft. Der Kern von Komödien ist bekanntlich der Ernst … Ich griff den Scheinscherz des Obersten Soldaten auf: »Mich als Bundeswehr-Rabbi – das würden Sie politisch nicht überleben, und das können wir auch meinen jüdischen ›Brüdern und Schwestern‹ nicht antun. Ich bin zwar koscher jüdisch, aber kein Rabbiner, und außerdem könnten Sie ja nicht einmal für koscheres Essen sorgen.« »Kein Problem«, konterte Wellershoff, »Kartoffeln ha'm wir genug.«

August 1999, Israel, in der am Roten Meer gelegenen Hafenstadt Eylat, Club Méditerranée, Speisesaal. Am dort üblich großen Esstisch das Ehepaar Wolffsohn mit den drei damals noch jungen Kindern. Ein Mann mittleren Alters gesellt sich hinzu. Er schaut nicht nur auf seinen cuisine française et israélienne gefüllten Teller, sondern auch zu mir.

»Sind Sie nicht der Wolffsohn?«

»Ob ›der‹ Wolffsohn weiß ich nicht, ich bin Michael Wolffsohn.«

»Ihretwegen muss mein Sohn zur Bundeswehr.«

»Wie bitte, meinetwegen?«

Der empörte Papa, Berliner Jude, erzählte: Die Bundeswehr wolle seinen Sohn, dritte Generation Holocaust-Überlebender, als Wehrpflichtigen einberufen. Er und der Filius wollten nicht. Um Rat hatte er in der jüdischen Gemeinde gebeten. »Ja, das verdanken Sie dem Wolffsohn«, habe man ihm mitgeteilt.

Ich bekunde meine Unschuld und erwähne den Grund des scheinbar regelwidrigen Einberufungsbefehls. Die Großeltern des jungen Mannes aus der, wie behauptet, dritten Generation der jüdischen Holocaust-Überlebenden waren in den Hitlerjahren nie im Herrschaftsbereich der Wehrmacht.

München, Herbst 1997, Konzertpause in der Philharmonie. Meine Frau und ich sitzen bereits wieder auf unseren Plätzen. Neben uns ein befreundetes jüdisches Ehepaar.

»Wird euer älterer Sohn etwa zur Bundeswehr gehen und Wehrdienst leisten?«

»Ja, er wird.«

»Is' er meschugge? Er gehört doch zur dritten Generation Holocaust-Überlebender.«

»Das schon, aber gleiche Rechte, gleiche Pflichten. Wir sind gegen Sondergesetze.« Ans Dirigentenpult trat Sir Neville Marriner. Ende der Diskussion. Streit vermieden. Danke, Sir Neville.

Frühjahr 2004. Nein, anders als meinen älteren Sohn bekam die Bundeswehr meinen jüngeren Sohn nicht. Der leistete Zivildienst. Jüdisch-katholisch, bei den Maltesern. Das lag nicht an der Bundeswehr oder der Ausnahmeregelung für die dritte Generation, sondern am Bundesminister der Verteidigung, Peter Struck (SPD).

Er hatte sich im Mai 2004 an die Spitze einer öffentlichen Verleumdungs- und Hetzkampagne gegen mich gestellt. Unterstellt wurde mir, ich hätte die Anwendung von Folter gegen Terrorismusverdächtige befürwortet. Struck forderte nicht meinen Kopf, aber er wollte mich als Professor an der Bundeswehruniversität München eliminieren, was, dem Grundgesetz sei Dank, nicht möglich war. Liquidieren wollten mich andere. »Dank« der Ministerhetze erhielt ich 20 Morddrohungen sowie verstärkten Polizeischutz. Nein, dieser Minister bekam keinen Wolffsohn; ob jüdisch oder nicht, ob oder nicht Holocaust-Nachfahre der Generation zwei oder drei – nein! Dass ein Bundesminister, gar der Verteidigung, seine Bürger-Schutzpflicht so krass verletzte, war ein geschichtsethischer Sündenfall. Zwar kein kollektiv-antijüdischer Sündenfall, doch ein individuell-antijüdischer. Einen jüdischen Seelsorger brauchte ich nicht, wohl aber politische Unterstützung. Ich bekam sie – unabhängig vom »Judenfaktor« vom deutschjüdischen Zentralrat, der *FAZ*, *Welt*, dem Hochschulverband sowie der CDU/CSU-Fraktion, allen voran der damaligen Oppositionsführerin Angela Merkel.

Sommer 2004, Koblenz, Zentrum Innere Führung der Bundeswehr. Auf dem Weg zum Vortragssaal Bilder einer Ausstellung über jüdische Soldaten in deutschen Armeen. Blickfang ein Großfoto mit dem liberalen Rabbiner Walter Homolka im Vordergrund. Er trägt eine operettenhafte Fantasieuniform. Eigentlich keine Uniform, also keine Massenbekleidung, sondern, leicht erkennbar, ein Unikat.

Des Pudels beziehungsweise des Unikats Kern? Seit November 2003 war Homolka als frisch ernannter Major der Reserve und Verbindungsoffizier der erste bundesdeutsche Soldat mit dem Zivilberuf Rabbiner. Warum das? Aus »Verantwortung für diese Gesellschaft«, denn die Bundeswehr sei »gerade nicht die Fortsetzung der Wehrmacht mit anderen Mitteln«, so der erste Fast-Militärrabbiner der Bundeswehr.

Jahreswechsel 2006/7, Berlin, Kabalat Schabat, häusliche Sabbatfeier im Haus Homolka. Kidusch, die Segenssprüche über den Sabbat, Wein und Brot. Anschließend Abendessen. Tischgespräche – auch und nicht zuletzt – über »Juden in der Bundeswehr?«. Kein Wunder, denn am Tisch saß auch der erste Vorsitzende des im November 2006 gegründeten »Bundes Jüdischer Soldaten« in der Bundeswehr, Michael Berger, mit seiner Frau. Völlig entspannt – Peter Struck war nicht mehr Minister –, fast heiter, also ganz anders als in den vorangegangenen, fast-kriegerisch-hochemotionalen deutschjüdischen Bundeswehrjahrzehnten, sprachen wir über dieses Thema und neckten Walter Homolka ob seiner einmaligen Operettenuniform. Er schloss sich selbstironisch dem Verulken an – und heute sprechen wir, wohlgemerkt, auf Wunsch des deutschjüdischen Zentralrats nicht mehr über das Ob, sondern das Wie jüdischer Seelsorge in der Bundeswehr. »Tempora mutantur, et nos in illis.« Die Zeiten ändern sich, und wir in ihnen. So wunderbar klug, kurz, klassisch und zutreffend hat es der »alte Ovid« auf den Punkt gebracht. »… und wir in ihnen.« Die Bundesrepublik Deutschland ist eben nicht das Dritte Reich, sondern dessen Antithese ebenso wie die Bundeswehr Antithese zur Wehrmacht, von deren Tradition sie sich ausdrücklich distanziert. Siehe Traditionserlass.

Teil 2

Zum dialektischen Verstehen gehört neben der These die Antithese, gehören zumindest Zweifel, Bedenken oder Sorgen.

Aspekt 1: Ja, unser Staat, die Bundesrepublik Deutschland, »die« Deutschen, zumindest ihre große Mehrheit, *wollen* uns Juden schützen. *Können* sie es? Sie können es so unzureichend wie »die« Franzosen oder »die« Briten, und ob die es unter einem Jeremy Corbyn überhaupt noch wollten, darf bezweifelt werden. Und wenn unsere

»Mitbürger und Mitbürgerinnen« sowie, ihnen nachlaufend, auch weite Teile von Regierung und Opposition ihre demonstrative, teils provokative Amerika- und Israel-Distanz fortsetzen, können uns Juden Deutschland und die europäischen Demokratien noch weniger schützen, denn ohne amerikanische und israelische Hilfe wird ihr Anti-Terror-Kampf noch unwirksamer.

Aspekt 2: Die deutsche und westeuropäische Gesellschaft hat sich in den letzten Jahrzehnten demografisch und, als Folge, ideologisch, religiös und ethnisch dramatisch, geradezu revolutionär, in zweifacher Weise verändert. Stichwort eins: muslimische Migration, Stichwort 2: die Neue Rechte, irreführend »Populisten« genannt – denn »Populismus« bedeutet inhaltlich nichts anderes als Demokratie.

Die Antwort auf die Frage nach dem Antijudaismus und, daraus abgeleitet, Anti-Israelismus der Neuen Rechten ist leider weitaus differenzierter als im öffentlichen Diskurs. Fakt und nicht Fiktion: Auch unter Juden ist die Antwort umstritten, denn beispielsweise die AfD, Deutschlands Neue (oder doch alte oder altneue?) Rechte, hat jüngst, wie Trump und andere Rechte aus aller Welt, Ja zu Jerusalem als Israels Hauptstadt gesagt. Anders als die Koalitionsparteien CDU/CSU und SPD sowie die Fast-Einstimmigkeit der Linken im Bundestag hat die AfD mit der einst nicht gerade israelfreundlichen FDP den blinden UNO-Anti-Israelismus verurteilt. Die Grünen enthielten sich. Im Vergleich zu ihrer Vergangenheit war das ein immenser Fortschritt, aber Wischi und Waschi sind kein Schutzschild für Juden, auch nicht von anderen Parteien, und längst sind die einst eher gschamigen PLO-Liebeleien des 2005 verstorbenen Sozialdemokraten Ben Wisch, Hans-Jürgen Wischnewski, der vermeintlich gute Ton deutscher und west-, aber deutlich weniger osteuropäischer Nahostpolitik. Nicht nur deshalb gibt es »Juden in der AfD«, und nicht nur deshalb haben 2012 knapp 14 Prozent der französischen Juden und 2017 wahrscheinlich rund ein Drittel Le

Pen gewählt. Das gefällt auch mir nicht, aber ohne richtige Diagnose keine erfolgreiche Therapie. Antisemitismus und Antizionismus waren und sind eben kein Monopol der Alten oder Neuen Rechten. Wer das bestreitet, hat den Kampf gegen Antisemitismus und Antizionismus von vornherein verloren.

Aspekt 3: Schon zu Zeiten der am Ende alles andere als Allgemeinen Wehrpflicht hatten immer weniger Bürger die Uniform angezogen und sich somit – scheinbar hochmoralisch und fortschrittlich – dem Militär entzogen. Längst war die Bundeswehr kein Spiegel der Gesellschaft mehr. Nach dem faktischen Abschaffen der Wehrpflicht ist sie das (wie weltweit jede Berufsarmee) noch weniger als vorher. Punkt eins.

Punkt 2: Wie weltweit jedes Militär wirkt auch die Bundeswehr wenig attraktiv auf Lyriker, Philosophen und andere schöne Schiller-Seelen. Jedes Militär zieht seit jeher nicht nur, aber strukturell mehr Haudegen an. So zieht die Bundeswehr strukturell sowie aus funktionalen Gründen – nicht beabsichtigt, doch unvermeidbar und nicht mehrheitlich, aber eben doch auch – Feinde der offenen Gesellschaft an. Sowohl militante Rechte als auch militante Muslime, eben Militante ganz allgemein. Als Bundeswehrsoldaten haben sie leichten Zugang zu sensiblen Informationen des verhassten Staates, und sie kommen relativ leicht und zudem kostenlos an militärische Ausbildung plus Material. Dieses Bestwelt-Szenario für Militante im Militär ist keine Erfindung, es beruht auf Erfahrung und Fakten. In den letzten Jahren wurden, dem MAD sei Dank, Islamisten und Rechtsextremisten in der Bundeswehr erkannt, enttarnt und entlassen. Alle? Das ist zu hoffen, doch leider nicht zu erwarten, und noch mehr werden versuchen, die Bundeswehr in ihrem doppeltfeindlichen Sinne zu unterwandern. Man stelle sich vor, es lebten ein Islamist, ein Rechtsextremist und ein Jude in derselben Stube. Das muss nicht geschehen, aber es ist höchst wahrscheinlich. Über andere Horrorszenarien will ich eigentlich nicht nachdenken. Will nicht, muss aber. Wir alle müssen wegen der richtigen Prävention und Reaktion.

Aspekt 4: Spätestens seit dem Kosovo-Krieg von 1999 ist die Bundeswehr eine Kampf- und damit Kriegsarmee. Im Krieg wird getötet. Muss getötet werden. Töten ist in unserer postheroischen Gesellschaft, »gottlob«, frevelhaft und eigentlich ein Verbrechen. Im Krieg aber ist das Töten sowohl legal als auch legitim. Ein ungeheuerliches Moraldilemma. Wo liegt die Grenze zwischen Töten und Morden? Sind Töten und Morden identisch? Sind Soldaten also doch Mörder? Wir sagen nein und haben für dieses Nein überzeugende moralische Gründe. Doch dieses Nein bedarf der ständigen Überprüfung, Selbstbefragung oder Rechtfertigung nach innen ebenso wie nach außen, individuell ebenso wie kollektiv.

Muss manchmal präventiv getötet werden, um einer eigenen Tötung zu entgehen? Ja, sagt die Halacha, das jüdische Religionsgesetz. Gilt dieses Ja nur für Juden? Nein. »Man muss töten, um den Mord abzuschaffen. Gewalt tun, um das Unrecht zu beseitigen«, lässt der große Schriftsteller und Menschenfreund Albert Camus einen der Akteure im »Belagerungszustand« (Teil 3) sagen. Wirklich? Muss man »töten, um den Mord abzuschaffen«?

Auf diese und andere Fragen antwortet dem jüdischen Bundeswehrsoldaten vertrauter und persönlicher als Offizier A, B oder C ein jüdischer Seelsorger. Darum ist jüdische Seelsorge für jüdische Soldaten in der Bundeswehr unverzichtbar. Seelsorge ist dabei die eine Seite, das religiöse Fundamentalgebot die andere. Beim rein ethischen Problem Töten-Morden kann auch ein christlicher Seelsorger helfen oder aushelfen. Nicht bezüglich des Gebots »Du darfst nicht morden«.

In der Tradition Martin Luthers übersetzt die christliche Einheitsbibel nämlich dieses zentrale Gebot aus dem Dekalog irreführend und sinnwidrig mit »Du darfst nicht töten«. Im hebräischen Original heißt es »lo tirzach«, also »Du darfst nicht morden«. Es heißt nicht »lo taharog« beziehungsweise »Du darfst nicht töten«. Das wiederum heißt unausgesprochen »Notfalls darfst du töten« – wenn nämlich dir selbst der Tod droht oder, wie bei Camus: »Manchmal muss man »töten, um den Mord abzuschaffen.«

Hieße es tatsächlich in den Zehn Geboten »Du darfst nicht töten«, wäre das Töten beziehungsweise Schlachten von Tieren verboten. Nicht nur Vegetarier, erst recht Veganer und noch mehr Frutarier, freilich auch Fleischesser, können diesen Gedanken leicht nachvollziehen.

Bleibt diese Frage zu Aspekt 5: Braucht man in einer religionsfernen Gesellschaft wie der westlichen und noch mehr deutschen, ganz besonders ostdeutschen, immer noch Geistliche und Seelsorger gleich welcher Religion? Seelsorger auf jeden Fall. Stichwort Töten. Auch Geistliche braucht man. Siehe oben, siehe jüdisch: »Du darfst nicht morden« – oder einheitschristlich: töten.

Machen wir uns nichts vor. Die Riesen-Mehrheit der deutschjüdischen Minderheit ist ebenso religionsfern wie die christliche Mehrheit in diesem Lande. Hinzu kommt die, wie ich finde, befremdliche Tatsache, dass so manch christlicher und auch jüdischer Geistliche meint, bessere Politik als Politiker liefern zu können. Die Politisierung der Religion ist in der Bundeswehr noch mehr deplatziert als außerhalb. Die Bundeswehrverantwortlichen sollten daher ebenso wie der deutschjüdische Zentralrat höllisch aufpassen, dass Bundeswehrgeistliche vor lauter Politik oder Karrierismus nicht den Himmel aus den Augen verlieren. Etwa so wie der katholische Feldkurat Otto Katz im »Braven Soldaten Schwejk«. Der von Jaroslav Hasek bitterbös-satirisch erfundene Otto Katz war nicht nur »der vollendetste Kriegspriester«, er war Jude. »Das ist«, so Hasek weiter im »Schwejk« ätzend, »übrigens nichts Merkwürdiges. Erzbischof (Theodor) Kohn war gleichfalls Jude und ein Freund [des antireligiösen Schriftstellers; M. W.] Josef S. Machars obendrein.« Die Gottesdienste und Predigten des Judenkatholiken Otto Katz, lesen wir, »waren eine hübsche Unterbrechung der Langeweile … Es ging nicht darum, Gott nahezukommen, sondern um die Hoffnung, auf den Gängen und auf dem Weg über den Hof einen Zigaretten- oder Zigarrenstummel zu finden. Gott wurde vollkommen von einem kleinen Stummel verdrängt. Dieser kleine stinkende Gegenstand siegte über Gott und die Erlösung der Seele.«

Solche scheinlustigen Scharlatanerien, dessen bin ich sicher, werden Bundeswehr und deutschjüdischer Zentralrat zu verhindern wissen. Auch den vermeintlich »typisch jüdischen« Kampf-Krampf zwischen Orthodoxen und Liberalen. Dazu dieser jüdische Witz: Nach einem Schiffsunglück landet Moische mit viel Glück auf einer einsamen Insel. Dort lebt er, wie weiland Robinson Crusoe, allein. Eines Tages entdeckt ihn die Seenotrettung. Ihr Chef zu Moische: »Du lebst hier doch allein. Warum hast Du dann zwei Synagogen gebaut?« Darauf Moische: »Die zweite, damit ich weiß, in welche der beiden ich nicht gehe.«

Komödie als Witz heute, Schwejk-Satire nach dem Ersten und vor dem Zweiten Weltkrieg, vor der Tragödie des sechsmillionenfachen Judenmordens – der Bogen reicht vom Mikrokosmos zum Makrokosmos, vom Ich zum Wir. Wird es hier ein nichtjüdisch-deutsches Wir und dort ein nur jüdisches? Oder wird es ein deutschjüdisches? Die Zeit wird es zeigen, und Militärrabbiner sich hoffentlich bewähren.

BUNDESWEHR – ETHIK-KODEX STATT TRADITIONSERLASS!

»Du sollst nicht töten«. So wird, je nach Zählung, das fünfte beziehungsweise sechste der Zehn Gebote falsch übersetzt. Richtig aus dem Hebräischen übertragen heißt es: »Du sollst nicht morden«.

Was hat das Fünfte Gebot mit dem neu zu formulierenden Traditionserlass der Bundeswehr zu tun?

Antwort beziehungsweise *Gedanke 1*: Wenn Tradition als zeitloser oder zumindest weit über den Tag hinaus geltender moralischer Kompass dienen soll, muss die für jeden Menschen, Zivilisten und den Soldaten, überall und immer zu stellende ethische Fundamentalfrage beantwortet werden: »Darf ich töten?« Da Soldaten der Bundeswehr tatsächlich oder vermeintlich »Bürger in Uniform« sind, stellt sich diese Frage für Bundeswehrsoldaten ganz besonders.

Sind Soldaten einer Bundeswehr ohne Allgemeine Wehrpflicht tatsächlich noch »Bürger in Uniform«? Noch grundsätzlicher gefragt: Sind Soldaten jedweder Berufsarmee Bürger in Uniform? Diese Frage ist von fundamentaler Bedeutung für die neue Bundeswehr, denn strukturell ist keine Berufsarmee ein »Spiegel der Gesellschaft«.

Nicht nur die Soziologie der Bundeswehr, die Militärgeschichte belegt eindeutig: In jeder Berufsarmee findet man aus wirtschaftlichen, psychologischen oder politischen Gründen nur einen quantitativ und vor allem qualitativ-ideologisch kleinen Teil der Bürgerschaft wieder. In jeder Berufsarmee der Welt fehlt die Breite des allgemeingesellschaftlichen und -politischen Bürgerschaftsspektrums. Jede Berufsarmee zieht überall und immer nur bestimme Teile der Bürgerschaft beziehungsweise des Volkes an. Ich formuliere absichtlich überspitzt: Lyriker, Moralphilosophen oder Theologen werden selten Berufssoldaten.

Auch ohne Lyriker, Moralphilosophen oder Theologen kann die Ethik einer Streitkraft intakt bleiben, nicht jedoch, wenn dieser Satz gilt: »Weil du arm bist, musst du zum Militär.« So war es fast immer, wo und wenn es keine Allgemeine Wehrpflicht gab – also fast immer in der Militär-, Wirtschafts- und Sozialgeschichte. Das war, ist und bleibt zutiefst unethisch. Daraus folgt: Die Ethik des Militärs hängt mit der allgemeinen Ethik der Gesellschaft unauflöslich zusammen. Wenn sich die Gesellschaft dem Militär verweigert, schafft sie von sich aus das Militär als Staat im Staate.

In der gesamten Bürgerschaft einer Demokratie erfolgt die wechselseitige politische und ethische Kontrolle durch den ständigen und öffentlichen Wettbewerb der Ideen und Wertvorstellungen auf dem »politischen Markt«. Wo nur ein Teil der Bürgerschaft vertreten ist, entfällt automatisch die Kontrolle durch die Gesamtheit. Eine solche Institution bleibt in sich geschlossen und damit weitgehend der bürgerschaftlichen Gesamtheit, letztlich also dem Wettbewerb der Wertevorstellungen verschlossen. Interne Mängel gelangen nicht nach außen. So wird die Berufsarmee einer offenen Gesellschaft zur geschlossenen Teil-Gesellschaft.

Daraus folgt: Wo die gesamtgesellschaftliche Kritik entfällt, gibt es – bestenfalls – nur teilgesellschaftliche Kritik und noch seltener Selbstkritik. Beide sind in einer Demokratie unverzichtbare Faktoren auch des ethischen Regulierens und Korrigierens.

Daraus wiederum folgt noch Beängstigenderes: Anders als bei einer Streitkraft mit Allgemeiner Wehrpflicht besteht bei einer Berufsarmee strukturell die Gefahr, dass diese ein »Staat im Staat« wird. Womit wir beim Gespenst von Weimar wären. Damals war die Reichswehr faktisch ein Staat im Staat. Genau jenes Gespenst von Weimar wollte die Bonner und will die Berliner Republik durch das Ideal des Bürgers in Uniform vertreiben und verhindern. Ungewollt und naiv wurde durch den Übergang von der Bürger- zur Berufsarmee die Rückkehr jenes Gespenstes strukturell erleichtert.

Daraus folgt unabdingbar: Notwendiger denn je ist in der Bundeswehr (wie in jeder Berufsarmee der Welt) ein allgemeiner, von der Politik vorgegebener, aus der gesellschaftlichen Diskussion abgeleiteter Ethik-Kodex. Dieser muss auch – doch eben nicht nur – die deutsche Militärtradition thematisieren.

Wenn ich als Zivilist einen Menschen töte, ist es in der Regel Mord. Als Soldat wird mir vom Staat A das Töten von Soldaten des Staates B befohlen, und es ist kein Mord. Warum? Das muss ein Traditionspaket, das diesen Namen verdient, erklären. Eine, wenn nicht gar »die« Erklärung bietet eben das fünfte beziehungsweise sechste, das Tötungsverbot, der Zehn Gebote. Diese, hören wir ständig, seien *das* Ethik-Fundament des (chronologisch) jüdisch-christlichen Erbes.

»Morde nicht« heißt zugleich unausgesprochen: In Ausnahmefällen, wohlgemerkt, in Ausnahmefällen darfst du töten, sprich: das Leben von Lebewesen beenden. Was sind die Ausnahmen? Es ist genau genommen nur eine: die Überlebensnotwendigkeit. Wenn A mich töten will, und nur dann, dann darf ich ihn sogar vorwegnehmend töten. Aus beiden Teilgedanken schließen wir erstens: Töten ist eben nicht Morden oder, mit Albert Camus (in »Der Belagerungszustand«): »Man muss [manchmal; M. W.] töten, um den Mord abzuschaffen. Gewalt tun, um das Unrecht zu beseitigen.«

Zweitens, bezogen auf Soldaten: Im Notfall (und nur der gilt für demokratische Staaten und Menschen, die diese Bezeichnung verdienen), im Notfall sind tötende Soldaten eben keine Mörder.

Das ist die Regel. Ausnahmen müssen erkannt und benannt werden.

Ich nenne eine: Die Wehrmacht beging zahlreiche Verbrechen. Daher ist das Bundeswehr-Axiom, das besagt, die Wehrmacht sei als Institution »für die Bundeswehr nicht traditionswürdig«, ethisch absolut unverzichtbar. Funktional, sprich: kriegshandwerklich ist es völlig unrealistisch, denn weltweit studieren Militärs nicht nur die Blitzkrieg-Strategie der Wehrmacht, sondern auch zahlreiche taktische Aktionen.

Ja, die Wehrmacht war die Exekutive eines Verbrecherregimes. Doch wahrlich nicht jeder Wehrmachtssoldat war ein Verbrecher, und, machen wir uns nichts vor, es gab unter den vielen Wehrmachtsmördern rein »kriegshandwerklich« beziehungsweise soldatisch betrachtet vorzügliche Soldaten. Nie und nimmer sollen oder dürfen sie Vorbilder unserer zivilisatorisch humanen Streitkraft sein.

Unbestreitbar war nicht jeder Wehrmachtssoldat ein Mörder, aber, ebenfalls unbestreitbar, war er zugleich Instrument eines Mordregimes. Wie die zentralen Akteure der griechischen Tragödie wurden diese Wehrmachtssoldaten schuldlos schuldig. Das ist ihre je individuelle Tragik.

Ganz anders als die Soldaten der Wehrmacht handeln Bundeswehrsoldaten im Auftrag eines Staates, in dem die Fundamente der jüdisch-christlichen Ethik, die Menschen- und Bürgerrechte und nicht zuletzt das Grundgesetz gelten. Das Dritte Reich war eine Massenmord-Diktatur. Sie mordete Millionen Deutsche und Nichtdeutsche. Die Bundesrepublik Deutschland ist nicht das Paradies auf Erden, aber ganz gewiss ein freiheitlich-demokratischer Rechtsstaat.

Gedanke 2 befasst sich mit der Frage: Ist der Kampf beziehungsweise Krieg, den ich als Soldat führen muss, gerecht? Antworten hierauf füllen Bibliotheken, aber den Verfassern eines neuen Traditionserlasses der bundesdeutsch-demokratischen Streitkraft sollte die Bequemlichkeit einer diesbezüglichen ethischen Drückebergerei nicht gestattet werden.

Ich wage ohne redaktionelle Feinarbeit eine Rohformulierung: Soldaten der Bundeswehr begeben sich in Gefahr und manchmal sogar in Lebensgefahr, damit weltweit Menschlichkeit obsiegt. Wenn sie – vom demokratisch gewählten, auf dem Boden des Grundgesetzes entscheidenden Parlament sowie der von ihm getragenen Regierung – in den Kampf geschickt werden und dabei andere töten müssen, dann nur *für* Menschlichkeit. Für Menschlichkeit und immer gegen Menschen, die anderen Menschen das existentielle sowie das selbstbestimmte Lebens- und Glücksrecht, kurzum: individuell oder kollektiv Menschlichkeit gewaltsam verweigern.

Krieg ist für die Bundeswehr Entsetzliches, weil Menschen Menschen töten. Er darf nur geführt werden, um noch Entsetzlicheres, nämlich noch mehr und längeres Töten, zu verhindern oder zu beenden.

Gedanke 3: Die beiden vorgetragenen Gedanken sind aus meiner Sicht unverzichtbar. Sie sind fundamental. Sie prüfen nicht die Moral von General A oder B, egal aus welcher Epoche. Seien es die preußischen Militär-Reformer, -Restauratoren, Soldaten des Kaiserreichs, der Wehrmacht, Bundeswehr oder auch der DDR-Nationalen Volksarmee. Sie führen weit über Fragen der Tradition hinaus zur Basis-Ethik.

Daraus folgt: Statt oder zumindest zusätzlich zu einem neuen Traditionserlass braucht die Neue Bundeswehr des seit 1990 vereinten Deutschland einen ETHIK-KODEX beziehungsweise ETHIK-KOMPASS.

Gedanke 4: In einer Berufsarmee ist ein solcher Kodex noch wichtiger als in einer Wehrpflichtigen-Streitkraft. Ein »Staat im Staat« wäre nicht hinnehmbar. Es gilt nicht nur das/der Primat der Politik und des Zivilen, sondern des Zivilisatorischen, also des Humanum.

Gedanke 5: Der künftige Ethik-Kodex muss zugleich verdeutlichen, dass der Primat des Politischen beziehungsweise des Zivilen keineswegs automatisch zivilisatorisches Denken und Handeln bedeutet. Ein Beleg von vielen ist das NS-Reich. Oder gab es dort und damals etwa das Primat des Militärischen?

Gedanke 6: Ein Ethik-Kodex der Bundeswehr sollte – ohne zum Geschichtsbuch auszuufern – gerade Berufssoldaten verdeutlichen, dass militärisch Vernünftiges politischer Selbstmord und damit Grundstein einer militärischen Niederlage sein kann. Beispiele: Die Anwendung des Schlieffenplans war im Ersten Weltkrieg rein militärisch geradezu genial und politisch eine Katastrophe, denn sie musste zum Kriegseintritt Großbritanniens führen. Gleiches gilt für das Flottenprogramm seit 1898, den U-Boot-Krieg oder die von Staatssekretär Zimmermann & Co. angedachte Mexikofront gegen die USA im Ersten Weltkrieg. Militärisch überzeugend, politisch tölpelhaft.

Militärökonomisch, scheinrational sinnvoll war zur Jahreswende 1870/71 gewiss die Belagerung von Paris durch den alten Moltke oder 1941 bis 1943 Hitlers Belagerung von Leningrad, an der auch der spätere Verteidigungsminister und Bundeskanzler Helmut Schmidt beteiligt war.

Jenseits der (Un-)Moral waren diese beiden Aushungerungsblockaden fakt-rational und politisch fatal, denn sie erzeugten Rachegefühle und später Rachehandlungen gegen das deutsche Militär und Zivil.

Gedanke 7: Menschliche Vorbilder sind wichtig, vielleicht sogar unerlässlich. Aber sie sind Menschen, also wie jeder Mensch fehlbar, fehlerhaft und, ja, auch mit Makeln behaftet. Ich rede nicht nur von den vielen vorbildlichen Soldaten, sondern auch von dem einen oder anderen Widerstandshelden gegen die NS-Verbrecher. Von diesen leite ich wieder zum Urdokument der jüdisch-christlichen Kultur, zur Bibel. Sie ist nicht nur Weltliteratur, sondern konfrontiert auch Nichtgläubige mit Fragen der Fundamentalethik, gerade durch die vielschichtigen, eben nicht Schwarz-Weiß-Darstellungen. Ich meine nicht nur das auf vermeintlich Sündenfreie gemünzte jesuanische Diktum »… der werfe den ersten Stein«, sondern vor allem die Messiasvorstellung. Sowohl Christen als auch Juden sagen: Der Messias stamme aus dem Hause David. Das bedeutet: Edler als David geht nicht. Doch wer oder was war dieser biblische David? Jenseits seiner politischen und ethischen Größe war David zum Beispiel auch ein knallharter Räuberhauptmann und Ehebrecher. Mehr noch: Den gehörnten Ehemann der Batseba schickte er an die Kriegsfront und damit in den Tod. Davids Sohn und Nachfolger, Salomon, war also, wie es Religiöse zu sagen pflegen, »in Sünde gezeugt«. Daraus folgt: Trotz und nach der Sünde, so die Bibel, leistete David Sühne. Nichts war ungeschehen, aber eben gesühnt.

Daraus folgt für unser Thema: Selbst der eine oder andere Widerstandskämpfer gegen die NS-Verbrecher war an Kriegsverbrechen oder als Mitläufer und Mitmacher beteiligt, aber der Widerstand war seine Sühne.

Daraus folgt: Wenn »das« Ideal christlich-jüdischer Vorstellungen, also der Messias, aus dem (unausgesprochen: vorbildlichen) Hause David kommen soll oder gekommen sei, können und dürfen wir auch so oder anders vorbelastete Widerstandskämpfer als Vorbilder bestimmen. Allerdings müssen erst recht wir das begründen und thematisieren.

Daraus folgt *Gedanke 8:* Nicht das ganze Leben, die Lebenszeit, eines Soldaten oder anderer Menschen ist Vorbild, sondern nur die eine oder andere Lebenssituation, der eine oder andere Lebensabschnitt.

Wer dieses Realbild vom Menschen an sich nicht erkennt und benennt, erzeugt, obwohl das Idealbild anstrebend, nur Zerrbilder und keine Vorbilder.

Gedanke 9: Traurig, wahr und funktional unvermeidlich: Wie in allen bundes- und DDR-Institutionen gab es in der frühen Bundeswehr (natürlich auch in der NVA) NS-belastete Personen. »Der Alte«, Konrad Adenauer, dieser Realist und geniale Vereinfacher, hat es 1952 auf den Punkt gebracht: »Man schüttet kein dreckiges Wasser aus, wenn man kein reines hat!« Zu nachkriegsdeutschen Alternativlosigkeit der Personalpolitik sagte er auch dies: »Nehmen Se de Menschen wie sie sind. Andere jibt et nich.« Die frühe BRD und DDR musste die nehmen, die es gab. Ohne sie war – leider und zugleich wörtlich – kein Staat, auch keine Bundeswehr zu machen. Die wenigen wirklichen Widerständler und Weißen in brauner Zeit konnte man nur mit der Lupe finden.

Dabei war in der Bundeswehr die Schamschwelle für belastete Personen durch den Personalgutachterausschuss deutlich schwerer zu überschreiten als in den meisten übrigen Institutionen der frühen BRD, von der Früh-DDR ganz zu schweigen.

Warum nur über Militär und Politik der frühen Bundesrepublik reden? So manche »moralische Instanz« unserer Bundesrepublik hatte in dunkeldeutschen Zeiten ebenfalls wenig oder nichts Helles zu bieten: Ich nenne Günter Grass, der nicht fremdbestimmt in die Waffen-SS gespült wurde. Der vermeintlich große Liberale der bundesdeutschen Historikerzunft, Theodor Schieder, hat im Dritten Reich Unsägliches geschrieben, was seine dankbaren Schüler, allesamt wohlbekannte, makellose Demokraten, aus Dankbarkeit, Feigheit oder Opportunismus bis in die späten 1980er Jahre verschwiegen. Die NSDAP-Mitgliedschaft des Zeithistorikers Martin Broszat, des Schriftstellers Siegfried Lenz oder des Kabarettisten Dieter Hildebrandt etc. hat auch nicht der Klapperstorch in die frühbundesdeutsche Wiege gelegt.

Das Wunder der Bundesrepublik und auch der Bundeswehr besteht doch gerade darin, dass einst belastete Personen (es gab freilich auch Unbelastete, aber das war eben nicht die Mehrheit) das Neue am neuen, wirklich demokratischen und menschlichen Deutschland mitaufgebaut und später vielleicht sogar verinnerlicht haben. Die Mehrheit ihrer Kinder und Kindeskinder hat dieses Neue, Menschliche gewiss verinnerlicht.

Gedanke 10: Demokratie, also die »Herrschaft des Volkes durch und für das Volk«, ist ohne Teilhabe, sprich: Partizipation der Bürger ohne und mit Uniform undenkbar. In der Arbeitswelt, erst recht der militärischen, herrscht der Funktion wegen eher das Prinzip von Anweisung, Vorschrift, ja Befehl und Gehorsam, letztlich Subordination. Dieses Spannungsverhältnis von Bürgerwelt und Arbeitswelt, militärisch oder zivil, muss ein Ethik-Kodex ebenfalls erklären.

Der Gedanke an Partizipation führt zu (noch?) einer ketzerischen Überlegung: Kann man Tradition erlassen, also amtlich, wie 1965 Kai-Uwe von Hassel (CDU) und 1982 Hans Apel (SPD) verkünden? Ist ein solcher Minister-»Erlass« nicht gegen die und aus der Zeit beziehungsweise anachronistisch, ja geradezu obrigkeitsstaatlich?

Gedanke 11 ergänzt den zehnten: Befehl und Gehorsam sind im Militär, Anweisung und Ausführung im Zivilbereich funktional unverzichtbar. Doch ohne Widerspruch keine Fehlerkorrektur und ohne das Widerstandsrecht im und gegen ein Unrechtsregime brechen wir die westliche und die jüdisch-christliche Ethik-Tradition. Fast jeder biblische König Israels und Judäas verstieß gegen die Basis-Ethik. Dessen Tötung galt eben nicht als Mord, weil er das getan hatte, was die Bibel »das Unrechte in den Augen Gottes« nennt. Wir Weltlich-Modernen würden sagen: Es waren Tyrannen. Und Tyrannentötung entspricht westlich-weltlicher Ethik.

Weil die Bundeswehr die Streitkraft eines demokratischen Staates ist, entfällt jedem Zivil und Militär das Recht auf Widerstand. Widerspruch als Fehlerkorrektiv muss aber möglich sein. Auch das muss ein Ethik-Kodex leicht verständlich erklären.

Gedanke 12: Er überschreitet das jüdisch-christliche Erbe und erweitert es neudemografisch sowie zeithistorisch ums Islamische. Manche sagen: »Der Islam gehört zu Deutschland.« Andere sagen nein. Das ist also umstritten. Unbestreitbar ist jedoch, dass in Deutschland und Westeuropa eine ständig wachsende islamische Bevölkerung dauerhaft bleibt, teils auch in der Bundeswehr dient und dass, national sowie global betrachtet, Religion, vor allem der Islam, woanders auch Christentum, Judentum, Buddhismus und Hinduismus, ein politischer Faktor ist. Für Deutschland und die Bundeswehr gilt grundsätzlich die Trennung von Politik und Religion. Daraus folgt: Für die Berliner Republik und damit für die neue Bundeswehr gibt es durchaus Kriege als ultima ratio, aber nie und nimmer einen »Heiligen Krieg«. »Heilige Krieger« oder Gedanken an Heilige Kriege haben in der Bundeswehr keinen Platz. Für Menschlichkeit in der Staatenwelt und nicht für einen oder den Gottesstaat kämpft die Bundeswehr, wenn sie kämpfen muss.

Man kann sich freilich alles auch ganz einfach machen. Der niederländische General van Loon behauptete beim ersten »Workshop« zum neuen Traditionserlass schlicht und simpel: Tradition sei einfach ein wesentlicher Bestandteil des »esprit de corps« der Soldaten. Sie sei notwendig, um überhaupt in den Kampf ziehen zu können und sich als Einheit zu begreifen. Denn in der Schlacht stürben die Soldaten ja nicht für das Vaterland oder für höhere Ziele, sondern für den Kameraden neben ihnen. Und der pensionierte niederländische Generalleutnant hatte auch einen persönlichen Rat an die deutsche Ministerin, den er öffentlich verkündete: Natürlich könne es im Gewand der Traditionspflege immer zu historischen Missbräuchen kommen. Aber da empfehle er Gelassenheit, eine Tasse Tee und die Erinnerung an wichtige militärische Leistungen und kühne militärische Führer – er nannte die Namen Blücher und Rommel (*FAZ*, 18.8.2017). Ich trinke gerne Tee, aber für zivile sowie militärische Fundamentalethik und Tradition reicht eine Teerunde nicht.

WIDERSTAND UND BUNDESWEHR

Rede beim Gelöbnis der Bundeswehr, Berlin, Bendlerblock, 20. Juli 2017:

Soldatinnen und Soldaten, Sie stehen hier. Sie stehen hier nicht nur körperlich. Sie stehen hier sinnbildlich und vorbildlich für unseren Staat, die Demokratie der Bunderepublik Deutschland. Es ist der beste, weil freiheitlichste, demokratischste, menschlichste Staat, den es je auf deutschem Boden gab.

Gleiches gilt für unser Militär, die Bundeswehr. Auch weltweit muss unsere Bundesrepublik Deutschland keinen Vergleich scheuen.

Das heißt nicht: »Am deutschen Wesen soll die Welt genesen.« Das heißt: Deutschland richtet sich nach dem Welt- und Wertmaßstab der Menschen- und Bürgerrechte beziehungsweise den »westlichen Werten«.

Das ist keine Selbstüberhöhung des Westens. Das ist die Ausrichtung am Menschen, am Menschen an sich, sei er weiß, schwarz, gelb, Christ oder Nicht-Christ. Dazu gehört nicht nur die eigene Freiheit, sondern gerade die Freiheit derer, die anders denken, leben oder lieben.

Diese westlichen Werte sind viel älter als »der Westen«. Sie stammen aus dem Osten, aus dem Alten Orient, dem Alten und dann dem Neuen Testament. In beiden heißt es: »Liebe deinen Nächsten wie dich selbst.«

Wie Judentum und Christentum, wie die Bibel, kommt auch der Islam, kommt der Koran aus dem Orient. Orient und Okzident – sie entstammen den gleichen Quellen; auch wenn es viele nicht wissen, manche verdrängen oder verbiegen.

In der Hebräischen Bibel steht der Satz: »Liebe den Fremden wie dich selbst«. Sind diese beiden Gebote nicht viel ausdrucksmächtiger als die heutigen Allerweltswörter Toleranz oder Integration?

Jesus sagt in der Bergpredigt: »Liebet eure Feinde«. Das Gebot gilt. Doch leider ist es nicht wörtlich und wirklich umsetzbar, weil und wenn das Leben von Menschen bedroht ist und geschützt werden muss. Eben durch Militär.

»Alle Menschen sind gleich geboren« und haben, so die Unabhängigkeitserklärung der USA, die gleichen Rechte, vor allem das Recht auf »Leben, Freiheit und das Streben nach Glück.«

Soldatinnen und Soldaten, achten Sie bitte auf die Reihenfolge bei der Nennung der Menschenrechte auf »Leben, Freiheit und Streben nach Glück«.

Leben. Damit ist nicht zuletzt Sicherheit gemeint. Die Sicherheit, dass man als friedliebender Mensch leben beziehungsweise überleben kann. Ist das nämlich nicht der Fall, gibt es weder Freiheit noch Glück. Das bedeutet: Ohne Sicherheit kein Leben. Und für Sicherheit, Soldatinnen und Soldaten, sind SIE unser aller Garant. Dafür verdienen Sie den Dank aller, auch wenn Ihnen nicht alle danken.

Sie stehen als Bundeswehrsoldaten für Sicherheit und Freiheit. Sie stehen hier am 20. Juli. An diesem Tag, an diesem Ort, zerbrach 1944 der militärische Widerstand. Wir danken allen, die unter Einsatz ihres Lebens die Verbrechen des Nationalsozialismus beenden wollten. Die Nationalsozialisten haben andere Völker millionenfach ermordet, allen voran sechs Millionen Juden. Darüber hinaus haben die Nationalsozialisten ihr eigenes Volk, die Deutschen, verraten und den Untergang Deutschlands in Kauf genommen. Dass Deutschland trotzdem überlebte, zunächst in zwei Staaten und seit 1990 wieder vereint, verdanken wir den Siegern über Deutschland. Es ist auch tagespolitisch nicht unangebracht, sich dessen bescheiden zu erinnern. Dass sich die Welt mit dem neuen Deutschland aus- und versöhnen konnte, verdankt es nicht zuletzt dem Vermächtnis des deutschen Widerstands, vor allem dem militärischen Widerstand des 20. Juli 1944, das Bundesrepublik und Bundeswehr seit jeher besonders pflegen.

Wir leben in einer Demokratie, der deutsche Widerstand kämpfte gegen eine Diktatur. In einer Demokratie muss keiner Widerstand leisten. Widersprechen kann jeder, und Widerspruch gehört zur Demokratie.

Auch in Demokratien erfordert Widerspruch manchmal Mut. Er kann sogar gefährlich sein, doch nie lebensgefährlich. Widerspruch ist fürs Denken des Einzelnen sowie für alle in einer Demokratie unverzichtbar, sogar im Militär einer Demokratie.

Oft wird gesagt: Militär und Demokratie schlössen einander aus. Natürlich gelten in der Bundeswehr Gehorsam und Befehl. Aber weder Kadavergehorsam noch Duckmäusertum.

Der Geist der Bundeswehr ist moralisch und militärhistorisch in einer Hinsicht geradezu einzigartig, denn er versucht – gemäß dem Vermächtnis des 20. Juli 1944 – mit dem Bild vom »Bürger in Uniform« zu verbinden, was schwer zu verbinden ist: Befehle und Bürgerrechte. Befehle zu empfangen, sie auszuführen, trotzdem mit- oder gegenzudenken und, wo nötig, zu widersprechen.

Soldatinnen und Soldaten, Sie sehen, dass Sie auch einen moralisch anspruchsvollen Weg beschreiten. Natürlich ist auch die Bundeswehr nicht perfekt. Auch hier menschelt es. Nie und nirgends entspricht das Idealbild dem Realbild, doch lassen Sie sich nicht vom Zerrbild über die Bundeswehr in die Irre führen.

Zum Realbild gehört nicht zuletzt Folgendes: Allein hier und heute stehen 332 männliche und weibliche Rekruten. 20 Prozent sind Frauen. Es werden sicher bald noch mehr. Das ist gewollt und gut.

Fakt ist auch: Rund 20 Prozent der Deutschen haben einen Migrationshintergrund. Ungefähr gleich hoch ist diesbezüglich der Anteil in der Bundeswehr. Hier findet man Christen, Muslime, Juden, Andersgläubige und Nichtgläubige. Wie allgemein in Deutschland. In Bundeswehr und Bundesdeutschland kann, soll und darf »jeder nach seiner Fasson selig werden«.

Sie alle, Soldatinnen und Soldaten, sind nicht nur auf dem Papier Deutsche und sie sprechen nicht nur perfekt deutsch. Sie sind Deutsche mit Herz, Verstand und Überzeugung. Sie leisten für dieses lebenswerte Deutschland viel mehr als die vielen deutschen Ohnemichels.

Zum Menscheln und zur Menschlichkeit gehört in einem Militär noch mehr als woanders Kameradschaft. Ohne Kameradschaft und Freundschaft keine Menschlichkeit. Doch Kameradschaft ist etwas anderes als Kameraderie, die menschliche Werte unter den Teppich fegt. Soldatinnen und Soldaten, seien Sie einander gute Kameraden ohne Kameraderie.

Wie an jedem Arbeitsplatz der Welt, gibt es auch in der Bundeswehr Anordnungen (man nennt sie hier »Befehle«). Es gibt Ärger, Defizite und Fehlentwicklungen wie zum Beispiel das Fehlverhalten von Vorgesetzten, rassistische Deutschtümelei oder Männer-Chauvinismus. Dieses Verhalten widerspricht dem Geist der Bundeswehr. Deshalb haben Sie über den Wehrbeauftragten die Möglichkeit, Ihren persönlichen Ärger zum allgemeinen und öffentlichen Ärgernis, ja zum Politikum zu machen.

Die Bundeswehr ist eine Parlamentsarmee. Letztlich bestimmt daher der Bundestag über Ihr Wohl und Wehe. Hin und wieder werden Sie sich über die jeweilige Koalition oder Opposition oder auch über beide ärgern, vielleicht sogar über einzelne Minister oder Ministerinnen. Wie alle Bürger können Sie das ändern. Beteiligen Sie sich an Wahlen und bürgerschaftlichen Belangen. Strafen Sie Ihre Kritiker Lügen – durch Wort und Tat.

Soldatinnen und Soldaten, Sie stehen hier für ein menschliches Deutschland und dessen menschliches Militär, die Bundeswehr. Sie begeben sich in Gefahr und manchmal sogar in Lebensgefahr, damit weltweit Menschlichkeit obsiegt. Wenn Sie in den Kampf geschickt werden, dann immer *für* Menschlichkeit und immer mit Gleichgesinnten anderer menschlicher Staaten gegen Menschen, die anderen

Menschlichkeit gewaltsam verweigern. Die meisten Deutschen und die mit Deutschland befreundeten Weltbürger sind Ihnen dafür dankbar. Sie sind stolz auf Sie.

Sie können stolz sein. Stolz auf sich selbst, auf unser Land und auf unsere Werte, für die Sie hier stehen und fortan täglich einstehen.

Ich wünsche Ihnen alles denkbar Gute.

Von fundamentalen und letzten Dingen

GEWALTENTEILUNG: JUSTIZ UND DEMOKRATIE

Man kann die quasitheologische Dimension der »gottgleichen« Rechtsinstanz um die historische ergänzen. Dann entspräche das gegenwärtige Übergewicht der Judikative quasi der Machtfülle absolutistischer Herrscher »von Gottes Gnaden«. Eine germanozentrische Ironie sei hier nicht verschwiegen: Der bis weit in die 1960er Jahre braune bis dunkelbraune deutsche Richterstand, der sich von seiner nationalsozialistischen Vergangenheit selbst amnestierte, spricht heute, wie damals, ohne Widerspruch »im Namen des Volkes«, funktional gottgleich, seine Urteile.

Im Anfang war Montesquieus »Vom Geist der Gesetze« (1748). Der Franzose ist unbestritten der Vater des Gewaltenteilungsgedankens: »Unter den drei von uns besprochenen Befugnissen ist die richterliche gewissermaßen gar keine. Nur zwei bleiben übrig.« Bei Montesquieu ist die Spitze der »richterlichen Befugnis« letztlich die höchste rechtliche Berufungsinstanz beziehungsweise das Oberste Appellationsgericht. Sie ist kein Organ der Normen- oder Verfassungskontrolle. Die Richter der Nation sind für Montesquieu »lediglich der Mund, der den Wortlaut des Gesetzes spricht, Wesen ohne Seele gleichsam, die weder die Stärke noch die Strenge des Gesetzes mäßigen können«.

Die »höchste Autorität« räumt Montesquieu – konsequent abgeleitet aus dem Primat der Volkssouveränität – »der legislativen Körperschaft« ein, die direkt vom Volk bestimmt wird. Nur ihr stehe es zu, »das Gesetz zugunsten des Gesetzes selbst zu mildern und weniger streng als das Gesetz zu entscheiden«. Weder gedanklich noch begrifflich oder funktional weist Montesquieu der richterlichen Gewalt »Normenkontrolle«, geschweige denn Quasigöttlichkeit zu. Er geht vom positiven Recht, also den geltenden, von der Legislative gesetzten Bestimmungen (»Gesetzen«), aus – und er bleibt bei den geltenden Gesetzen.

Hingegen führt der Begriff der Normenkontrolle unausgesprochen von den geltenden Gesetzen beziehungsweise vom »positiven« Recht zum übergesetzlichen Naturrecht und schließlich zur höchsten, normensetzenden, weltlich-funktionalen, quasigöttlichen Instanz. Montesquieu ortet die »richterliche Befugnis« eben nicht »wie im Himmel«, sondern »auf Erden«. Nüchtern heißt es im sechsten Kapitel des elften Buches, sie bestrafe Verbrechen »oder sitzt zu Gericht über die Streitfälle der Einzelpersonen«.

In Montesquieus Gedankengebäude stehen die drei Gewalten säulenartig nebeneinander. Sie sind nicht ineinander verflochten. Das wiederum ist seit je politisch, gesellschaftlich und rechtlich unrealistisch.

Genau hier setzte 1788 einer der amerikanischen Gründungsväter, Alexander Hamilton (1755/57–1804), in den »Federalist Papers« an. Wie Montesquieu benennt auch Hamilton zunächst die strukturelle Schwäche der Judikative, »weil sie am wenigsten in der Lage ist«, die beiden anderen Gewalten »zu beeinträchtigen oder zu verletzen«. Sie sei »die unvergleichlich schwächste der drei Gewalten«. Anders als Montesquieu erkennt und benennt Hamilton allerdings »einige Verwirrung« hinsichtlich »des Rechtes der Gerichtshöfe, Beschlüsse der Legislative für null und nichtig zu erklären, wenn sie im Widerspruch zur Verfassung stehen«.

Womit, jenseits der obersten rechtlichen Berufungsinstanz, das Problem der Normenkontrolle auftaucht. Hamilton löste es auf seine Weise. Er legte den Grundstein dafür, dass aus der schwächsten Gewalt die tonangebende, das normativ letzte Wort fällende, weltlich-quasigöttliche wurde. Nicht der demokratische Faktor dominiert, sondern der rechtstechnokratische. Es entscheidet zum Beispiel der amerikanische Supreme Court oder das deutsche Bundesverfassungsgericht. Zwar bestimmt der Demos das Parlament und dieses in der parlamentarischen Demokratie die Regierung. Aber im Rechtswesen hat das Volk – durchaus gewollt – wenig bis nichts zu bestellen. Hamilton weiter: »Daher kann kein Beschluss der Legislative, der im Widerspruch zur Verfassung steht, gültig sein … Die Auslegung der Gesetze ist die den Gerichten eigene und angemessene Aufgabe. Eine Verfassung ist faktisch ein grundlegendes Gesetz und muss von den Richtern auch als solches betrachtet werden. Es obliegt ihnen daher, ihre Bedeutung ebenso zu ermitteln wie die Bedeutung irgendeines speziellen Gesetzes, das von der Legislativkörperschaft erlassen wird.«

Das Personal der Judikative wird in der real existierenden Gewalteilung der Gegenwart unterschiedlich und nicht zuletzt politisch bestimmt. Vom Parlament, von der Regierung, dem Volk oder Mischmodellen. Die Auswahl war und ist hochpolitisch. Die rechtsprechende Gewalt wird also entweder direkt oder indirekt oder sowohl direkt als auch indirekt vom Volk bestimmt, aber anders als die beiden anderen Gewalten kontrolliert sich die Judikative selbst. Innerhalb des Rechtswesens, also vertikal und nicht horizontal, erfolgt die Kontrolle. Von der untersten über Zwischenstufen zur obersten Instanz.

Das bedeutet, dass westliche Demokratien ein Mischsystem aus Demokratie und Aristokratie darstellen, wobei unter dieser die Herrschaft der vermeintlich Besten zu verstehen ist. Unschwer entdecken wir neben der ersten Säule, der Volksherrschaft, eine Aristokratievariante – Platons Wunschvorstellung der Philosophenherrschaft umgekleidet als Richterherrschaft. Genau die hat Hamilton gewollt, wenngleich nicht offen ausgesprochen. Die einmal bestallten Richter müssten unabsetzbar und dadurch unabhängig bleiben. Ihre Ämter seien »als Dauerstellen einzurichten«. Es gebe nämlich »nur wenige Menschen in der Gemeinschaft« mit genügend Fachwissen in Bezug auf die Gesetze.

Sein faktisch aristokratisches Argument überdeckt Hamilton, ebenso wie die einstigen oder heutigen Apologeten der fiktiven Gewaltenteilung, mit einem bestenfalls indirekt demokratischen: In der Verfassung sei der »Wille des Volkes … zum Ausdruck gebracht«. Das ist, bei allem Respekt, historisch betrachtet ein »alternatives Faktum« (lange vor Trump). Bevor die USA ein Bundesstaat mit der 1787 verabschiedeten Verfassung wurden, billigten Ratifizierungsversammlungen in zwölf der dreizehn Gründerstaaten die Verfassung. Allein in Rhode Island stimmten die Bürger direkt ab. Das zu Recht vielgelobte Grundgesetz der Bundesrepublik Deutschland entstand in einem mehrfach indirekten Verfahren: Elf westliche Landesparlamente bestimmten ihre Vertreter im Parlamentarischen Rat. Der verabschiedete es. Zusätzlich mussten es danach die Länderparlamente sowie die Militärgouverneure der Westzonen billigen. Wie einst in den USA wurde Volkes Stimme nicht ge- oder befragt. Das ist sowohl den USA als auch Deutschland gut bekommen. Aber »Volksherrschaft«?

Ob direkt oder indirekt: Kann Volkes Wille bis »in alle Ewigkeit« gelten? Das gliche einer religiösen Offenbarung. Ungewollt basiert dieses Denken auf normativen Ewigkeitsgedanken, -hoffnungen und Fiktionen. Seien wir ehrlich: Konzeption und Realisation der Judikative wurden von Anfang an wissentlich und willentlich bestenfalls teildemokratisch und eher »rechtsfacharistokratisch« gestaltet.

Der vermeintliche Ewigkeitsanspruch wird auch den Richtersprüchen innerhalb der rechtsprechenden Befugnis unterstellt. Wie absurd dieser Gedanke ist, beweisen zwei deutsche Beispiele. Beispiel eins kommt von der höchsten Ebene, aus der Rechtspraxis des deutschen Bundesverfassungsgerichtes. Es fällte zwei »Kopftuchurteile«. Das erste contra Kopftuch, das zweite pro.

Beispiel zwei betrifft das Verwaltungsrecht: Der ehemalige Leibwächter des Terroristen Usama bin Laden wurde aus Deutschland abgeschoben, das zuständige Gericht vor vollendete Tatsachen gestellt, nachdem frühere Abschiebungsversuche gerichtlich verhindert worden waren. Das Gericht verfügte die Rückführung, was einen öffentlichen Sturm der Entrüstung auslöste. Später wurde die Rückführungsentscheidung zurückgenommen. Die richterliche Begründung entsprach fast vollständig der Abschiebungserklärung seitens der Exekutive, die zuvor zerpflückt worden war.

Man muss (und soll!) nicht das vermeintlich »gesunde Volksempfinden« anrufen, um auf den Bruch im real existierenden Gebäude der Volkssouveränität hinzuweisen. Doch das in vielen Staaten erkennbare Unbehagen an der Justiz resultiert nicht zuletzt aus solchen Rissen.

Zu Recht oder nicht – wie soll man angesichts ständiger Richter-Zickzacke an die Seriosität und »Unabhängigkeit« der Justiz glauben? Die Judikative demontiert sich selbst. Sie achtet auf die Schlüssigkeit der falsch konzipierten und realisierten Reinheit der Gewaltenteilungslehre. Das verhindert nicht zuletzt die in vielen Bereichen ethisch und funktional unentbehrliche Verzahnung von Legislative, Exekutive und Judikative.

Was tun? Wo und wenn es einen Dissens zwischen Legislative, Exekutive und Judikative gibt, wäre ein Vermittlungsgremium zu bilden, dem das letzte Wort zustünde. Dieses wäre mit dem Vermittlungsausschuss des Deutschen Bundestags und Bundesrats oder dem Conference Committee von US-Senat und Repräsentantenhaus vergleichbar. Pragmatisch würden dabei die Elementarinteressen aller drei legalen und legitimierten Gewalten berücksichtigt. Erstens gäbe es dann, wie bei den beiden anderen Gewalten, auch bezüglich der Judikative die erforderliche Kontrolle von außen. Zweitens stünde am Ende der in Demokratien ebenfalls unerlässliche Kompromiss statt eines anmaßenden »Gottes«-Worts. Ob es Gott oder Götter gibt, weiß keiner. Das aber weiß jeder: Kein Richter ist Gott. Daraus folgt: Unser Rechtswesen bedarf der Säkularisierung, zumindest der Entmystifizierung.

ÜBER UNSERE FREIHEIT

»Unglücklich das Land, das Helden nötig hat.« So Bertolt Brecht in »Das Leben des Galilei«, verfasst 1939 im dänischen Exil. Weil unfrei, brauchte die DDR Freiheitshelden. Ironie der Geschichte: 1939 unwissend der DDR-Zukunft zugewandt, hatte Bert Brecht, späterer DDR-Nationalpreisträger, vorhergesehen, was die DDR wurde: ein unglückliches Land, sie hatte Helden nötig.

Den meisten Menschen fehlt der Mut zur Freiheit. »Lieber rot als tot«, hieß der selbsttröstende, selbstbetrügerische Alibireim in Ost und West. Davor war die Mehrheit, ohne Reim, lieber braun als tot, und das war keine deutsche Besonderheit, denn Franzosen fragten 1939: »Mourir pour Danzig? Für Danzig sterben?« Die Antwort war eindeutig: Nein. Einen »komischen Krieg« führte dann das »realistische« Frankreich gegen Deutschland seit September 1939. Am 10. Mai 1940 hörte der »Spaß« auf. »O hätten wir doch früher«, katzenjammerten die kuschenden Realisten und Pazifisten, die gemeint hatten, Freiheit gäbe es zum Nulltarif. Die Mehrheit, nicht nur im besetzten Frankreich, kuschte weiter und kollaborierte mit dem NS-Verbrechersystem der Unfreiheit. »Danach« stilisierte man sich zu einem Volk des »Widerstands«, der »Résistance«, »Resistenza« und so weiter und so weiter.

Die Häftlinge von Berlin-Hohenschönhausen in der DDR, Millionen Gulag-Gefangene und andere Freiheitshelden im kommunistischen Europa hatten wirklich aus der Geschichte der Unfreiheit gelernt. Sie zahlten einen hohen Preis: DDR, 17. Juni 1953; Polen und Ungarn 1956; Tschechoslowakei 1968. Der Westen weinte und nahm es trotzdem leicht.

1968 im Vergleich: Im Osten, in der Tschechoslowakei, »Prager Frühling«, Widerstand und Freiheitskampf. Gulags, Hohenschönhausen, Stasi, Mauer, Stacheldraht, strikter Schießbefehl »auf Menschen und Hasen«. In der Volksrepublik China lässt Mao seit 1966 sein Volk millionenfach abschlachten. Rot und tot. Im Freien Westen: »Widerstand« de luxe. Freiheit und Wohlstand im Aufstand gegen sich selbst. Studentenrevolte gegen die demokratisch legitimierte und kontrollierte Staatsmacht. Die Kinder der städtisch-bürgerlichen Elite inszenieren sich selbst als »Proletariat« oder als Aufstand der verelendeten Drittwelt-Landmassen gegen »die Stadt« »der Reichen« – genau in diesen Städten der Reichen. Im freien, schwarz-rot-goldenen, Deutschland proben sie den risikofreien roten Widerstand, den ihre Eltern, des Risikos wegen, gegen die Braunen nicht gewagt hatten.

Wie ihre Eltern recken und strecken sie einen Arm aus und hoch. Jubelnd halten die Nachgeborenen dabei Mao-Bibeln in der Hand. Seine millionenfachen Morde nehmen sie so selten zur Kenntnis wie die Eltern, die nichts von NS-Massenmorden wissen wollten. Nach der Enttäuschung über den wilden Mao wurden sie behäbiger und entdeckten den vermeintlichen Charme des Recht-und-Ordnung-Kommunismus à la Sowjetunion und DDR.

Trotzdem oder gerade deshalb: Staatsterror kann das Leben der Widerständigen vernichten, nicht ihren Geist, den Geist der Freiheit. 1980: Das Wunder von Polen. Solidarność. Schließlich 1989/90: Das Wunder der sanften DDR-deutschen und dann osteuropäischen Revolution.

Die osteuropäischen Freiheitskämpfer, *sie*, gingen voran, die Massen folgten. Die Massen folgten aber erst, weil und nachdem sich Fundamentales verändert hatte: Gorbatschows Glasnost und Perestroika als Folge der kommunistischen Niederlage im Wettbewerb der Weltwirtschaft und diese als Ergebnis der NATO-Nachrüstung. Große Teile der Weltgemeinschaft liebten Deutschland damals so sehr, dass sie gern zwei davon behalten wollten. Die völlig unerwartete Staatskunst zweier Westpolitiker, Helmut Kohl und George W. Bush senior, haben 1989/90 das, ja, Wunder vollbracht, aus dieser Zweiheit die heutige Einheit in Freiheit zu gestalten.

Von Ausnahmen abgesehen triumphierte 1989/90 der Westen zwar als Wirtschaftssystem, nicht jedoch als Idee. Der »Körper« siegte, nicht der Geist, die Seele. Wie viele, in West und Ost, verwechselten die freie Welt mit Freizeitwelt und »Selbstverwirklichung« mit Selbstbestimmung? 1988 blickte der Westen in den Spiegel und gähnte sich selbst gelangweilt an. Dann 1989, der historische Urknall.

Im Rahmen der Unfreiheit ist Recht nicht Gerechtigkeit, weil ohne und gegen die Freiheit. So gesehen waren der rote und braune Staat deutscher Unfreiheit durchaus »Rechtsstaaten«, an »Recht und Gesetz gebunden«, an *ihr* Recht und *ihre* Gesetze, obgleich gleichzeitig die Menschen- und Bürgerrechte völkerrechtlich galten. Ihr Papier war geduldig.

Manche behaupten, die DDR und sogar das Dritte Reich wären keine »Unrechtsstaaten« gewesen. Sie übersehen: DDR und Drittes Reich waren »Rechtsstaaten« ohne Gerechtigkeit. Ohne Gerechtigkeit in den Fragen des menschlichen Wesens und Seins, wenngleich das tägliche Dasein durchaus rechtlich, ja sogar im Unwesentlichen gerecht regelnd: Ladendiebe und Verkehrssünder wurden »gerecht« bestraft. Rechtmäßig NS- oder DDR-Gesetze anwendend, aber fundamental ungerecht, weil gegen Leben und Freiheit des Menschen gerichtet, entschieden die Richter des »Volksgerichshofes« oder der DDR-Gerichte.

Ist die Goldschicht unserer Freiheit dünner, als uns scheint? Große, grundsätzliche Sorgen plagen mich. Sie sind einerseits hochaktuell, andererseits so alt wie die Geschichte der Freiheit.

Der befreienden ebenso wie der beklemmenden Wirkung der Freiheit begegnen wir schon im ersten Buch der Bibel, Genesis. Eva, mehr als Adam, befreit sich von der göttlichen Bevormundung beziehungsweise Unfreiheit. Die Kinder Israels »emanzipieren« sich von Moses (in seiner Abwesenheit) und tanzen ums Goldene Kalb. Die Folgen im natürlich fiktionalen Mythos sind bekannt.

Von der biblischen Fiktion zu den historischen Fakten: Das alte Athen in der kurzen Epoche der Demokratie: Die vollständige Freiheit des Volkes, die Volksherrschaft, die »Demokratie«, genossen nicht alle Einwohner, sondern nur Vollbürger (die keine »Genossen« waren, sondern »Bürger«). Untrennbar gehörten zur, wohlgemerkt, direkten, umfassenden und sozusagen permanenten Demokratie Athens Demagogie und Denunziation in einem in der Antike vorher und nachher nicht gekannten Ausmaß. In der Stunde totaler Freiheit schlug zugleich die Stunde der totalen Manipulation der Freien, die durch die Demagogie in der Demokratie freiwillig ihre Freiheit aufgaben – und sich weiter frei wähnten. Äußerlich blieben sie frei, innerlich hatten sie sich den Demagogen freiwillig versklavt.

Waren die Demagogen die öffentliche Meinung, die Meinung der meisten, der Mehrheit? Oder »machten«, prägten, manipulierten sie die öffentliche Meinung, indem sie vorgaben, den Willen der Allgemeinheit zu vertreten, was immer der »Wille der Allgemeinheit« gewesen sein könnte?

Begrifflich habe ich Jahrhunderte übersprungen. Vom »Willen der Allgemeinheit«, der »volontée générale«, und dem »Willen aller«, der »volontée de tous«, sprach erst Jean-Jacques Rousseau im 18. Jahrhundert, doch der Problemkern ist identisch. Er ist zeitlos und am Beispiel Athens besonders gut erkennbar.

Ich nehme den öffentlichen Diskurs in unserer deutschen Freiheit so wahr: Erst das Ereignis, die Aktion und gegebenenfalls Provokation der Person. Dann die medialen und politischen Reaktionen. Selten übermitteln die medialen Multiplikatoren Nachrichten pur. Meistens werden Nachricht und Meinung intensiv vermischt, sogar in vermeintlichen »Nachrichtensendungen«, was bei öffentlich-rechtlichen Anbietern noch unseriöser als sonst ist. Die

Meinung der Multiplikatoren mehr illustrierend als illuminierend, also erhellend, werden »der einfache Mann oder die einfache Frau auf der Straße« befragt. Zitiert werden dabei meistens die genehmen Antworten und die nicht genehmen von selten wirklich besser wissenden Besserwissern kommentiert. Multiplizierend kommen gleichzeitig und zusätzlich die jeweils zuständigen Verbände und Experten zu Wort. Für Autos ist der ADAC zuständig, für Arbeitnehmer die Gewerkschaften, für Arbeitgeber deren Dachorganisation, für die Moral (Schein oder Sein?) die Kirchen. Moral-Joker ist der Lautsprecher im Zentralrat der Juden in Deutschland.

Als Experte gilt meistens, wer die Grundeinstellung der Multiplikatoren teilt. Eine Variante sind Gesprächsrunden, »Talk Shows«, in denen meistens ein Ketzer oder Bösewicht einer Mehrzahl von »Anständigen« gegenübergestellt wird. Keiner ist unmittelbar physisch gefährdet, jeder frei. Im Vergleich zu den tödlichen Gladiatorenkämpfen im Alten Rom ist das sehr human.

Die Positionen der Provokateure oder Politiker, Publizisten, Jedermänner, Experten und Gladiatoren werden von den jeweiligen Anhängern nachredend und nachlaufend, weniger nachdenkend oft wörtlich übernommen. Die Sympathien wechseln häufig und schnell. All das geschieht unter den äußeren Rahmenbedingungen unserer vollständigen Freiheit.

Die »Schweigespirale« erklärt den massenpsychologischen Mechanismus. »Schweigespirale«, das ist der geniale Begriff, den Elisabeth Noelle-Neumann prägte. »Schweigespirale«, das ist die moderne Variante des Mitläufertums in Freiheit. Unfreiheit kann Mitlaufen und Mitmachen mit staatlichen Machtmitteln erzwingen. In der Freiheit folgt das Mitlaufen und Mitmachen den Mechanismen der Schweigespirale. Man kann sie wie folgt umschreiben: »Ich denke, was ich denke, das die meisten denken, weil ich dann so nicht isoliert bin.«

In seiner nur scheinbar absurden und deshalb so wahrhaftigen Erzählung sowie dem gleichnamigen Theaterstück »Die Nashörner« hat der rumänisch-französische Schriftsteller Eugène Ionesco 1957 die Mechanismen der Schweigespirale dargestellt. Zuerst wurde nur ein Mensch freiwillig Nashorn, dann immer mehr, dann war »man« Nashorn. Nur ein Einziger passte sich nicht an. »Ich kapituliere nicht!«, ruft er am Ende. Alle anderen konnten sich dem Isolationsdruck nicht entziehen.

Isolationsfurcht und die Angst vor dem Pranger sind die Triebkraft der Nashorn-Verwandlung, des Mitläufertums in der Freiheit, ganz ohne staatliche Unfreiheit. Ein Mitläufertum aus Isolationsangst und der alten, schon vom großen Königsberger Kant benannten Angst, selbständig, frei zu denken, sich »seines eigenen Verstandes zu bedienen«, sich aus der »selbstverschuldeten Unmündigkeit« zu befreien. Nicht unser Staat, nicht nur unsere Politiker oder Medien, wir alle, haben nicht diesen Mut. Hoch leben die Ausnahmen. Es gibt sie.

Demokratie und Populismus. Zwei Seiten derselben Medaille. Demokratie ist gut, Populismus verächtlich. So bei uns die allgemeine Wahrnehmung und Darstellung. Ausgangs-, Dreh- und Angelpunkt ist jeweils das Volk, »demos« auf Griechisch, »populus« auf Lateinisch. So gesehen bestimmt das Volk den jeweiligen Inhalt, sowohl in der Demokratie als auch im Populismus. Bezogen auf die Demokratie gilt bei uns allgemein und ohne religiöse Schwingungen: »Die Stimme des Volkes gleicht Gottes Stimme.« Die Römer sagten »vox populi, vox dei.«

Das Römer-Wort »populus« für »Volk« ist bei uns negativ belegt und »Volkes Stimme« im »Populismus« – unausgesprochen – so dargestelllt: »vox populi, vox Rindvieh.«

Man muss sich entscheiden: Gilt Volkes Stimme? Ist in der »Volksherrschaft«, ist in der Demokratie, das Volk der kluge Souverän oder der Idiot vom Dienst? Je nach Windrichtung und -stärke, wie es gerade passt, mal ja, mal nein, das kann nicht sein. Das ist logisch Unsinn, moralisch verwerflich und führt ins politische Chaos.

War 1933 die Machtübergabe an Hitler »populistisch« oder »demokratisch«? Seine Verbrecherpartei war seit 1930 die stärkste in Deutschland und bei den letzten halbfreien Wahlen vom 5. März 1933 stimmten knapp 44 Prozent für die NSDAP. Weitere acht Prozent der Deutschnationalen sicherten der NSDAP-DNVP-Koalition 52 Prozent der Wähler. Eines der damaligen Argumente zu Hitlers Gunsten lautete: Man könne eine, die stärkste, demokratisch gewählte Partei nicht dauerhaft isolieren. Die Folgen sind bekannt.

Volkes Rolle wird teilweise schizophren konzipiert: Einerseits werden Plebiszite, Volksbefragungen, sogar bei Konservativen, immer beliebter. Andererseits warnen (die zum Teil selben) Befürworter von Volksbefragungen vor »Populismus«. Je nach Erfolgsaussichten oder Ergebnissen Jubel oder Katzenjammer. Ein ehemaliger SPD-Bundesminister belehrte mich: »Na wissen Sie, wenn Sie das Volk dazu fragen, dann …« Dann, meinte er, geschähe der größte Unsinn. In dieser brutalen, volksverachtenden Offenheit habe ich das weder vorher noch nachher gehört.

Weniger brutal, aber inhaltlich identisch ist die Verwendung des Begriffes »Populismus«. Auch das erinnert an Antikes, Altbekanntes, Athenisches: den Ostrazismus. Nicht zuletzt deswegen wird, werden AfD, Trump, Boris Johnson, Salvini, FPÖ sowie die Orbáns dieser Welt als Populisten bezeichnet. Unbestreitbar handelt es sich um einen Kampfbegriff, keinen analytischen, denn analytisch, im sprachinhaltlichen Ursprung, gibt es zwischen Demokraten und Populisten keinen Unterschied. Beider Bezugspunkt ist der demos, gleich populus.

Ostrazismus, das Scherbengericht, das die Volksversammlung, verstanden als Vollversammlung des Volkes, ganz demokratisch, in Freiheit, vollzog, wenn unliebsame Bürger aus dem politischen Leben des Staates entfernt und für zehn Jahre verbannt werden sollten.

Eine Riesenmehrheit war dafür notwendig. Damit waren im antiken, basisdemokratischen, freien Athen Demagogie und Denunziation Tür und Tor geöffnet. Weil Missbrauch, Manipulation und Beliebigkeit so offensichtlich waren, gab man dieses im Jahre 487 vor Christus eingeführte Verfahren der Mehrheitstyrannei in Freiheit nach 70 Jahren auf.

Daraus folgt: Freiheit ist mehr als Herrschaft der Mehrheit, denn *nur* als Herrschaft der Mehrheit kann Freiheit zur Tyrannei der Mehrheit umschlagen. Diesen Gedanken hat vor allem Alexis de Tocqueville Mitte des 19. Jahrhunderts in seinem Klassiker »Über die Demokratie in Amerika« beschrieben. Man lese vor allem Kapitel 9 über die »Allmacht der Mehrheit und ihre Wirkungen«, wo er auch die »Tyrannei der Mehrheit« beschreibt. Diesem Problem widmete sich der Brite John Stuart Mill 1859 in seinem zeitlos gültigen, immer noch utopischen Essay »Über die Freiheit«. Beim Wiederlesen dieses Textes hatte ich das Gefühl, John Stuart Mill beschriebe Deutschland heute. Einige Kerngedanken und -sätze seien vorgestellt.

»Überdies bedeutet der Wille des Volkes praktisch den Willen des zahlreichsten oder des aktivsten seiner *Teile*, nämlich der Mehrheit oder derjenigen, denen es gelingt, sich als die Mehrheit anerkennen zu lassen.

Das Volk *kann* infolgedessen beabsichtigen, einen Teil der Gesamtheit zu bedrücken, und Vorsichtsmaßnahmen dagegen sind ebenso geboten wie gegen jeden anderen Missbrauch der Gewalt.«[283]

»Nur insoweit sein Verhalten andere in Mitleidenschaft zieht, ist jemand der Gesellschaft verantwortlich.«[284]

Und weiter: »Dies also ist das eigentliche Gebiet der menschlichen Freiheit. Es umfasst als erstes das innere Feld des Bewusstseins und fordert hier Gewissensfreiheit im weitesten Sinne, ferner Freiheit des Denkens und Fühlens, unbedingte Unabhängigkeit der Meinung und der Gesinnung bei allen Fragen, seien sie praktischer oder philosophischer, wissenschaftlicher, moralischer oder theologischer Natur.«[285] Mill nennt noch die Freiheit in Wort und Schrift sowie die Gedankenfreiheit.

Nur wenn jemand die Gesellschaft unmittelbar bedrohe, so Mill, haben Staat und Gesellschaft das Recht, einzugreifen. Ansonsten gelte die unbedingte Freiheit des Individuums vor und von Staat und Gesellschaft.

Atemberaubend ist das Kapitel »Über die Freiheit des Gedankens und der Diskussion«. Ich zitiere: »Wenn alle Menschen außer einem derselben Meinung wären und nur dieser einzige eine entgegengesetzte hätte, dann wäre die ganze Menschheit nicht mehr berechtigt, diesen einen mundtot zu machen, als er, die Menschheit zum Schweigen zu bringen, wenn er die Macht hätte.«[286] »Denn wenn die Meinung richtig ist, so beraubt man sie der Gelegenheit, Irrtum und Wahrheit auszutauschen; ist sie dagegen falsch, dann verlieren sie eine fast ebenso große Wohltat: nämlich die deutlichere Wahrnehmung und den lebhafteren Eindruck des Richtigen, der durch den Widerstreit mit dem Irrtum entsteht.«[287]

John Stuart Mill geht hier erheblich weiter als die gern zitierte Rosa Luxemburg. Diese hatte Lenin 1918 (zu Recht) belehrt: »Freiheit ist immer die Freiheit des Andersdenken, sich zu äußern.« Ihre rechtsterroristischen Mörder gewährten ihr nicht einmal das. Für »Rosa« war Freiheit Umgangsform der Diskussion, für John Stuart Mill (und ich hoffe für uns alle) ist Freiheit Lebensform und Lebensinhalt. »Bis in den Tod« wollte sich der 1788 gestorbene französische Aufklärer Voltaire für die Meinungsfreiheit einsetzen: »Du bist anderer Meinung als ich, und ich werde dein Recht dazu bis in den Tod verteidigen.«

So viel, in gebotener Kürze, zur Freiheit des Einen gegenüber Gesellschaft(smehrheit) und Staat. Was aber, wenn der Eine mit der

Gesellschaftsmehrheit anders denkt, fühlt und Anderes will als »der« Staat, »die« Politik« und »die« medialen Multiplikatoren? Was, wenn eine dicke Mauer zwischen dem Einen mit dem Volk und der Minderheit aus Politik und Medien steht? Müssen dann der Eine plus Volk gegen diese Mauer rennen?

Für jenen Einen wird, egal ob alle oder nur Teile von Politik und Medien sich auf ihn stürzen, das Leben mordsgefährlich. Subjektiv wollen Politik und Medien diese Gefahr natürlich nicht verursachen, doch objektiv sind sie Auslöser dieser tödlichen Gefahr. »Es war einmal« im September 2010. Einen, Thilo Sarrazin, hatte die Einheitsfront von Staat und Medien an den Pranger gestellt. Dem Einen stimmte weit mehr als das halbe Volk zu. Galt vox populi als vox Rindvieh? Unabhängig davon, wie man sich positioniert, pro oder contra, in der Causa Hans-Georg Maaßen wirkte im Jahre 2018 ein ähnlicher politischer Mechanismus.

Zurück zum Problem Politik plus Medien gegen den Einen plus Volk: Verbarrikadieren sich jene hinter einer »Mauer« und bewerfen scheinbar nur den Einen, tatsächlich aber das Volk mit Parolen und Pädagogik? So schaffen sie Duckmäusertum. Oder wollen sie sich ein neues, ihnen genehmes Volk, formen? Ihre Mauer wird dauerhaft so wenig halten wie die Chinesische und Berliner Mauer. Sie wird auch deshalb Risse bekommen, weil (wann?) einige (wer und wie viele?) der sich hinter der Mauer Verbarrikadierenden zum Volk überlaufen, um eine neue Partei (gar »Volkspartei«?) zu gründen.

Kommunismus: von Anfang bis Ende Unfreiheit; unterschiedlich intensiv oder mörderisch. Kommunismus in Freiheit gab es nur in den Kibbutzim Israels, und die haben, weil frei, den Kommunismus längst abgeschafft.

Nationalsozialismus: vor ihm die Freiheit. Der Freiheit seine Macht verdankend, schaffte der unverzüglich einsetzende NS-Terror eben diese Freiheit ab. Folgte das Volk den Freiheitsräubern?

Eine Mehrheit von etwas mehr als 50 Prozent, ja, bis zum Wendepunkt Stalingrad.[288]

Über Unfreiheit und Verbrechen von Kommunismus und Nationalsozialismus ist eigentlich längst alles gesagt; auch über die nicht nur theoretisch mögliche »Tyrannei der Mehrheit« in Freiheit.

Der auch mich erschreckende, niederschmetternde Befund lautet: Die Freiheit des Einzelnen und die Freiheit der Mehrheit sind auch und sogar unter den Rahmenbedingungen der Freiheit unseres Grundgesetzes gefährdet.

»Du bist die Aufgabe, kein Schüler weit und breit.« So Franz Kafka. Ich frage bang: Welcher Schüler löst die Daueraufgabe unserer bundesdeutschen Freiheit?

DER TOD: WIRKLICH EIN TABU IN UNSERER GESELLSCHAFT?

Nein, der Tod ist keineswegs ein Tabu in unserer Gesellschaft. Der anonyme und fremde Tod ist sogar ein Dauerthema in Kultur und Literatur, Natur und Geschichte.

Der fremde, anonyme Tod ist allgegenwärtig. Nicht nur in E-, sondern auch in U-, also in ernsten und unterhaltenden Programmen. Was wäre unser Kino oder das deutsche Fernsehen, öffentlich-rechtlich ebenso wie privat, ohne Krimis und Tod, Einzeltod und Massentod, Ermorden und Erwürgen und Erschießen, Mord und Totschlag, mit oder ohne Bestattung, alles nicht friedlich, doch Endstation Friedhof. Tote, im Dutzend billiger und quotenträchtiger. Je mehr Tote, desto besser, weil unterhaltsamer.

So gesehen wird der Tod wahrlich nicht verdrängt. Es ist aber stets der Tod des anderen. Der andere ist gestorben, ich nicht. Der andere ist tot, ich lebe. Wie schön, wie beruhigend. Elias Canetti, der feinsinnige und feinfühlende Literatur-Nobelpreisträger hat das Gefühl bei Bestattungen wunderbar beschrieben: Selbst beim Tod uns nahestehender Menschen, so Canetti, fühlten wir trotz allem Schmerz eine Art der Erleichterung: »Gottlob, ich nicht, noch nicht.«

Bewusst übertreibend und noch distanzierter kann man dies sagen. Unsere Reaktion auf den Tod anderer gleicht in gewisser Weise dem Muster der Komödie. Bei der Komödie glaubt der Zuschauer, er lache über den anderen, den Nachbarn, und nicht über sich selbst.

In unserer modernen Medien-Massengesellschaft ist der Tod geradezu Teil der Volksbelustigung. Doch nicht nur in der fernsehenden Gegenwart, in ferner zurückliegenden Zeiten ebenso. Zum Beispiel in der Antike. Man denke an die schrecklichen Gladiatorenkämpfe im Alten Rom oder ein anders »Volksvergnügen« der alten Römer: den Als-ob-Kampf zwischen Christen und Löwen in der Arena des Kolosseums. Eine kolossale Ungeheuerlichkeit. Die Alten waren also nicht besser als wir. Bei uns ist diese Art des Todes und

Tötens, meistens jedenfalls und zumindest in unseren Breiten, eher virtuell, also medial vermittelt. Medial und trivial, also seicht, platt abgedroschen, niedrig.

Doch der medial vermittelte Tod ist keineswegs immer virtuell oder trivial. Oft trifft er uns tief ins Mark: Bilder von Krisen, Kriegen und Katastrophen beenden jäh die Gemütlichkeit, und das Gemüt, die Seele, leidet. Entsetzlich zum Beispiel vor einigen Jahren die Fernsehbilder vom Sterben eines jungen kolumbianischen Mädchens, das so tief in Schlammmassen versunken war, dass man es nicht mehr retten konnte. Live war das Fernsehen dabei. Wer könnte je die Bilder von den Leichenbergen der Toten von Auschwitz und anderen Vernichtungslagern vergessen? Oder die Bilder von den Massengräbern in Bosnien und im Kosovo und, und, und. Und doch: Irgendwie werden diese Bilder von uns allen verdrängt, nicht vergessen, aber verdrängt, um den Alltag seelisch zu bewältigen. Ist dieses Verdrängen auch ein Tabuisieren? Man kann es so sehen. Doch ist diese Sichtweise wirklich zutreffend? Gilt sie diesem oder diesen Grauen oder dem Tod an sich? Eine allgemeine Antwort wird man nicht geben können, nur eine individuelle, von Mensch zu Mensch, von Fall zu Fall.

Sterben live, nicht im U-, sondern im E-Programm; auf jeden Fall nicht mehr privat, sondern öffentlich, fast weltöffentlich. Wieder nicht nur medial, fernsehend; auch in der sehr ernst zu nehmenden Literatur und eben den Tod nicht tabuisierend, sondern beklemmend thematisiert.

Auch in der Hochkultur und Weltliteratur ist das öffentliche Beschreiben des Todes, das Nachdenken über den Tod oder das Problem der Bestattung kein Phänomen unserer vermeintlich so indiskreten Gegenwart, sondern ein, sogar das Menschheitsthema – außer der Liebe.

Im Buch der Bücher, der Bibel, sind Tod und Bestattung allgegenwärtig. Schon im Ersten Buch Mose, also fast am Anfang der Bibel, in Genesis 23,4, sagt Abraham nach dem Tode seiner Frau Sara seinem Gegenüber: »Gebt mir ein Grab bei euch als Eigentum, damit ich meine Tote hinausbringen und begraben kann.« Der Tod als Teil des Lebens, und die Bestattung der Toten als Kennzeichen des Menschen, denn außer dem Menschen begräbt oder bestattet kein Lebewesen die Toten oder das Tote.

Die moralische Botschaft ist klar: Menschen, die ihre Toten nicht bestatten oder nicht angemessen bestatten, grenzen sich selbst aus dem Kreis der Menschen aus.

Oft begegnen wir dem Tod als Strafe, besonders als Gottesstrafe. Nie ist der Tod erwünscht oder gewünscht oder gar Erlösung. Bestenfalls »bitter« ist der Tod (1 Samuel 15,32). Stets flößt er Angst ein, auch wenn er nicht als Strafe gedacht ist. Besonders beängstigend war schon immer die Tatsache, dass auch die ganz Starken unter den Lebenden dem Tod, gleich welcher Art, nicht entrinnen können. Als die Philister sahen, dass der Riese Goliath, ihr Held und Anführer, tot war, flohen sie (1 Samuel 17,51).

Wieder die zeitlose Botschaft, nicht tabuisiert, sondern thematisiert: Kurzfristig kann der Mensch sehr wohl dem Tod entrinnen, nicht jedoch langfristig. Alle sterben. Oder wieder mit den Worten der Hebräischen Bibel, dem Alten Testament: »Ja, ich weiß, du führst mich zum Tod, zur Sammelstelle aller Lebenden« (Hiob 30,23).

Nicht nur der Tod ängstigt, das Sterben mindestens ebenso. Und auch das war immer so und wird so bleiben. Prediger Salomonis (4,2): »Da preise ich immer wieder die Toten, die schon gestorben sind«, die also wenigstes schon das Sterben hinter sich haben.

Woraus wir erkennen, dass auch das Sterben nicht tabuisiert wurde.

Die Auferstehung der Toten ist die große Ausnahme und eben nicht menschenmöglich, sondern gottgewollt. Dem Propheten Elischa gelang die Totenerweckung (2 Könige 4,8–37) und Jesus natürlich im Neuen Testament. Seine Auferstehung ist, neben der Kreuzigung, Kern des Christentums. Auch Johannes der Täufer sei auferstanden (Markus 6,14; Matthäus 14,2; Lukas 9,7), erfahren wir.

Versprochen und verkündet wurde die von Menschen überall und immer heißbegehrte Auferstehung der Toten im Neuen und Alten Testament den Gerechten, am Jüngsten Tag: »Deine Toten werden leben, … die Erde gibt die Toten heraus«, sagt Jesaja (26,19) im Alten Testament oder Römer 6,5: »Wenn wir nämlich ihm gleich geworden sind in seinem Tod, dann werden wir mit ihm auch in seiner Auferstehung vereinigt sein.«

Dass die Lebenden über das vermeintliche Totenreich überall und immer mehr wissen wollten, zeigt uns die Bibel ebenfalls sehr früh und sehr klar. Aber sie warnt uns auch: »Wendet euch nicht an die Totenbeschwörer«, heißt es in Levitikus (3. Buch Mose) 19,31. Auch Deuteronomium, das fünfte Buch Mose, 18,10 f. ermahnt: »Es soll bei dir keinen geben, … der Totengeister befragt.« Doch offenbar konnten es unsere Vorfahren nicht lassen. Weshalb sonst das Verbot? Selbst ein König hat es gebrochen, König Saul. Im Ersten Buch Samuel 28,3–25 können wir es nachlesen.

Das Totenreich als Paradies oder Hölle wird im Alten Testament gar nicht erwähnt, im Neuen Testament nicht zentral, im Koran durchaus, aber auch nicht oft. Der Evangelist Markus (12,25) deutet Himmlisches, aber nichts Paradiesisches fürs Totenreich an: »Wenn nämlich die Menschen von den Toten auferstehen, werden sie … sein wie die Engel im Himmel.« (Ähnlich Matthäus 22,30 und Lukas 20,35) Im Matthäus-Evangelium findet man die vermeintlich mittelalterlichen Bilder vom Jenseits, vom Jüngsten Gericht und von der Hölle, wobei man nicht übersehen sollte, dass der Evangelist auf heidnische, besonders ägyptische Traditionen zurückgriff.[289] Die paradiesischen Bilder vom Totenreich als Blumengarten finden wir dann vor allem im Mittelalter.[290]

Auch bei den alten Griechen konnte und durfte keiner ins Totenreich. Nur Orpheus gelang es durch Betörung. Er wurde dadurch nicht glücklicher und die Wiederbelebung seiner Frau war auch nicht von Dauer.

Kein Tabu, sondern ebenfalls das Thema schlechthin ist der Tod in den Dramen der klassischen Antike. Im altgriechischen Mythos der »Antigone«, von Sophokles in der zeitlosen Menschheitstragödie dargestellt, ist nicht nur der Tod zentrales Thema, sondern vor allem auch die Bestattung des Toten. Antigone, die Tochter des Ödipus, begrub ihren gefallenen Bruder Polyneikes gegen das Verbot von König Kreon und wurde dafür lebendig eingemauert. Ihr Verlobter Haimon, Kreons Sohn, tötete sich in Verzweiflung. Die Botschaft jener Tragödie ist eindeutig: Ein menschlicher Mensch bricht für die Erfüllung einer gottgewollten Pflicht, nämlich die Bestattung der Toten, Menschengebote oder Menschenverbote. Die Bestattung der Toten als moralisch allgültige Pflicht durch den allmächtigen Gott oder (in der Antike) der Götter. Zahllos sind die späteren Verarbeitungen dieses klassischen Stoffes. Und weshalb ist dieser Stoff klassisch? Weil er zeitlos Menschliches behandelt, das Thema des nur zeitlich befristet lebenden, endlichen Menschen: also den Tod.

Leicht fündig wird man auch bei allen großen Dichtern der Weltliteratur. Etwa William Shakespeare. In seinem Drama »Der Sturm« beschreibt er den Tod als Schlaf, der unser kleines Leben umrahmt (»and our little life is rounded with a sleep«). Der Tod als Schlaf, ein klassisches und zugleich beruhigendes Bild, das die Tabuisierung des sonst so beunruhigenden Todes unnötig werden lässt. Man findet dieses Bild in der Antike und nicht zuletzt auch bei Lessing. Auch deshalb bewunderte der große Goethe Lessing. Goethe wörtlich in »Dichtung und Wahrheit« (II, 6): »Am meisten entzückte uns (bei Lessing) die Schönheit jenes Gedankens, dass die Alten den Tod als den Bruder des Schlafs anerkannt, und beide … zum Verwechseln gleichgebildet« hatten. Von Todessehnsucht war Goethes Doktor Faust noch im Studierzimmer erfasst: »Und so ist mir das Dasein eine Last, / Der Tod erwünscht, das Leben mir verhasst«. »Und doch ist nie der Tod ein ganz willkommener Gast«, antwortet Menschenkenner Mephisto, der Teufel, der im Klartext sagte, dass die meisten Menschen den Tod verdrängen, tabuisieren – sofern es um den eigenen Tod geht, nicht um den Tod an sich, sondern den Tod für sich, für sich selbst, den eigenen Tod.

Zur Kulturgeschichte der Menschheit gehört die Angst vor dem eigenen Tod ebenso wie vor dem Tod des oder der geliebten Menschen. Im Banne dieser Ängste lebt der Mensch heute, lebte er immer. Die »Angst vor dem Partnerverlust« ist eine menschliche Urangst. Die bedeutenden Verhaltenswissenschaftler Irenäus Eibl-Eibesfeldt und Christa Sütterlin haben es eindrucksvoll in ihrem Buch »Im Bann der Angst« (1992) gezeigt: »Wir Menschen sind von Natur aus gesellig und vertragen Einsamkeit in der Regel nicht sehr lange … Auch der Tod zerschneidet Bindungen und bringt für die Überlebenden die Gefahr der Vereinsamung.«

Hiergegen steuert unsere Kultur des Totengedenkens, auch natürlich die Zeremonie der Bestattung, kurz Trauer und Trauerrituale an sich. Goethe nennt das »Beihilfen, die uns die Kultur anbietet« (an Schiller, 21.11. 1795). »Für einen Augenblick gebessert« fühle man sich, schrieb er Schiller (ebd.).

Rituale und Brauchtum vertreiben nicht den Schmerz, aber sie lindern ihn. Dieser Linderung dienen in allen Kulturen der Menschheit die Bestattungsrituale. Vielfältig sind sie weltweit: Da gibt es die Bodenbestattung, Feuerbestattung, Seebestattung, Baumbestattung, den Endokannibalismus (also das Verzehren von Angehörigen des eigenen Stammes) und andere Formen. Wer auf welche (stets kulturbedingten und kulturbestimmten) Formen auch immer verzichtet, verzichtet auf Linderung oder Trost und wird sich nach dem Tod geliebter Menschen noch leerer, einsamer, untröstlicher fühlen und vor dem eigenen Tod noch größere Angst haben.

Bestattung und Trauer, die man in der Natur nur beim Menschen findet, erfüllen also nicht nur einen hygienischen und volksgesundheitlichen Zweck, sie erfüllen auch einen seelischen Sinn. Bestattung, Trauer, Trost thematisieren zwar den Tod – und schmerzen, doch letztlich helfen sie den Menschen, und erst durch sie hebt sich der Mensch als Mensch von anderen Lebewesen in der Natur ab, denn nur »Menschen trösten Trauernde; nur sie bestatten Tote«.[291]

Die Verhaltensforschung ergänzt: »Die Trauer ist ein Appell an die Umwelt, Bindungen an den Trauernden zu festigen und zu bestätigen und ihm so ein Gefühl der Geborgenheit zu vermitteln«,[292] also die befürchtete Vereinsamung durch den Tod des oder der Geliebten abzuschwächen. Eibl-Eibesfeldt und Sütterlin spitzen zu: »In manchen Punkten verhalten sich Trauernde kindlich, was den Gedanken nahelegt, das Trauerverhalten könnte sich aus den kindlichen Appellen des Verlassenseins (Weinen des Verlassenseins) ableiten« (ebd.).

Wir Menschen sehnen uns nach den Toten – und haben dennoch auch vor ihnen Angst und tabuisieren somit die Existenz der Toten. Wir lassen sie sozusagen ein zweites Mal sterben. Fast alle Kulturen, auch das hat Eibl-Eibesfeldt gezeigt, versuchen auf diese oder jene Weise die Totengeister fernzuhalten. Wer Dramen von William Shakespeare kennt, weiß um die albtraumhaften Schrecken, die Totengeister bei Lebenden auslösen können. Von unserer Kultur ist also die Rede und nicht nur, sagen wir, von den Kopfjägern in Papua-Neuguinea.

In der Regel wollen wir Menschen überall und immer, in allen Kulturen und zu jeder Zeit, nicht nur in unserer Gesellschaft, weder den eigenen Tod noch den Tod der geliebten Menschen wahrhaben. Und weil wir den Tod nicht wahrhaben wollen, wollen wir ihn auch nicht wahrnehmen oder wir suchen »Trost in Religionen, die ein Weiterleben oder eine Wiederkehr verkünden, so dass wir im Ritual einen Abschied auf Zeit gestalten können«.[293]

Wieder erkennen wir im Allgemeingültigen und Zeitlosen das Problem unserer Zeit: Weil wir nicht glauben, haben wir noch mehr als Gläubige Angst vor dem Tod und tabuisieren ihn. Wir betrügen uns dabei freilich selbst.

Wir haben gesehen: Der Tod wurde und wird sehr wohl thematisiert und nicht tabuisiert. Und doch vermittelt diese Thematisierung ein ganz und gar falsches Bild. Fast nie ist vom eigenen, fast immer vom anonymen Tod des anderen oder der anderen die Rede. Man bleibt Zuschauer und ist nicht betroffen. Den eigenen Tod tabuisieren die meisten Menschen; damals, heute und gewiss auch in Zukunft. Wir sterben alle, und eigentlich alle möchten es nicht wahrhaben.

Auch hier bestätigen Ausnahmen die Regel. Epikur, zum Beispiel. Er lebte von 341 bis 270 vor Christus Den meisten gilt er, völlig zu Unrecht (und weil sie sein Werk nicht kennen), als eine Art Lustmolch. »Von der Überwindung der Furcht«, gerade der Todesfurcht, sprach der antike Philosoph. Gerade weil der Mensch sterblich und endlich sei, so Epikur, solle er den kurzen Augenblick des Lebens genießen. Und der Tod? Epikur wörtlich in seinem »Katechismus«: »Der Tod geht uns nichts an. Denn was sich aufgelöst hat, hat keine Empfindung. Was aber keine Empfindung hat, geht uns nichts an.«

Gegen das Verdrängen und Tabuisieren des Todes schrieb auch der antike Philosoph Seneca (4 vor bis 65 nach Christus). »Ihr lebt, als lebtet ihr ewig, niemals kommt euch eure Gebrechlichkeit in den Sinn … Alles fürchtet ihr wie Sterbliche, alles wünscht ihr euch wie Unsterbliche … Wie spät ist es doch, dann mit dem Leben zu beginnen, wenn man es beenden muß!« Doch das Leben zu leben, heißt für Seneca nicht, sich dem wilden Genuss hinzugeben, sondern zu sich selbst zu finden, nicht Umgang mit jedermann zu pflegen, sondern mit sich selbst.

Das empfahl auch der Kaiser-Philosoph beziehungsweise Philosoph-Kaiser Marc Aurel (121 bis 180 nach Christus): »Tue nicht, als wenn du Tausende von Jahren zu leben hättest. Der Tod schwebt über deinem Haupte (»Selbstbetrachtungen«, Viertes Buch, 18). Marc Aurel wurde in der Dauer-Thematisierung des Todes noch deutlicher (Zweites Buch, 11): »All dein Tun und Denken sei so beschaffen, als solltest du möglicherweise im Augenblick aus diesem Leben scheiden. Aus der Mitte der Menschen zu scheiden, hat nichts Schreckliches, wenn es Götter gibt, denn sie werden dich nicht dem Unglück preisgeben, oder kümmern sie sich nicht um die menschlichen Angelegenheiten, was liegt dann daran, in einer Welt ohne Götter und ohne Vorsehung zu leben? Doch es gibt Götter, und sie sorgen für die Menschen.«

Genau das ist freilich der Kern des Problems. Selbst in Zeiten, da die Menschen glaubensfest waren, blieb immer ein Restzweifel über die Zeit danach, über das Leben nach dem Tod. Und in der heutigen mehr und mehr glaubenslosen Zeit fürchten die Menschen, nach dem Tod ins ewige Nichts zu stürzen. Für Marc Aurel und andere glaubensstarke Menschen, Christen und andere, gibt es dieses Problem nicht.

Auch den frühen Tod fürchtete Marc Aurel nicht, denn (so seine Worte) »der im höchsten Lebensalter und der sehr jung Sterbende (verlieren) das Gleiche. Sie verlieren nur den gegenwärtigen Zeitpunkt, weil sie nur diesen allein besitzen und weil das, was man nicht besitzt [also die Vergangenheit ebenso wie die Zukunft; M. W.] nicht verlieren kann.«

Ähnlich drückte sich Goethe acht Jahre vor seinem Tod Eckermann gegenüber aus. Der Gedanke an den Tod lasse ihn »in völliger Ruhe«, denn er hatte »die feste Überzeugung, dass unser Geist ein Wesen ist ganz unzerstörbarer Natur« (Eckermann, 2.5. 1824). Für den Geist Goethes mag das gelten. Auch für uns Minderbemittelte? Da nagen Zweifel.

Doch selbst dieser Geistesolympionike wagte nicht so recht, dem Tode direkt ins Angesicht zu schauen: Weder Herder oder »Schiller noch die verwitwete Frau Herzogin Amalia« wollte Goethe »im Sarge sehen« (an J. D. Falk, 25.1. 1813). Zu dicht sollte der Tod der Freunde ihm nicht zu Leibe rücken.

Ganz anders, und die große Ausnahme: der amerikanische Schriftsteller Harold Brodkey. Er sah dem eigenen qualvollen und langen Aidstod jahrelang direkt ins Gesicht und beschrieb ihn in seinem Buch »Die Geschichte meines Todes« (1996, in Brodkeys Todesjahr, in Deutschland erschienen). »So endete mein Leben. Und mein Sterben begann«, schreibt er lakonisch (S. 16). Kein Todes-Tabu bleibt in diesem Buch ungebrochen. Dass es kein Bestseller wurde, überrascht nicht, denn noch weniger als den Tod geliebter Menschen möchte man den eigenen Tod thematisiert wissen, sozusagen nach- beziehungsweise vorlesen.

*

Auch die Geschichte des Todes beweist, dass der Mensch überall und immer Angst vor dem eigenen Tod oder dem Tod geliebter, naher Menschen hatte. Deshalb die Tabuisierung des eigenen Todes. Deshalb leben wir, als wären wir selbst unsterblich, als ginge uns das Jenseits nichts an.

Und dennoch: Wo und solange Menschen religiös waren oder religiös sind, werden Sterben und Tod als weniger bedrohlich wahrgenommen. Die weltliche Literatur des Mittelalters liefert reiches Anschauungsmaterial. Zum Beispiel die »Romans de la Table ronde«. Der sterbende alte König Méhaigné »richtete sich im Bette auf … und streckte die Arme gen Himmel: ›Lieber, guter Herr Jesus Christus‹, sagte er, ›jetzt (da ich Vergebung der Sünden und das Abendmahl erhalten habe) flehe ich Dich an, mich heimsuchen zu kommen, denn ich könnte nicht in größerer Glückseligkeit hinscheiden als gerade jetzt‹«.[294]

»In Glückseligkeit hinscheiden«. Das konnte, das kann eben nur ein tiefgläubiger, der mittelalterliche Mensch. Die neuzeitliche Selbstentdeckung des Menschen brachte allmählich auch die vermeintliche Befreiung von der Religion, und heute sind die meisten Menschen religiös sozusagen unmusikalisch. Auch deshalb können sie nicht glückselig sterben, auch deshalb tabuisieren sie den Tod.

Doch trotz ihres Gottvertrauens und ihrer Vertrautheit mit dem Tod, scheuten auch die Alten die Nähe der Toten. Sie verehrten die Grabstätten, teilweise wohl auch deshalb, weil sie die Wiederkehr der Toten fürchteten. Der Kult, den sie Gräbern und Grabstätten stifteten, sollte die Verstorbenen daran hindern, wiederzukehren und die Lebenden zu belästigen.[295] Wichtiger noch: In der Alten Welt galten die Toten, galt der Leichnam als unrein, bei Heiden ebenso wie bei den Juden. Die Welt der Lebenden und der Toten, also die Grabstätten, wurden strikt und zwar räumlich voneinander getrennt. Im ältesten römischen Rechtskodex, dem Zwölftafelgesetz aus dem Jahre 450 vor Christus, wurde angeordnet: »Kein Toter darf innerhalb der Stadt bestattet oder eingeäschert werden«. Die Grabstätten und Totenstädte (»Nekropolen«) lagen folglich nicht nur im Alten Rom, sondern auch woanders, außerhalb der antiken Städte und Siedlungen.

Anfänglich übernahmen die frühen Christen dieses Brauchtum und Denkmuster, sie überwanden es aber ungefähr im 7. Jahrhundert; zunächst in Afrika und dann in Rom. Bis ins 18. Jahrhundert flößten die Toten den lebenden Christenmenschen keine Angst mehr ein. So wollte es zumindest das sozusagen amtliche Christentum. So handelte es, indem es vor allem die Christen im Zentrum der Lebenden bestattete: neben der Kirche oder in der Kirche. Die Kirche beherbergte alle Lebenden und die bedeutenden Toten zugleich. Ähnliches finden wir übrigens in anderen Kulturen, wo zum Beispiel die Urnen der eingeäscherten Toten sogar im Haus der Lebenden aufgestellt wurden, zum Teil noch aufgestellt werden, wie die Hausgötter.

»Was ermöglichte (den Christen) diesen schnellen Übergang vom alten Widerstreben zur neuen Vertrautheit?« Der Glaube an die Auferstehung des Fleisches, in Verbindung mit dem Kult der alten Märtyrer und ihrer Gräber, meint der »Todeshistoriker« Ariès.[296]

Nicht alle Frühchristen dachten und handelten so. Ihnen war der Ort ihrer Bestattung völlig gleichgültig, denn sie kehrten ja, wie sie meinten, zu Gott zurück und sahen in der Tradition der Grabstätten und Todesstädte die Fortsetzung heidnischer Bräuche. Der heilige Ignatius verzichtete auf ein Grab und bestand darauf, dass die wilden Tiere nichts von ihm übrig ließen. Wieder andere Frühchristen verfügten, man solle ihren Leichnam Wölfen, Hunden oder anderen Tieren preisgeben.[297]

Nicht die Total-Erneuerer setzten sich also durch, sondern diejenigen, die das Alte mit dem Neuen verbinden wollten: die alte Tradition der Grabstätten mit dem neuen Christentum.

Der neue Glaube an die Auferstehung wurde mit dem traditionellen Grabkult versöhnt. Abgebaut wurde aber vom Christentum allmählich die Angst vor dem Tod, das Tabuisieren des Todes. Mit dem Tod wurden die Christen vertraut, ja im 18. Jahrhundert (das belegt Ariès eindrucksvoll) grenzte jene Vertrautheit mit dem Tod an Gleichgültigkeit. Die Grabstätte für die Toten wurde jedoch als unabdingbare Voraussetzung der Auferstehung betrachtet. »Auferstehen wird nicht, wer unbestattet geblieben ist.« Das war der christliche Volksglaube.[298] Eine Schändung oder Beraubung des Grabes, so fürchtete man, würde am Tag des Jüngsten Gerichts die Auferstehung und damit das neue Leben des Toten gefährden.

Kirche, Kirchhof, Friedhof, Gottesacker wurden im Mittelalter Brennpunkt des gesellschaftlichen und teilweise geselligen Lebens.

Was in der Antike das Forum (etwa das Forum Romanum), wurde im Mittelalter der Friedhof. Hier wurde sogar Handel getrieben, Gericht gehalten und gespielt. Man wohnte auf dem Friedhof, ohne sich im Geringsten vom Schauspiel der Bestattungen und von der Nachbarschaft der Gräber beeindrucken zu lassen. Diese Gräber standen im Mittelalter so lange offen, bis sie schließlich gefüllt waren und geschlossen werden konnten. Anblick und Gerüche störten offenbar nicht.[299]

Im europäischen Mittelalter blickten die Menschen ständig dem Tod ins Gesicht. Das war natürlich beabsichtigt. »Wisse, dass du sterblich bist, und denke daran!« Das war die erste Botschaft. Und die zweite: »Bete für die Seele der Toten!«

Die Kirche als Forum, als Mittel- und Versammlungspunkt – das war eigentlich auch eine jüdische Tradition, denn das jüdische Gotteshaus ist wörtlich, im Hebräischen, ein »Beit Knesset«, ein Haus der Versammlung beziehungsweise ein Versammlungshaus. Hier versammeln sich die lebenden Juden. Und die Toten? Sie werden im »Beit Kwarot« zusammengebracht, im Haus der Gräber. Wieder also das Bild vom Haus; wie im Leben so im Tod: Haus und Mensch gehören und bleiben zusammen.

Der moderne Bruch, das heißt die räumliche Trennung der Toten von den Lebenden, das Abschieben der Toten vor die Tore der Stadt, beginnt in Europa im ausgehenden 18. Jahrhundert, also um 1780. Mit der räumlichen Trennung wachsen die Gleichgültigkeit gegenüber und die Tabuisierung von Toten und Tod, zumindest in der Gesellschaft an sich, nicht für jeden Einzelnen. Die Vereinzelung der Gesellschaft wird seit jener Zeit dramatisch beschleunigt. Die Vereinzelung der Lebenden ebenso wie der Toten. Denn fortan werden die meisten Menschen nicht mehr in lange offene Massengräber gesteckt, sondern erhalten Einzelgräber. Einzel- oder Familiengräber, je nach Stand und Ansehen. »Der Hauptzweck des Friedhofs ist seitdem die symbolische Darstellung der Gesellschaft in verkleinertem Maßstab.«[300] Mehr noch: Der Friedhof wird »ein Museum der Schönen Künste … Aber weder die Gesellschaft noch die Kunst dürfen von der Natur und ihrer unsterblichen Schönheit abgesondert werden. Deshalb ist der Friedhof ein Park, ein baumbestandener englischer Garten.«[301] Außenseiter haben da nichts mehr zu suchen. Sie landen zum Beispiel auf dem Schindanger.[302] Langfristig war die Vereinzelung der Totenbestattung nicht durchführbar, denn die Moderne wurde schon seit der Französischen Revolution zur Zeit des Massensterbens und Massentötens, in den Massenkriegen. Das Einzelgrab, sozusagen die moderne Selbstverwirklichung im Tod, bleibt zwar das Ziel, aber sie war nicht aufrechtzuerhalten. Nicht durch den Krieg, aber auch nicht im Frieden. Immer knapper wurde der Platz, und somit konnte man, von Ausnahmen abgesehen, keine dauerhaften Einzelgräber vergeben. Anders als in der jüdischen Welt wurde im christlichen Europa auch das Grab nur Besitz auf Zeit, wie das Leben selbst. Tod und Friedhof wurden Spiegel der auf zeitlich begrenztem Privatbesitz fußenden bürgerlichen Gesellschaft. In Stein gehauenes Zeichen hierfür sind die Grabsteine. Der Brauch des Grabsteins ist im christlichen Zentraleuropa (wieder früher und anders bei den Juden) vergleichsweise neu. Erst zu Beginn des 19. Jahrhunderts setzt er sich durch.[303] Seitdem ist die Lektüre der Grabinschriften ein Stück Mentalitäts- und Gesellschaftsgeschichte.

Bei näherem Hinsehen stellt man fest, dass auch das Mittelalter viel genauer betrachtet werden muss. Fürs Hochmittelalter mag unsere verallgemeinernde Bilanz zutreffen: die Nonchalance, die Lässigkeit gegenüber dem eigenen Tod. Doch eigentlich haben wir im ganzen Mittelalter, erst recht im Spätmittealter, eine fortschreitende Entwicklung, die mehr und mehr den ganz realen und persönlichen Tod wahrnimmt. Das wiederum bedeutet: Die Selbstentdeckung des Menschen als Einzelmensch, als Individuum, begann zwar in der und mit der Frühen Neuzeit, also etwa ab 1500.

Aber der Anfang dieses Beginns fand früher statt: im Mittelalter, und zwar allmählich, fortschreitend eben.[304] In Bildern und Texten wird der persönliche Tod immer wirklicher, immer mehr abschreckend und erschreckend. Bilder und Texte der Renaissance lassen keinen Zweifel mehr zu: Auch der gläubige Mensch begann fortan den Tod wieder zu fürchten – nicht zu tabuisieren, wohl aber zu instrumentalisieren: Man schaue auf die mächtige Medici-Familie im Florenz der Renaissance. Das Medici-Mausoleum war nicht nur die monumentale, künstlerisch atemberaubende Grabstätte der Medici, sondern auch Ort von Totenspektakeln, Grablegungen und Gedenkfeiern, mit denen man die Bürger, mit denen man die Untertanen durch Macht beeindrucken und durch das Beeindrucken einschüchtern wollte.[305]

Ebenfalls nicht zimperlich, aber ganz und gar unkultiviert und nur grausam, ja barbarisch, war die zeitgenössische Verwendung des Todes für politische Zwecke: Der kommunistische Diktator Äthiopiens, Mengistu, ließ zuerst Kaiser Haile Selassie ermorden und dann in drei Meter Tiefe unter der Toilette seines Büros begraben.[306] Die Botschaft war eindeutig und unvorstellbar barbarisch, und ich bitte zu entschuldigen, dass und wenn ich sie in der vom Diktator erwünschten Brutalität wiedergebe. Sie lautete, ganz wörtlich: »Scheiß auf den Kaiser.«

Natürlich waren die Medici kultivierter, aber sowohl sie als auch jener Diktator missbrauchten die Todesangst der Menschen für ihre politischen Ziele. Das wiederum ist nur in einer Gesellschaft möglich, die den eigenen Tod tabuisiert.

Wer den Tod nicht tabuisiert, kann durch die Todesdrohung zwar verängstigt, aber nicht vom Widerstand gegen die Staatsgewalt abgeschreckt werden. So gesehen war es kein Zufall, dass viele Männer des Widerstands gegen den Verbrecher Hitler gläubige Christen waren. Ja, sie fürchteten den Tod. Sie tabuisierten ihn aber nicht, sie sahen ihm ins Auge, nahmen ihn in Kauf und hofften aufs Leben im Jenseits, in einer gerechten Welt, in der Welt Gottes.

Als »Selbst-Geschenk« bezeichnen tamilische Selbstmordattentäter ihre Selbstopferung, und islamistische Terroristen geben ihr Leben für einen, aus ihrer Sicht, höheren, religiösen Zweck. Wir verurteilen diese Vorgehensweise zu Recht. Unabhängig davon bestätigt ihr Verhalten unsere Regel: Wer glaubt, opfert sich auch. Das ist die Perversion des Opfergedankens. Ähnlich sahen es die Römer, gegen die sich die Juden im 1. und 2. nachchristlichen Jahrhundert auflehnten. Die jüdische Tradition sieht sie als Märtyrer, die ihr Leben für die »Heiligung des Namens«, also Gottes, gaben. Die Bewertung hängt vom Bewertenden ab, nicht die Beobachtung selbst.

Die Tabuisierung oder Thematisierung des eigenen Todes ist zugleich eine höchst politische, kulturelle und nicht zuletzt gesellschaftliche Frage. Und die von der modernen Gesellschaft begonnene Tabuisierung des Todes wurde im 20. Jahrhundert noch einmal dramatisch gesteigert; sowohl die Geschwindigkeit als auch der Umfang der Tabuisierung.

Das hängt freilich auch mit dem medizinischen Fortschritt zusammen. Das Sterben kann auch die moderne Medizin nicht verhindern, sehr wohl aber verzögern. Ob das segensreich und menschlich ist, bleibt umstritten. Dies wiederum bedeutet: Das Sterben musste im Allgemeinen, um, wenn überhaupt, verzögert zu werden, im Krankenhaus stattfinden. Tod und Sterben wurden verlagert, noch mehr tabuisiert. »Der Tod verbirgt sich«.[307] Während besonders in Dörfern und kleinen Städten, zum Teil auch in größeren, der Tod Einzelner durchaus ein öffentliches Ereignis war, findet im 20. Jahrhundert sozusagen business as usual statt, der ganz normale Alltag ohne die Störung des Todes. Keinen stört das Ableben des anderen, kaum einer nimmt hiervon Notiz. Die Toten sind oft abgeschoben worden, ins Krankenhaus. Gewiss, zu ihrem medizinisch Besten, aber auch zum seelisch Besten? Scheinbar gibt es den Tod nur ganz woanders, nur im Krankenhaus, nicht im eigenen Haus oder in der eigenen Wohnung, auf einem anderen Planeten. Das ist, so wieder der Todeshistoriker Ariès, der »Beginn der Lüge«.[308]

Lüge ja, aber nicht deren »Beginn«. Die Lüge vom Tabu des Todes ist eine Menschheitslüge, seit eh und je, von mittelalterlichen Ausnahmen abgesehen, und auch in jener Ausnahme-Epoche gab es Ausnahmen. Nicht nur (nur?) der Tod schreckte, sondern auch und besonders das Sterben: Der aufs rein Körperliche zurückgeführte Mensch erschreckt nicht nur, er stößt ab, erst recht in einer Gesellschaft, in der Hygiene und Sauberkeit alles ist. Weil das Sterben nicht sauber ist, tabuisiert man auch die Sterbehilfe oder, besser noch: man tritt sie anderen ab; gegen Bezahlung, versteht sich. Die Sterbenden werden sozusagen ausgebürgert.

Kaum besser nach dem Sterben das Trauern. Wie soll man, kann man mit Trauernden umgehen? Manchmal werden sie wie Aussätzige behandelt. Dabei vergessen die Ausgrenzenden, dass sie heute Trost geben sollten (und könnten) und morgen selbst getröstet werden wollen. Dem tabuisierten, arbeitsteiligen und durch Geld organisierten Sterben folgt die Trauer als Serviceleistung. Die Grabreden, die Würdigungen, die Liebesbekundungen, die Zuwendungen überlässt man denen, die man dafür bezahlt: Bestattungsunternehmen, Geistlichen und anderen. Wann und wo und wie oft noch sprechen Hinterbliebene über ihre Toten?

Wie man stirbt, so lebt man. Und wenn man den eigenen Tod oder das mögliche Ableben der Nächsten und Liebsten und auch die Trauer tabuisiert, wird man immer einsamer, die Gesellschaft immer frostiger, das Leben immer weniger lebenswert.

Quellenverzeichnis

Mehr Fiktion als Fakt: Das »Christliche Abendland«: unveröffentlicht

Geist und Geister: (Fast) 1000 Jahre Hohenzollern: unveröffentlicht, Erstfassung als Festvortrag »950 Jahre Hohenzollern« auf der Hohenzollern-Stammburg, Hechingen, 29. Mai 2011

Friedrich II. – »Groß« und »modern«?: unveröffentlicht

»Kunst« als Politik: Das Berliner Holocaust-Mahnmal: zuerst erschienen, aber hier umgearbeitet, ergänzt und aktualisiert, in: Geschichtswissenschaft und Zeiterkenntnis, Festschrift für Horst Möller, hrsg. von Klaus Hildebrand u. a, München 2008, S. 655–670

Mission erfüllt – Ein Nachruf auf die SPD: Erstfassung in der Neuen Zürcher Zeitung, 29. Juni 2019

Deutsche Volkstrauer: Wer trauert hier und wozu?: unveröffentlicht, Erstfassung als Ansprache auf der zentralen Gedenkfeier im Berliner Dom, 19. November 1995

6 x Deutschland. Zur deutschen Geschichte im 20. Jahrhundert: Eröffnungsvortrag der 28. Rhöndorfer Gespräche, Bonn, Haus der Geschichte der Bundesrepublik Deutschland, 10. März 2016. Erstfassung in: Wolfram Hilz/Antje Nötzold (Hg.): Die Zukunft Europas in einer Welt im Umbruch. Festschrift zum 65. Geburtstag von Prof. Dr. Beate Neuss, S. 489-501, Hamburg 2018

50 Jahre Kanzler Willy Brandt – Was noch heute wirkt: Erstfassung in: Die Welt, 26. September 2019

Juda(s) – Juden: Ein Name als Fakt, Fluch und Segen: unveröffentlicht

Der Messias-Ahne als Räuberhauptmann: König David: unveröffentlicht

»Du sollst dir kein Bildnis machen«: Anne Frank und andere Juden: Vortrag Europäische Festwochen, Universität Passau, 6. Juli 2009, Erstfassung in: Schriftenreihe der Universität Passau, Heft Nr. 32, 2010

Auf der Suche nach »dem« Judenbild: Erstfassung in: Die Zeit, 31. Januar 2019

Antisemitismus – Wider Phrasendrescherei. Oder: Die dümmsten Kälber: zuerst erschienen in: Neue Zürcher Zeitung, 3. Dezember 2019

Israel, die Orthodoxie oder das Nichts – (Diaspora)Juden heute: Erstfassung in der Neuen Zürcher Zeitung, 6. Dezember 2018

Rabbiner in der Bundeswehr?: unveröffentlicht, Erstfassung als Vortrag auf einer Tagung des Bundesministeriums der Verteidigung und des Zentralrates der Juden in Deutschland, Berlin, 3. April 2019

Bundeswehr – Ethik-Kodex statt Traditionserlass!: Vortrag beim Workshop Traditionserlass der Bundesministerin für Verteidigung, Dr. Ursula von der Leyen, Potsdam, Oktober 2018, Erstfassung in der Frankfurter Allgemeinen Zeitung, 28. November 2017

Widerstand und Bundeswehr: unveröffentlicht, Erstfassung als Rede beim Gelöbnis der Bundeswehr, Berlin, Bendlerblock, 20. Juli 2017

Gewaltenteilung: Justiz und Demokratie: zuerst erschienen in: Neue Zürcher Zeitung, 24. April 2019

Über unsere Freiheit: Festrede in der Gedenkstätte Hohenschönhausen, Berlin, 27. September 2010 auf der Veranstaltung: »Zwanzig Jahre Wiedervereinigung, zwanzig Jahre Schließung des Stasi-Gefängnisses Hohenschönhausen«. Erstfassung in: Alexander Gallus, Thomas Schubert, Tom Thieme (Hg.): Deutsche Kontroversen. Festschrift für Eckhard Jesse, Baden-Baden 2013, S. 383-392

Der Tod: Wirklich ein Tabu in unserer Gesellschaft?: Erstfassung: Michael Wolffsohn: Tod: Tabu der Gesellschaft, München 2003

Anmerkungen

Wider die Fachidiotie – Einleitung

1 *Neue Zürcher Zeitung* vom 20. August 2019.

Abendländische Geschichte und deutsches Gedächtnis

MEHR FIKTION ALS FAKT: DAS »CHRISTLICHE ABENDLAND«

2 Vgl. Yuval N. Harari: Eine kurze Geschichte der Menschheit, München 2013, S. 24.

GEIST UND GEISTER: (FAST) 1000 JAHRE HOHENZOLLERN

3 Helmut Neuhaus: Die brandenburgischen Kurfürsten im Jahrhundert der Reformation (1499–1598), in: Frank-Lothar Kroll (Hg.): Preußens Herrscher. Von den ersten Hohenzollern bis Wilhelm II., München 2000, S. 68.

4 David E. Barclay: Friedrich Wilhelm II. (1786–1797), in: Kroll (Hg.): Preußens Herrscher, S. 183.

5 Vgl. Christopher M. Clark: Preußen. Aufstieg und Niedergang (1600–1947), München 2007, S. 257 und 358.

6 Vgl. Clark: Preußen, S. 432 f.

7 Vgl. Clark: Preußen, S. 129; ebenso Otto Hintze: Die Hohenzollern und ihr Werk. Fünfhundert Jahre vaterländischer Geschichte, Berlin 1915, S. 284 f.

8 Clark: Preußen, S. 514.

9 Winfried Baumgart: Friedrich Wilhelm IV., in: Kroll (Hg.): Preußens Herrscher, S. 222.

10 Vgl. Clark: Preußen, S. 554 ff.

11 Zitiert nach Clark: Preußen, S. 583.

12 Vgl. Eberhard Straub: Kaiser Wilhelm II. in der Politik seiner Zeit. Die Erfindung des Reiches aus dem Geiste der Moderne, Berlin 2008, S. 139.

13 Straub: Kaiser Wilhelm II., S. 141.

14 Straub: Kaiser Wilhelm II., S. 143.

15 Vgl. Wolfgang Neugebauer: Die Hohenzollern. Dynastie im säkularen Wandel von 1740 bis in das 20. Jahrhundert, Band II, Stuttgart 2003, S. 172.

16 Vgl. Clark: Preußen, S. 689 ff.

17 Vgl. Clark: Preußen, S. 694 ff.

18 Vgl. Wolfgang Neugebauer: Die Hohenzollern. Anfänge, Landesstaat und monarchische Autokratie bis 1740, Band I, Stuttgart 1996, S. 124 ff.

19 Vgl. Clark: Preußen, S. 21.

20 Neugebauer: Hohenzollern, Band I, S. 135.

21 Clark: Preußen, S. 211.

22 Vgl. Neugebauer: Hohenzollern, Band II, S. 67

23 Clark: Preußen, S. 535.

24 Zitiert nach Clark: Preußen, S 60.

25 Vgl. Clark: Preußen, S. 143.

26 Vgl. Clark: Preußen, S. 122 f.

27 Zitiert nach Clark: Preußen, S. 285.

28 Vgl. Thomas Stumm-Kuhlmann: Friedrich Wilhelm III. (1797–1840) in: Kroll (Hg.): Preußens Herrscher, S. 198.

29 Neugebauer: Hohenzollern, Band II, S. 146.

30 Clark: Preußen, S. 671.

31 Vgl. Neugebauer: Hohenzollern, Band II, S. 184.

32 Neugebauer: Hohenzollern, Band II, S. 178.

33 Vgl. Clark: Preußen, S. 305.

34 Vgl. präzise und konzise Clark: Preußen, S. 130 ff.

35 Neugebauer: Hohenzollern, Band I, S. 104.

36 Zitiert nach Neugebauer: Hohenzollern, Band I, S. 104.

37 Vgl. Neugebauer: Hohenzollern, Band II, S. 18, 35, 65.

38 Clark: Preußen, S. 544.

39 Vgl. Neugebauer: Hohenzollern, Band II, S. 138.

40 Neugebauer: Hohenzollern, Band II, S. 139.

41 Vgl. Neugebauer: Hohenzollern, Band II, S. 139.

42 Neuhaus: Die brandenburgischen Kurfürsten, S. 61.

43 Ebd.

44 Axel Gotthard: Zwischen Luthertum und Calvinismus, in: Kroll (Hg.): Preußens Herrscher, S. 84.

45 Clark: Preußen, S. 103.

46 Gotthard: Zwischen Luthertum und Calvinismus, S. 85.

47 Gotthard: Zwischen Luthertum und Calvinismus, S. 79.

48 Vgl. Neugebauer: Hohenzollern, Band I, S. 192.

49 Vgl. Clark: Preußen, S. 110.

50 Vgl. Clark: Preußen, S. 134 f.

51 Clark: Preußen, S. 140.

52 Neugebauer: Hohenzollern, Band II, S. 13.

53 Alexis Joachimides: Eine Pilgerin der Freundschaft im Exil. Wilhelmine, Markgräfin von Bayreuth, in: Sven Kuhrau/Isabelle von Marschall (Hg.): Preussens Eros – Preussens Musen. Frauenbilder aus Brandenburg-Preußen, Bönen, 2010, S. 63 ff.

54 Barclay: Friedrich Wilhelm II., S. 184.

55 Zur W. Enke vgl. Alex Joachimides: Die ehrbare Maitresse. Wilhelmine Enke, in: Kuhrau/von Marschall (Hg.): Preussens Eros, S.83 ff.

56 Barclay: Friedrich Wilhelm II., S. 185.

57 Barclay: Friedrich Wilhelm II., S. 185.

58 Vgl. Isabelle von Marschall: Natürlichkeit und Perfektion. Wilhelmine Luise, Prinzessin von Preuße, in: Kuhrau/von Marschall (Hg.): Preussens Eros, S. 112 ff.

59 http://de.wikipedia.org/wiki/Luise_von_Anhalt-Bernburg,(letzter Aufruf: 3.1.2020).

60 Neugebauer: Hohenzollern, Band II, S. 74.

61 Vgl. Hans Christof Kraus: Friedrich III. (18. März 1888 – 18. Juni 1888), in: Kroll (Hg.): Preußens Herrscher, S. 266.

62 Vgl. Jürgen Angelow: Wilhelm I. (1861–1888), in: Kroll (Hg.): Preußens Herrscher, S. 248; Neugebauer: Hohenzollern, Band II, S. 148.

63 Vgl. Kraus: Friedrich III., S. 266.

64 Angelow: Wilhelm I., S. 257; vgl. Neugebauer: Hohenzollern, Band II, S. 154, 164.

65 Vgl. Kraus: Friedrich III., S. 266ff.

66 Kraus: Friedrich III., S. 271; Neugebauer: Hohenzollern, Band II, S. 173 f.

67 Kraus: Friedrich III., S. 275.

68 Am ausgewogensten Christopher M. Clark: Wilhelm II.: Die Herrschaft des letzten deutschen Kaisers, München 2009.

69 Kraus: Friedrich III., S. 287.

70 Frank-Lothar Kroll: Wilhelm II. (1888–1918), in: Ders. (Hg.): Preußens Herrscher, S. 294.

71 Michael Zajonz, Jüdische Madonna. Fanny Hense in: Kuhrau/von Marschall: Preussens Eros, S. 164 ff.

72 Neuhaus: Die brandenburgischen Kurfürsten, S. 72.

73 Vgl. Neugebauer: Hohenzollern, Band I, S. 136.

74 Vgl. Clark: Preußen, S. 153 f.

75 Zitiert bei Clark: Preußen, S. 154.

76 Clark: Preußen, S. 224.

77 Zitiert nach Clark: Preußen, S. 299.

78 Vgl. Neugebauer: Hohenzollern, Band II, S. 141 f.

79 Vgl. Michael Wolffsohn/Thomas Brechenmacher: Die Deutschen und ihre Vornamen. 200 Jahre Politik und öffentliche Meinung, München-Zürich 1999 und dieselben: Deutschland, jüdisch Heimatland. Die Geschichte der deutschen Juden vom Kaiserreich bis heute, München-Zürich 2008.

80 Neugebauer: Hohenzollern, Band I, S. 13.

81 Vgl. Neugebauer: Hohenzollern, Band II, S. 75, 120,123, 181; Clark: Preußen, S. 405, 620, 625 f., 668, 679, 685; Kroll: Wilhelm II., S. 304; Straub: Kaiser Wilhelm II., S. 159.

82 Vgl. Wolffsohn/Brechenmacher: Die Deutschen, Kapitel VI, Abbildung S. 207.

83 A.a.O., S. 202.

FRIEDRICH II. – »GROSS« UND »MODERN«?

84 Friedrich an Voltaire, Insterburg, 27. Juli 1739, in: Voltaire – Friedrich der Große, Briefwechsel, hrsg. und übersetzt von Hans Pleschinski, Neuausgabe München 2010, S. 157 f.

85 Friedrich an Voltaire, Ruppin, 6. Juli 1737, a.a.O., S. 75.

86 Zitiert aus: Johannes Kunisch: Friedrich der Große. Der König und seine Zeit, 2. (Taschenbuch-)Auflage, München 2010, S. 21.

87 Friedrich II.: »Die Generalprinzipien des Krieges und ihre Anwendung auf die Taktik und Disziplin der preußischen Truppen«, 1748, Kapitel zwei, Feldzugspläne, in: Die Werke Friedrichs des Großen, 6. Band, Militärische Schriften, hrsg. v. Gustav B. Volz, Berlin 1913, S. 8.

88 Friedrich der Große: Das Politische Testament von 1752, 1987 bibliografisch erneuerte Ausgabe der Auflage von 1974 Stuttgart (Reclam), S. 56.

89 Friedrich der Große: Denkwürdigkeiten zur Geschichte des Hauses Brandenburg, München 1975, S. 18.

90 Denkwürdigkeiten, S. 28.

91 Denkwürdigkeiten, S. 83

92 Denkwürdigkeiten, S. 110 f.

93 Denkwürdigkeiten, S. 159.

94 Denkwürdigkeiten, S. 20.

95 Vgl. Kunisch: Friedrich der Große, S. 239 ff.

96 Pleschinski: Voltaire – Friedrich, S. 449.

97 Ebd., S. 450 ff.

98 Friedrich II. an Voltaire, Breslau, 3. Januar 1759, in: Pleschinski: Voltaire – Friedrich, S. 453.

99 Friedrich an seine Schwester Ulrike, zitiert nach Kunisch: Friedrich der Große, S. 243.

100 Ebd., S. 243.

101 Ebd., S. 250.

102 Ausführlich und dennoch diskret Kunisch: Friedrich der Große, S. 58–83.

103 Christopher Clark: Von Zeit und Macht. Herrschaft und Geschichtsbild vom Großen Kurfürsten bis zu den Nationalsozialisten, München, 3. Auflage 2018, S. 128 ff.

104 Am 26. Januar 1732 an Grumbkow, in: Kunisch: Friedrich der Große, S. 59. Die Hochzeit fand am 12. Juni 1733 statt.

105 In: Kunisch: Friedrich der Große, S. 74 f.

106 Ebd., S. 85. Zu Friedrich und der Musik vgl. auch Theodor Schieder: Friedrich der Große. Ein Königtum der Widersprüche, Berlin 1983, Nachdruck 2002, S. 432 ff.

107 Beeindruckt hierüber und hiervon ist auch Clark; vgl. Christopher Clark: Friedrich II. – Festvortrag, Konzerthaus Berlin, 24. Januar 2012, S. 6 f. Den Text hat mir Christopher Clark freundlicherweise übersandt.

108 Kunisch: Friedrich der Große, S. 101, 456 ff.; Schieder: Friedrich der Große, S. 386 ff.

109 Schieder: Friedrich der Große, S. 389.

110 Friedrich der Große: Das Politische Testament von 1752, S. 55.

111 Tagebucheintrag Graf Lehndorff, in: Kunisch: Friedrich der Große, S. 279.

112 Friedrich der Große, Das Politische Testament von 1752, S. 44.

113 Pleschinski: Voltaire – Friedrich, S. 39. ((das ist hier wohl gemeint))

114 Friedrich an Voltaire, Berlin, 25.12.1737, in: Pleschinski: Voltaire – Friedrich, S. 94.

115 Ebd., S. 97.

116 Friedrich an Voltaire, Ruppin, 6. Juli 1737, in: ebd., S. 74.

117 Ebd., S. 210.

118 Ebd., S. 46.

119 Ebd..

120 Friedrich der Große: Das Politische Testament von 1752, S. 44.

121 Rheinsberg, 10.10.1739, in: Pleschinski: Voltaire – Friedrich, S. 67.

122 Theodor Schieder, Friedrich der Große, S. 100 f.

123 Friedrich der Große: Das Politische Testament von 1752, S. 44.

124 Richard Dietrich (Hg.): Politische Testamente der Hohenzollern, München 1981, S. 281.

125 Kunisch: Friedrich der Große, S. 356 f.

126 Theodor Schieder: Friedrich der Große, S. 101, 467 f.

127 Die Generalprinzipien des Krieges, in: Die Werke Friedrichs des Großen, Band 6, Militärische Schriften, hrsg. von Gustav B. Volz, Berlin 1913, S. 1.

128 David E. Barclay: Friedrich Wilhelm II. (1786–1797), in: Frank-Lothar Kroll (Hg.): Preußens Herrscher. Von den ersten Hohenzollern bis Wilhelm II., München 2000, S. 183.

129 Friedrich der Große: Das Politische Testament von 1752, Schlussbetrachtungen, S. 105.

130 Ebd., S. 105 f.

131 Ebd., S. 106 f

132 Christopher Clark: Friedrich II. – Festvortrag, S. 3 f.

133 Friedrich an Voltaire, im Lager von Mollwitz, 2. Mai 1741, in: Pleschinski: Voltaire – Friedrich, S. 255.

134 Friedrich an Voltaire, Potsdam, 15. November 1742, in: ebd., S. 294.

135 Friedrich an Voltaire, Breslau, 16. Januar 1758, in: ebd., S. 446

136 Friedrich an Voltaire, Breslau, 21. März 1759, in: ebd., S. 457.

137 Friedrich an Voltaire, Potsdam, 31. Juli 1767, in: ebd., S. 495.

138 Jacob Burckhardt: Das Individuum und das Allgemeine (Die historische Größe), in: Weltgeschichtliche Betrachtungen, Berlin u. a. o.J., S. 275.

139 Daten in: Michael Wolffsohn und Thomas Brechenmacher, Die Deutschen und ihre Vornamen. 200 Jahre Politik und öffentliche Meinung, München 1999, besonders Kapitel IV und VI sowie Register »Friedrich«.

140 Friedrich an Voltaire, Ruppin, 6. Juli 1737, in: Pleschinski: Voltaire – Friedrich, S. 78.

141 Friedrich II. an Voltaire, 13. November 1737, in: ebd., S. 86.

142 Ebd., S. 85.

143 Friedrich an Voltaire, 8. März 1739, in: ebd., S. 153.

144 Friedrich II. an Voltaire, 24. Juli 1738, in: ebd., S. 121.

145 Friedrich II. an Voltaire, Düringsvorwerk, 18. Juli 1759, in: ebd., S. 466.

146 Friedrich II. an Voltaire, Selowitz, 23. März 1742, in: ebd., S. 265 f.

147 Jan Brachmann, FAZ, 1.12.2011, S. 34.

148 Friedrich der Große: Das Politische Testament von 1752, Finanzwirtschaft, S. 3.

149 Ebd., S. 29.

150 Friedrich der Große: Das Politische Testament von 1752, Innere Politik, S. 42.

151 Ebd., S. 52.

152 Ebd.

153 Ebd., S. 53.

154 Ebd.; vgl. dort Fußnote 8 mit weiteren Belegen für diesen zentralen Gedanken Friedrichs.

155 Ebd., S. 92.

156 Ebd., S. 70.

157 Friedrich der Große: Das Politische Testament von 1752, Politik, S. 39.

158 Ebd., S. 141.

159 Graf Mirabeau an den Abbé de Périgord (Talleyrand), 17.8.1786, zitiert aus: Kunisch: Friedrich der Große, S. 536.

»KUNST« ALS POLITIK: DAS BERLINER HOLOCAUST-MAHNMAL

160 Vgl. vor allem das voluminöse, die Bibel an Umfang und Papier-Gewicht mühelos übertreffende Buch: Die Debatte um das »Denkmal für die ermordeten Juden Europas«. Der Denkmalstreit – das Denkmal? Eine Dokumentation, hrsg. von Ute Heimrod, Günter Schlusche, Horst Seferens, Berlin 1999 (fortan: Denkmalstreit).

161 Vgl. besonders auch mit Abbildungen James E. Young: Formen des Erinnerns. Gedenkstätten des Holocaust, Wien 1997.

162 Vgl. Michael Wolffsohn: Politik in Israel, Opladen 1983, Kapitel 1, 4, 11, 21, 49 und Derselbe: Wem gehört das Heilige Land, München – Zürich, 6. Auflage 2004, 32 ff – jeweils mit weiterführender Literatur.

163 Vgl. Gershom Scholem: »Das Davidschild«, in: Derselbe: Judaica, Frankfurt am Main 1968, S. 75–118.

164 Benedikt Weyerer: München 1919–1933. Stadtrundgänge zur politischen Geschichte, hrsg. von der Landeshauptstadt München, München 1993, S. 58.

165 Ebd., S. 59.

166 Vgl. Michael Wolffsohn, Meine Juden – Eure Juden, München – Zürich, 1997, S. 28 ff; Douglas Bokovoy: »Lästige Ausländer«: Ein Ausweisungsfall aus der Isarvorstadt, in: Douglas Bokovoy und Stefan Meining (Hg.): Versagte Heimat, München 1994, S. 131 ff und Reinhard Pommerin: Die Ausweisung von »Ostjuden« aus Bayern 1923, in: ebd., S. 75 ff.

167 Oberbürgermeister Christian Ude an Michael Wolffsohn, München, 21. Juli 1994; Antwort Michael Wolffsohn an OB Ude, 31. Juli 1994. Zur historisch nachweislich falschen Aussage Udes vgl. Roswin Finkenzeller, FAZ, 29.11.1995.

168 Michael Wolffsohn/Thomas Brechenmacher: Denkmalsturz? Brandts Kniefall, München 2005.

169 Michael Wolffsohn: Ewige Schuld? 40 Jahre Deutsch-jüdische-Israelische Beziehungen, München – Zürich 1988. Das Buch erreichte sechs Auflagen.

170 Konrad Repgen, Bonn, an Michael Wolffsohn, 26. Mai 1988, zugänglich im Bayerischen Hauptstaatsarchiv, München, Wolffsohn-Papiere.

171 Was dann auch geschah. Vgl. Michael Wolffsohn: Friedenskanzler? Willy Brandt zwischen Krieg und Terror, München 2018.

172 Auf Belege der Knotenpunkte sei verzichtet, da ich in zahlreichen Publikationen die hier angetippten Entwicklungen und Entscheidungen analysiert und dokumentiert habe. Vgl. vor allem meine Bücher Ewige Schuld sowie Israel: Geschichte, Politik,

Gesellschaft, Wirtschaft, 1. bis 6. Auflage, Opladen 1984–2003, hier die Abschnitte über die Außenpolitik Israels zur Bundesrepublik Deutschland und den USA.

173 Memo Eizenstat; (Jimmy) Carter Presidential Library (CPL), WHCF-CO 35; CO74; 4/78-5/20/78, vgl. Sylke Tempel: Legenden von der Allmacht. Die Beziehungen zwischen amerikanisch-jüdischen Organisationen und der Bundesrepublik Deutschland seit 1945, Frankfurt am Main 1995,S.102 ff. Ursprünglich Dissertation Universität der Bundeswehr München, Sozialwissenschaftliche Fakultät. Der Flugzeug-Disput war nicht der Auslöser für diese Initiative, aber inhaltlich und chronologisch Teil der amerikanischen Israel- und »Judenpolitik«.

174 Für Umfragen vgl. Michael Wolffsohn/D. Bokovoy: Israel, S. 264 ff, 269 ff.

175 Sabine Pamperrien: Helmut Schmidt und der Scheißkrieg. Die Biografie 1918 bis 1945, München 2014.

176 Vgl. dazu Wolffsohn/Brechenmacher, Die Deutschen, 1999.

177 Wikipedia http://de.wikipedia.org/wiki/Kurt_Waldheim (letzter Abruf am 3.1.2020).

178 Vgl. Michael Wolffsohn: Keine Angst vor Deutschland! Erlangen, 1990.

179 http://www.stadtentwicklung.berlin.de/denkmal/denkmale_in_berlin/de/unter_den_linden/neue_wache.shtml (letzter Abruf am 3.1.2020).

180 Wolffsohn/ Brechenmacher: Denkmalstreit

181 Ebd., S. 269.

182 Der Tagesspiegel, 26.6.1995, in: Denkmalstreit, S. 436.

183 Ebd.

184 Der Tagesspiegel, 8.6.1995, in: Denkmalstreit, S. 435.

185 Ebd. »beste« im Text.

186 Presseerklärung vom 28.6.1995, in: Denkmalstreit, S. 440 f.

187 Interview mit Ignatz Bubis, FAZ, 29.6.1995, in: Denkmalstreit, S. 442.

188 Ebd.

189 Vier Millionen DM waren ursprünglich vorgesehen, weitere vier Millionen sollte das Land Berlin beisteuern, weitere acht durch Spenden zusammenkommen.

190 Pressemitteilung der Bundesregierung, 30.6.1995, in: Denkmalstreit, S. 446.

191 Vgl. Salomon Korn, FAZ, 3.7.1995 und Malte Lehming, Der Tagesspiegel, 4.7.1995, in: Wolffsohn/Brechenmacher: Denkmalstreit, S. 448 ff.

192 Ebd., S. 245.

193 Pressemitteilung des Senators für Wissenschaft, Forschung und Kultur, Peter Radunski, Berlin, 30.8.1996, in: Denkmalstreit, S. 549.

194 Am 10. Januar, 14. Februar und 11. April 1997 sollten sie stattfinden, vgl. ebd.

195 Wolffsohn/Brechenmacher: Denkmalstreit, 831 ff.

196 Tagesspiegel, 17.3.1999, in: Wolffsohn/Brechenmacher: Denkmalstreit, S. 1265.

197 ZDF-»heute«-online, 3.4.2006.

198 Rainer L. Hein und Steffen Pletl: Liegestühle am Holocaus-Mahnmal, Die Welt,

31.5. 2006 , https://www.welt.de/print-welt/article220561/Liegestuehle-am-Holocaust-Mahnmal.html (letzter Abruf am 8.1.2020)

199 Ebd.

200 Vgl. Michael Wolffsohn, Israel, Kapitel Außenpolitik, Deutschland mit genauen Angaben.

MISSION ERFÜLLT – EIN NACHRUF AUF DIE SPD

201 Der Spiegel, 29. 6. 2006, https://www.spiegel.de/kultur/gesellschaft/neue-enthuellungen-grass-forderte-wirtschaftsminister-schiller-zur-ns-beichte-auf-a-439977.html (letzter Abruf am 3.1.2020).

202 Vgl. Sabine Pamperrien: Helmut Schmidt und der Scheißkrieg, München 2014.

Von Menschen und Übermenschen

JUDAS – JUDEN: EIN NAME ALS FAKT, FLUCH UND SEGEN

203 Daniel Friedrich Sturm: Schröders Vermächtnis, Die Welt, 21.1.2009; Handelsblatt online, 13.12.2017, https://www.handelsblatt.com/unternehmen/industrie/diesel-judas-aeusserung-volkswagen-kontert-fdp-generalin-beer/20708260.html?ticket=ST-40122078-7dSCukJrId1mIraQdcdA-ap2 (letzter Abruf am 3.1.2020).

204 Die Bibel. Gesamtausgabe in der Einheitsübersetzung, Augsburg 1994, S. 41.

205 Michael Wolffsohn: Juden und Christen – ungleiche Geschwister. Die Geschichte zweier Rivalen, Düsseldorf 2008, Kapitel 4.

206 Thomas Mann: Joseph und seine Brüder, Berlin 1933, hier: »Der junge Joseph«, fünftes und besonders sechstes »Hauptstück«.

207 Die folgenden wörtlichen Übersetzungen aus Die Heilige Schrift, neu ins Deutsche übertragen von N. H. Tur-Sinai (H. Torczyner), Band I, Jerusalem o. J. (1954).

208 Vgl zu Agada und Midraschim, den Artikel »Judas« in: Encyclopedia Hebraica, Band 19 (hebräisch), Jerusalem–Tel Aviv 1968, Spalte 171 f.

209 Vgl. Wolffsohn, Juden und Christen, mit Argumenten, Fakten und Belegen.

210 Vgl. Die Bibel, Einheitsübersetzung. Altes und Neues Testament, Stuttgart 1980, Lizenzausgabe Herder, Freiburg o. J., S. 496.

211 Thomas Mann: Joseph und seine Brüder, Taschenbuchausgabe Frankfurt am Main 1973, S. 457 f.

212 Vor allem Mt 26–27; Mk 14; Lukas 22; Johannes 12–13; Apostelgeschichte 1,16–20.

213 Fragmente aus Papias, in: Das Neue Testament und frühchristliche Schriften, übersetzt und kommentiert von Klaus Berger und Christiane Nord, Frankfurt am Main 1999, S. 1071 f.

214 http://en.wikipedia.org/wiki/Judas_Iscariot (letzter Abruf am 3.1.2020). In http://de.wikipedia.org/wiki/Judas_Ischariot (Abruf 29.3.2009, 14h) heißt es dagegen, es habe ein (!) judäisches Dorf dieses Namens zu jener Zeit gegeben.

215 Im Folgenden übernehme ich weitgehend den Text aus meinem Buch, Wolffsohn: Juden und Christen, S. 37 ff.

216 Joseph Ratzinger/Papst Benedikt XVI.: Jesus von Nazareth, Band 1, Freiburg 2007, S. 39.

217 Ebd., S. 214.

218 Die neueste und wichtigste, empirisch gesättigte Studie über die Sadduzäer veröffentlichte Eyal Regev: The Sadducees and their Halakhah. Religion and Society in the Second Temple Period, (Hebräisch), Jerusalem 2005.

219 Vgl. David Flusser: Jesus, 3. Auflage, Reinbek bei Hamburg 2002, S. 133 ff.

220 Joseph Ratzinger/Papst Benedikt XVI.: Jesus von Nazareth, S. 69.

221 Ebd.

222 Ebd., S. 69 f. Dem Papst ist hier ein kleiner Irrtum unterlaufen: Der Krieg währte drei Jahre, von 132 bis 135. Der Verlag, sicher nicht der Papst, hat hier zudem »dieselbe« mit »die gleiche« verwechselt.

223 Ebd., S. 70.

224 Ebd., S. 14 ff.

225 Ebd., S. 17 ff.

226 Vgl. Peter Schäfer, Geschichte der Juden in der Antike, Tübingen 2010, S. 85, Josephus zitierend.

227 Joseph Ratzinger: Europa in der Krise der Kulturen, in: Marcello Pera/Joseph Ratzinger, Ohne Wurzeln. Der Relativismus und die Krise der Europäischen Kultur, Augsburg 2005, S. 75. Den Hinweis auf und das Geschenk dieses Buches verdanke ich Friedrich Kardinal Wetter auf der Feier zu meinem 60. Geburtstag. Wie wir kann man feiernd, unverkrampft, angeregt und unaufgeregt, einander wertschätzend Brücken zwischen Christen und Juden schlagen.

228 Klaus Berger in der Einleitung zum Judasbrief, in: Das Neue Testament, S. 682.

229 Klaus Berger, Die Welt, 12.4.2006, S. 29; vgl. hierzu grundsätzlich Elaine Pagels und Karen L. King: Das Evagelium des Verräters. Judas und der Kampf um das wahre Christentum, München 2008.

230 Ebd.

231 Ebd.

232 Sasha Weitman: Prénoms et orientations nationales en Israel, 1882–1980, in: Annales 42 (1987), S. 879–900.

233 Ebd., S, 884, Grafik S. 888.

DER MESSIAS-AHNE ALS RÄUBERHAUPTMANN: KÖNIG DAVID

234 Vgl. Avigdor Shinan, Pirke Avot: A New Israeli Commentary, Jerusalem 2009, S. 92.

235 Babylonischer Talmud, Brachot 3, 72; zit. aus Shinan, Pirke Avot, S. 93.

236 In der Literatur findet man oft die Behauptung, dieser Code sei von Rabbi Jehuda, dem Fürsten, wegen der römischen Besatzer-Unterdrückung nötig gewesen. Weder der Mischna- noch der Gemara-Text, der dem Beginn des Rosch-Haschana (= Neu-

jahrsvollmond) gewidmet ist, deutet diese Behauptung auch nur an. Es heißt dort: »Rabbi hatte nämlich zu Rabbi Hija gesagt: Geh' nach Ein Tab und weihe da den Neumond. Als Zeichen teile mir mit: David, der König Israels, lebt und besteht.« (Traktat Rosch Haschana, 25a, in: Der Babylonische Talmud, neu übertragen durch Lazarus Goldschmidt, Band 3, Frankfurt am Main 1996, S. 595.) Außerdem verfügte Rabbi Jehuda über gute Kontakte zu Rom, sogar zu Kaiser Caracalla.

237 Der Babylonische Talmud, Band 1, S. 599.

238 Der Babylonische Talmud, Band 1, S. 600.

239 Encyclopedia Hebraica, hg. von Jischajahu Leibowitz, Band 12, Jerusalem-Tel Aviv 1969, S. 70.

240 Der Koran. Aus dem Arabischen neu übertragen von Hartmut Bobzin unter Mitarbeit von Katharina Bobzin, München 2010, S. 399 f.

241 Auch 2 Samuel 23.

242 Encyclopedia Hebraica, S. 71.

243 Christopher Clark: Von Zeit und Macht. Herrschaft und Geschichtsbild vom Großen Kurfürsten bis zu den Nationalsozialisten, München 2018.

244 Traktat Rosch Haschana 25a, Der Babylonische Talmud, Band 3, a.a.O, S. 595.

245 Meir Shalev: Der Sündenfall, ein Glücksfall?, Zürich 1997, S. 51.

246 Israel Finkelstein/Neil A. Silberman: David und Salomo. Archäologen entschlüsseln einen Mythos, München 2006.

247 Finkelstein/Silberman: David und Salomo, S. 92. vgl. auch Eckart Otto: Das antike Jerusalem, Archäologie und Geschichte, München 2008, S. 40 ff.

248 Finkelstein/Silberman, David und Salomo, S. 94.

249 Ebd., S. 95.

250 Ebd., David und Salomo, S. 112.

251 Eckart Otto: Das antike Jerusalem, S. 48.

»DU SOLLST DIR KEIN BILDNIS MACHEN«: ANNE FRANK UND ANDERE JUDEN

252 Tagebuch Anne Frank, Fassung von Otto H. Frank und Mirjam Pressler, Frankfurt am Main, 13. Auflage, 2008, S. 29.

253 Vgl. Michael Wolffsohn/Thomas Brechenmacher: Deutschland, jüdisch Heimatland, München 2009, mit Zahlen, Daten, Fakten und Interpretationen.

254 Tagebuch, S. 31.

255 Tagebuch, S. 33 f.

256 Tagebuch, S. 34.

257 Tagebuch, 28.9.1942, Nachtrag, S. 41.

258 Tagebuch, 2.9.1942, S. 48.

259 Tagebuch, 29.10.1942, S. 69.

260 Tagebuch, 9.10.1942, S. 64.

261 Tagebuch, 19.11.1942, S. 78.

262 Tagebuch, 22.12.1942, S. 87.

263 Tagebuch, 5.2.1943, S. 90.

264 Tagebuch, 4.3.1943, S. 92.

265 Tagebuch, 11.4.1944, S. 248 f.

266 Tagebuch, 11.4.1944, S. 249.

267 Tagebuch, 6.1.1944, S. 162.

268 Tagebuch, 16.2.1944, S. 188.

269 Tagebuch, 15.6.1942, S. 18.

270 Tagebuch, 7.12.1942, S. 82.

271 Vgl. dazu die klassische Schrift Erich Fromms: You shall be as Gods. A Radical Interpretation of the Old Testament and its Tradition, New York 1966.

272 Vgl. Hans Jonas: Der Gottesbegriff nach Auschwitz: eine jüdische Stimme, Frankfurt am Main 1987.

273 Tagebuch, 2.4.1943, S. 101.

274 Tagebuch, 27.11.1943, S. 150.

275 Tagebuch, S. 150 f.

276 Tagebuch, 27.11.1943, S. 151.

277 Vgl. Tagebuch 6.12.1943, S. 151 ff. und 22.12.1943, S. 153, 24. sowie 27.12.1943, S. 153 ff.

278 Tagebuch, 29.12.1943, S. 156.

279 Tagebuch, 12.1.1944, S. 168.

280 Vgl. Tagebuch, 5.4.1944, S. 238; 25.4.1944, S. 258: »… aber niemand als Gott kann hier helfen.«

281 Tagebuch, 6.7.1944, S. 303.

282 Tagebuch, 5.4.19444, S. 238.

Von fundamentalen und letzten Dingen

ÜBER UNSERE FREIHEIT

283 John Stuart Mill: Über die Freiheit. Aus dem Englischen übersetzt von Bruno Lemke, Stuttgart 1974, S. 9.

284 Ebd., S. 17.

285 Ebd., S, 20.

286 Ebd., S. 25.

287 Ebd., S. 26.

288 Michael Wolffsohn/Thomas Brechenmacher: Die Deutschen, München 1995.

DER TOD: WIRKLICH EIN TABU IN UNSERER GESELLSCHAFT?

289 Philippe Ariès: Geschichte des Todes, München 1980, S. 124 f.

290 Vgl. Ariès: Geschichte des Todes, S. 37 ff.

291 Irenäus Eibl-Eibesfeldt: Die Biologie des menschlichen Verhaltens. Grundriß der Humanethologie, 4. Auflage, München 1997, S. 515.

292 Irenäus Eibl-Eibesfeldt/Christa Sütterlin: Im Banne der Angst. Zur Natur- und Kunstgeschichte menschlicher Abwehrsymbolik, München 1992, S. 41.

293 Vgl. Eibl-Eibesfeldt: Die Biologie des menschlichen Verhaltens, S. 509.

294 Zit. Ariès: Geschichte des Todes, S. 23.

295 Vgl. ebd., S. 43 ff.

296 Ebd., S. 45.

297 Ebd.

298 Ebd., S. 46.

299 Ebd., S. 85.

300 Ebd., S. 640.

301 Ebd., S. 640.

302 Ebd., S. 641 ff.

303 Ebd., S. 660 f.

304 Vgl. ebd., S. 381 ff.

305 Vgl dazu die Ausstellung in Florenz, 1999: »La morte e la gloria«, Bericht Eckhard Leuschner, FAZ, 10.6.1999.

306 Robert von Lucius, FAZ, 12.8.1999.

307 Ariès, Geschichte des Todes, S. 715.

308 Ebd., S. 717.